娱乐时代的美军形象塑造系列译丛

后浪

Playing War
Military Video Games after 9/11

张力 李相影 主编

游戏战争
9·11后的军事视频游戏

Matthew Thomas Payne

[美]马修·托马斯·佩恩 著
满莉 译

民主与建设出版社
·北京·

总序

好样子与好镜子

样子就是形象。按照传播学大师麦克卢汉的"媒体环境"理论,在全媒体时代,样子早已不是样子本身,而是样子留给大众的印象,是那个被各种媒介不断塑造的样子。

很久以来,军队职能的唯一性,决定了军队样子的单一性;样子的单一性,又制约着样子塑造的单调性。古今中外,概莫能外。进入后工业时代,战争与和平的界限越来越模糊,平时是战时的延续,平时就是战时。信息时代,网络战、舆论战、心理战、思想战等新的作战样式层出不穷,传统意义上的战争面貌已发生根本性改变。

未来学家阿尔文·托夫勒说,人类以什么样的方式生产,就以什么样的方式打仗。当人类社会进入信息化、网络化时代,纳米技术、量子通信、人工智能、无人驾驶等新概念、新技术的军事化应用,以及由此拓展的新的战场疆域和军事文化,不但刷新着人们对现代战争的认知,而且迅速改变着现代军队和现代军人的样子。

战场上，子弹、炮火可以对目标进行硬杀伤。然而，胜战之道，贵在夺志。赢得战争，未必赢得民心。民心才是最重要的政治因素，亦是战略性政治资源。处在信息化战争前沿的现代军人，如何同时打赢战场和舆论场这两场战争，是必须要面对和破解的胜战之问。简言之，新时代强军之道，除了要锻造"能打胜仗"的"好样子"，还必须铸造"塑造态势"的"好镜子"。

"9·11"事件后，美国为重塑全球形象，缓解在阿拉伯乃至伊斯兰世界的形象危机，启动了一场针对特定受众、采取特定方式的战略传播计划。实践近十年后，奥巴马总统正式向国会提交了一份《国家战略传播架构》报告。由此开始，"战略传播"成为美国实施全球文化软实力影响的代名词。报告开篇即强调："在我们所有的努力中，有效的战略传播对于维护美国的全球合法性以及支持美国的政策目标至关重要。"

美国的战略传播概念，强调统筹协调使用美国国内外军、政、商、民等各界力量资源，针对既定目标受众，进行一体化设计、精准化传播、持续化影响。战略传播被定义为"精心设计的传播"。这标志着美国已经将国内外形象传播提升到国家战略高度。

对美军而言，在全球公众中塑造正义、强大、富有人情味的军队形象，是美军战略传播的重要目标。美军认为：一方面，通过展示美军的强大，可以对对手形成战略威慑；另一方面，通过展示美军的正义性和亲近性，可以获取目标受众对美军的心理认同。为此，美军专门设有公共事务部门负责军队形象塑造。

"精心设计的传播"离不开对受众心理的精细研究，离不开对大众传媒的精妙运用。长期以来，美国战争大片、美军战争游戏、美军视频节目等娱乐产品，以公众习以为常、喜闻乐见的方式，送达每一位目标受众的眼前。而且，因为这些产品实际上已完成市场化转换，最后以商品形式流通至全世界，目标受众最终以购买形式进行消费。每完成一次消费，也就意味着消费者（目标受众）心甘情愿地接受了一次价值观的洗礼。

美国的战略传播的手段，是要统筹协调使用全国力量资源，这里面自然就包括其金融科技、军工媒介、教育娱乐等国际领先行业。尤其借助好莱坞、互联网的全球市场优势，美军实施的"嵌入式"传播时常占据行业头部资源，而这一现象已有数十年历史。1986年，一部海军招飞电影《壮志凌云》成为全球大卖商业片，实现了形象感召和市场票房双丰收。2002年，一款美国陆军征兵游戏《美国陆军》上线，后来变成全球畅销至今的军事网游。美军不但用它征兵练兵，还用它宣传教育，并最终将其培育成一条庞大的产业链。

近年来，在美军的战略传播实践中，以游戏、影视、视频等为行业代表的军事与市场的双轮驱动，犹如鸟之两翼，共同托起了美军全球形象的有效传播，且逐渐发展成一种你中有我、我中有你，军民共赢、互相成就的"军事-娱乐复合体"。至此，"看不见的宣传"最终通过市场这只手，变成"看得见且喜闻乐见的宣传"，"精心设计的传播"最终通过商业逻辑，变成既产生GDP又催生战斗力的新业态。"好样子"与"好镜子"在这里完美结合。

他山之石，可以攻玉。首次引进出版的这套"娱乐时代的美军形象塑造系列译丛"，是对"军事-娱乐复合体"这一特殊现象的案例式介绍和分析。希望通过书中原汁原味的讲解，能引发国内相关部门和读者对美军这一现象的关注和研究。

张力

2020年7月于北京

目 录

绪　言　欢迎来到战争游戏世界　　　　　　　　　　　　1

第1章　任天堂战争2.0：通往战争游戏的新模式　　　　45

第2章　第一人称射击游戏："现代战争"
　　　　系列中的主体叙事风格和公民牺牲精神　　　　89

第3章　打"好的"（先发制人）战争："汤姆·克兰西"
　　　　品牌系列军事射击游戏中的美国例外主义　　121

第4章　暗夜中的无人机：错位的游戏战争视角　　　149

第5章　军事现实主义的市场化：游戏战争运行模态的销售　187

第6章　日常战斗中的自我进化：游戏战士的游戏资本　219

结　论　战争文化的游戏化　　　　　　　　　　　　261

致　谢　　　　　　　　　　　　　　　　　　　　　275

参考游戏　　　　　　　　　　　　　　　　　　　　279

参考书目　　　　　　　　　　　　　　　　　　　　285

绪言

欢迎来到战争游戏世界

当"太空侵略者"遇到9·11（或者说，为什么游戏如此重要）

世贸中心的双子塔再次遭到空袭。但这一次，这座世界闻名的建筑并非坐落于下曼哈顿区；时间也不是2001年9月11日的上午；尤其需要指出的是，这一次袭击者不是劫持客机的国际恐怖分子，而是来自由二维像素列构成的太空袭击者，他们数量庞大，火力占优。2008年，在德国莱比锡举行的游戏展上，新媒体艺术家道格拉斯·埃德里克·斯坦利展出了交互式展品《侵略者！》。在其中，玩家需要防御世贸中心，而对手是图标化的"太空侵略者"；该作品的灵感来自1978年同名经典（图I.1）。[1] 这一作品引发了公众长达3年的强烈批评，斯坦利最后允许展会官方撤除该展品，从而结束了外星人对双子塔——西方文明和资本全球化的象征——无休止的虚拟攻击。

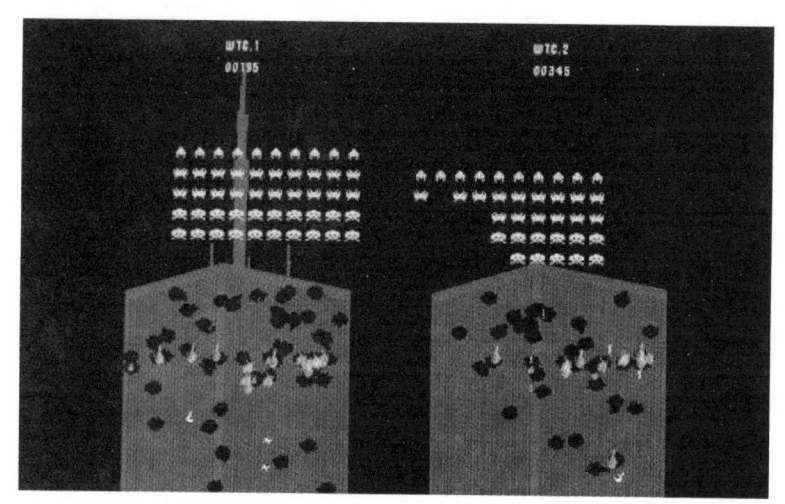

图 I.1 世贸中心在道格拉斯·埃德里克·斯坦利的艺术作品《侵略者!》中受到外星人的攻击

　　《游戏战争》依托全球性视角，以影响游戏娱乐性的技术、文化和社会因素为切入点，批判性地检视 21 世纪初军事射击类视频游戏。本书系统性地研究基于媒介的愉悦构建，试图回答这种感觉如何生成，又是如何在更广泛的文化领域中落地生根的复杂问题。《侵略者!》饱受批评的主要原因是它仅仅"看似"提供了拯救双子塔的可能。斯坦利的"游戏"其实是不可能赢的。在不断降临的外星人集群面前，玩家无法守住这一地标建筑。这一作品没有提供避世式的欢乐，或者提供给玩家扭转乾坤、改写历史的体验，而是批评商业战争游戏通常兜售基于媒介的愉悦。在美国领导的反恐战争时期（2001—2014 年）[2]，流行军事射击游戏采用多种模式策略来塑造它们独特的游戏[3]体验。对于这些做法，相较于斯坦利，本书态度虽不极端，但同样深恶痛绝。《游戏战争》对待游戏娱乐十分严肃——推动研究的主要前提十分简单：游戏的可玩性意义重大——这在斯坦利的激进作品中显而易见，而这也被千百万玩家的日常实践所证实。

如果可玩性是影响电子游戏的一般因素，那么军事主题视频游戏当然概莫能外。战争游戏通常介入或者回避当今时代一些最具争议的政治话题，例如刑讯逼供、使用无人机斩首或破坏恐怖组织等行动的有效性和道义性，先发制人的战争政策令人怀疑的正义性，附带伤害和创伤后应激障碍的现实恐怖，如此等等，不一而足。更重要的是，2001年9月11日恐怖袭击之后，军事射击游戏是最能体现美国政治构想的娱乐载体。

通过对9·11以后美国战争文化中最流行玩具的批判性检视，《游戏战争》不仅涉及游戏研究，而且还包含军事-娱乐综合体文化输出跨学科研究。多少令人惊讶的是，尽管军事游戏风行全球，有关它们市场成就的媒体报道层出不穷，之前还没有一部有关这一领域的学术著作。批判性学术研究的空白部分是因为这是一个相对较新的领域；另外也是因为视频游戏的院校研究者存在代差——一部分年长的学者以研究者的身份接触游戏，而另一部分年轻人则与这些视频游戏共同成长。[4]目前，有两本文集填补这一空白：妮娜·B.亨特曼和我编写的《手柄士兵》，以及杰拉德·沃尔西、约书亚·卡尔和凯蒂·维特洛克编写的《枪炮、手榴弹和咕哝》。这标志着学术界对于射击类游戏，特别是军事射击类游戏已有广泛兴趣。然而，《游戏战争》的内容可能更为新颖，它的研究途径和方法论脱胎于一系列批判性媒体学术研究。这些研究注重文化政治具象为文化实践，文化实践反哺文化政治的过程。下面我将快速介绍本书包含的承续关系，值得高兴的是，游戏研究领域总体来看仍是一块待开垦的处女地。

《游戏战争》批判性检视全球反恐战争以来，军事射击游戏生产、营销和操作所提供的交互式娱乐，但它既不是"游戏的军事史"，也不是"视频游戏历史"。本研究并不像艾德·沃特《从孙子到 Xbox》那样，叙述武装力量与视频游戏的发展交集；它也不像科雷·米德《战争游戏》那样，介绍游戏的军事运用的编年史。同样，它也不像詹姆斯·德·代元的《良性战争》、尼克·特斯的《综合体》或罗杰·斯特尔的《军事娱乐》那样，从军事文化产物这一更广泛体系中阐述射击游戏。《游戏战争》也不像尼克·蒙特福特、伊万·博格斯特的《与光赛跑》一样，仅从单一游戏平台角度分析视频游戏历史。它也不是一个单一标题下的文化遗产研究，如马克·J. P. 沃尔夫、伯纳德·佩龙的《系列游戏里程碑》。最后，《游戏战争》也不是诸如卡雷·科库雷的《投币美国人》那样的历史研究项目，也不像瑞福德·古因斯的《游戏之后》那样，试图做一份游戏史学。

　　相反，我的研究着力于我称之为的"批判性游戏分析"。它系统地分析游戏设计、发售、使用的社会历史实践，揭示视频游戏所体现的社会力量和交互式愉悦，以及这些因素催生的游戏文化。从题材、体量和案例研究涉及的内容来看，《游戏战争》更像是帕特里克·科罗根的《游戏设置模式》和尼克·戴尔-威则夫特与格雷格·德·珀泰尔的《游戏帝国》。这两部雄心勃勃的著作都通过游戏设置的结构和吸引力，引出政治、经济和文化的批判性思考。同时，两部著作也着重研究虚拟世界是如何不经意复刻并重现了现实世界的权力结构。

　　作为游戏玩家和学者，我坚信玩游戏十分重要——这一论点已经在前面提及的学术著作和我之后要展开介绍的研究中得到共鸣。然而，《游戏战争》致力于面向游戏研究之外的受众，因此在论点上更为全面细致。本书的结论是，视频游戏和相关的审查对非游戏玩家和非游戏研究者也意义重大，因为游戏娱乐从来不局限于瞬息万变的娱乐领域。游戏的虚拟领域和现实世界以一种复杂共进的辩证方式存在。如果我们要研究战争游戏的娱乐性，或者探索为何存在此类"娱乐性"，那我们就必须把研究领域拓展至游戏以外。《游戏战争》运用多种研究方法，旨在为游戏研究做出贡献，并挑战已有的一些成果。本书使用了多种批判性工具和定性方法，旨在成为实证理论而非经验主义假说。同时，谈及军事射击游戏时，避免出现褒贬过当的情况。游戏研究正蓬勃发展，作为一个领域也日渐成熟，如果它的研究臻于严谨，那么学者需要充分考虑虚拟游戏空间内外的各种实践，让游戏和游戏者共鸣。

在"军事射击"游戏中干掉他

《游戏战争》认为，游戏文化是生产、市场、娱乐，以及用户游戏经历相交织的产物。而用户的游戏经历，则是由他们所玩游戏的名称、历史背景等因素决定的。考虑到这些文本变量和情景突发事件，很难说游戏体验是个平均事件。《游戏战争》的研究重点是那些在虚拟游戏世界中吸引大量玩家并取得商业成功的第一、第三人称"军事射击"游戏。然而，"军事射击"是一个从游戏产业讨论中借用的词语，并非没有概念缺陷，也存在着一些不严谨性。

"军事主题"和"军事射击"是两个经常使用的宽松概念，

用来描述种类繁多的娱乐媒介。随着时间不断演进，这类游戏也给定义分类带来不少挑战。例如，"军事主题"经常用来指代实战或近实战为主要内容的战争游戏，将这类游戏与科幻或末日生存类游戏区分开来。前者中，玩家必须以他/她所在国家的名义消除人类威胁；而后者中，尽管很大一部分也是军事方面的，玩家主要应对科幻世界中怪兽或者外星人的威胁。后者的代表性游戏包括科幻射击游戏中的星际陆战队《毁灭战士》（1993年）、《光环：战斗进化》（2001年）、《战争机器》（2006年），以及特种部队与超自然物种作战的末世生存游戏《极度恐慌》（2005年）。这不仅仅是修辞上的区别，更在于是否关联现实——一个特别关键的点在于第1章提到的"媒体模态"。简单来说，科幻、恐怖或者其他"非现实"游戏可以通过战争媒介共用的象征库来产生比喻性的丰富体验；也就是说，游戏并不需要"重构"特定的现实世界。例如，横版卷轴类游戏经典《绿色兵团》（1985年）、《魂斗罗》（1987年）分别受到了动作电影《独闯龙潭》（1985年）、《异形2》（1986年）和《铁血战士》（1987年）的启发。这类游戏产生自己丰富多彩的战争体验。然而，这类游戏在描述科幻世界时越具有创造力，它们与玩家所处现实世界的联系也就越稀薄，他们想要通过普适性的政治想象联结现实事件也就更为困难。

"军事射击游戏"另一个概念上的复杂性在于它不需要额外的内涵设计和硬件区别。例如，第3章详细研究的"汤姆·克兰西"品牌系列视频游戏包含一系列射击类子产品，其中潜入类游戏既有单人行动的《细胞分裂5：断罪》（2009年）也有团队行动的《彩虹六号：维加斯》（2006年）。此外，同一版本的军事射击游戏可在不同平台上运行。玩家可以在 Xbox 360、PS3、电脑、平板甚至任天堂 DS、手机等移动终端上运行第 2 章提到的《使命召唤 4：现代战争》。毫不奇怪，"使命召唤"系列游戏在不同平台上带给玩家的游戏体验也不一样。军事射击游戏还可以反映不同时代的战争：从反映第二次世界大战堑壕战的《荣誉勋章：联合袭击》（2002 年）到反映现代伊拉克战争的《库玛战争》（2004 年），以及反映近未来战争的《使命召唤：黑色行动 2》（2012 年）。

最后，军事射击游戏并不一定非要是"军方背景"游戏。[5] 政府通常在此类游戏的出版许可和生产中扮演重要角色，以达到征募兵员的目的。最著名的美国国防部游戏是《美国陆军》（2002 年）和《全光谱战士》（2004 年）。[6] 这里需要强调指出：所有军方背景的游戏都是军事主题的，但所有军事主题游戏不一定都有军方背景。当武装力量从电脑或电视屏幕上对其男女士兵的正面描写中获益良多时，美国政府就开始直接监管和审查少数商业游戏的生产了。[7] 更多的时候，游戏工作室会雇用相关领域专家，提供战术、条令，以及战场行为的专业化建议，以产生"逼真"的军事体验。这种雇佣模式也使他们不需要将自己的设计提交给政府进行额外的审查。

因此，无论是第一人称视角还是第三人称视角，也不论运用新老技术，大量在不同电子平台中运行的射击游戏反映了人类历史上真实或者虚幻的冲突。它们可以生成大量愉悦性的虚拟作战体验，我将其称为"游戏战争"体验。游戏战争的体验变量是研究的重要契机。在处理现实或近现实战场场景时，不同游戏的多样性，以及自麻省理工学院学生 1962 年使用程序数据处理机

1号玩《太空大战》以来支持电子战场的海量游戏平台是本书的指导性前提。换句话说,如果我们想要研究任何时候的游戏愉悦性,我们就需要将游戏当作文本,进行批判性阅读,理解它们的流行原因,以及运行平台的重要性。很容易想象,在街机版冷战背景城市保卫游戏《导弹指令》(1980年)中填格子与在20世纪90年代中期弗吉尼亚匡提科电脑联机游戏《海军陆战队战士》(1996年)中与士兵一起训练是两种截然不同的体验。这些也跟家用机平台上的《使命召唤:高级战争》(2014年)那种激烈快节奏的作战截然不同。

"军事射击游戏到底包含哪些?"这一问题有一定结论性影响,它划定了研究对象的范围,因此直接影响了研究实践。这一定义性辩论也提醒我们,游戏体验和他们所处的历史背景有着独特共鸣。也就是说,9·11后的军事射击游戏愉悦性和之前的游戏存在一定异同。这一研究框架上的方法性挑战可以启发式解构游戏幻想及相关交互式娱乐,从而系统性地追溯游戏战争文化。

军事娱乐的政治想象

研究"民族主义"的学者本尼迪克特·安德森告诉我们,我们口耳相传有关民族和它复杂历史的故事塑造了我们的世界观,以及构成我们的"想象的共同体"[8]。对于安德森来说,民族必须有想象的成分,"因为即使是最小的民族成员,也不可能认识他们大多数的同胞,和他们相遇,或者甚至没听说过他们,然而,他们相互连结的意象却活在每一位成员的心中"[9]。安德森这样的文化历史和理论学者特别关注国家历史故事与媒体技术复读固化国家理念的力量。[10]

一个国家的共同身份和神话命运在新旧媒体中都能得到强力表述。谈及视频媒体的单一结构先辈的本体论力量时，安德森评论道：

> 机械重复生产时代的理想产物——照片——只不过是现代海量证明文件（出生证明、记录卡片、信件、医疗记录等等）最具强制性的产物。它记录了一种特定的明显的延续性，填补了记忆的缺失。这类记忆的疏失诞生了一种人的特性——同一性（是的，你跟一个刚出生的孩子是一样的），因为那些"记不住"的必须被记录下来。[11]

照片、电影、电台节目、戏剧、书籍、网站，当然还有视频游戏从不同侧面证明并构成了我们共同的民族记忆的文化基础，它们将广大区域内的不同文化族群联结在一起。[12] 20、21世纪的文化产业是认知民族身份的强有力载体，它们不断灌输给我们那些值得纪念的事物，引导我们铭记别人为这个国家做出的牺牲。正如历史学者乔治·利普希茨所注意到的：

> 在一个大规模使用电信技术的世界，时代、历史、记忆已变成截然不同的概念。较之以地域或者祖先为载体回顾过去，大规模电信媒介的用户可以体验他们从未谋面人群的共有遗产；他们可以接触和自己没有任何地域或血缘联系的人的历史记忆。[13]

无论通过电影胶片、电视屏幕、戏剧剧本或是视频游戏电脑代码，军事题材娱乐产品显然是在阐释男女公民应当如何理解国家支持的暴力，并宣扬人们为何为素昧平生的同胞自我牺牲。政治经济学家文森特·莫斯可提醒我们注意流行神话的公信力和说服力。他指出，"神话并非只是需要拆穿的、关于现实的扭曲；它们是现实的一部分。它们赋予生命意义，特别是帮助我们理解那些似乎不可思议的问题，去解决那些棘手的问题，去创造一个不可能实现的愿景或是幻境"[14]。军事娱乐，或是"军娱"，即是国家神话改造后的商品。然而，这些商品在鼓吹它们的民族主义信条的方式上千差万别。

军事娱乐不仅是从文本层面研究流行文化中军事力量因素的沃土，更揭示出国防和娱乐领域的合作方式，估算大众对于冲突主体商品的态度。语言和战争学者罗杰·斯特尔定义军事娱乐为"国家暴力转化为某种形式的愉悦性消遣。除此之外，它也表明国家暴力并不抽象、遥远或者随着历史变化，而是一种现存且正在使用的力量，它与公民现有政治生活直接联系"[15]。对斯特尔来说，军事娱乐的广泛形式（例如体育、电视、游戏、玩具）将"公民-士兵"转变为"公民-观众"。前者通过为国服役并献身获取政治权益，后者则通过消费战争剧达到同样目的。但这并不是所有情况，至少在近几年不是。

斯特尔认为，我们正从战争影视剧的回声中演进到交互式战争。公民-观众在交互式战争中成为"虚拟公民-士兵"，他们积极参加交互式冲突的生产。影视剧和交互式战争"有着截然不同的愉悦体验。影视剧提供一种分散、眼花缭乱和窥视的感觉，从一种旁观式的审视中带来愉悦。相反，交互式战争是一种参与性娱乐；受众不仅仅是观看机器运动，而是将自己置于一种第一人称的幻觉中，成为战争的发起者"[16]。这里蕴含斯特尔著作对本研究而言最重要的结论：交互式战争并非通过转移的方式试图将公民去政治化并降低活跃程度，而是通过创造娱乐计划鼓励公民-消费者"在军事-娱乐矩阵中浸淫公民身份"[17]。这不像战争影视剧一样，通过自上而下的力量影响观众，而是通过一系列个性化的解读召唤公民去实施虚拟行动。

通过类似方式，媒体和游戏学者尼克·戴尔-威则夫特和格雷格·珀泰尔将视频游戏视作帝国治理全球的技术资本统治逻辑的具体表现。它的基础形式使它能从现有权力结构和社会关系中快速重新塑造。[18] 戴尔-威则夫特和格雷格·珀泰尔指出：

> 18世纪小说盛产中产阶级人格特质，以迎合商业殖民主义要求（也能批判它）；20世纪电影院和电视则是工业消费主义的重要组成部分（也记录了它最黑暗的部分）；正如上述情况，虚拟游戏是21世纪全球超资本主义浪潮的媒介组成部分，也是这一浪潮的《出埃及记》。[19]

同斯特尔一样，戴尔和珀泰尔也将战争游戏视作帝国文化经济力量网络的关键一环。然而，战争游戏虽然具有典型案例的意义，但仅是这些学者更广泛研究内容的一部分。我的项目拓展研究战争游戏这一维度，从大量的细节上研究游戏设计选择、广告宣传，以及游戏社区等决定游戏战争文化的多种因素，最后将"虚拟公民-士兵"主体地位变成一种可玩性的主体，即我称之为的"游戏士兵"。

军事射击游戏是9·11以后有关军事幻想故事的最佳展现平台。它将难以遗忘、不可改变的恐怖电视画面变成游戏提示，将恐慌变成娱乐。想象它的主要界面：玩家从第一人称视角（或者第三人称视角，这种情况相对较少）看到被战火摧残的世界，视角的焦点是准星或是武器视野。同样考虑游戏的标准模式：主要内容是在没有任何法律约束，也没有道义恐惧的情况下，不停使用致命武力。军事射击游戏同样也扮演着游戏解药的角色——缓解9·11袭击给人们带来的心理震撼。

尽管本项目聚焦于第一人称和第三人称军事射击游戏，但游戏战争文化并不限于某一类或者某几类战斗游戏（诸如射击、飞行模拟、即时战略、回合策略等），也不限于某类游戏平台（游戏机、电脑、移动平台等）。原因已在前文叙述。需要说明的是，本项目将商业游戏文化视作技术、文化领域交织形成的社会实践，由游戏空间内外因素共同构成。因此，视频游戏的愉悦性并不仅仅由玩家和这些"算法文化产物"——借用亚历山大·加洛韦的优秀用词[20]——交互形成，而是与那些游戏程序代码和平台以外的因素息息相关。

正如我在本书后续章节中谈及，自认为熟稔视频游戏催生技术-文化资本，就像是发烧友在各自游戏社区中自称专家一样。在一个崇尚褪去"魔法光环"的社会里，游戏玩法不可避免地与外在的、物质的力量联系在一起。战争游戏文化是技术-文化的单一产物，嵌入在更广泛的资本和技术范围内。它也提供了一个政治中立、内容独特的视角，可以管中窥豹——了解广为流传的国家神话是如何实现互动表达的。我们知道模拟战争和真实作战毫不相关，它们近乎上帝视角的叙事模式和夸张的行动线索与现实截然不同。然而，这些老生常谈忽视了一个重要情况。正如莫斯可指出的，神话是"用理想主义影响人物价值观的政治话术""神话的真实与否往往是次要的，神话总是依靠权力维持生命力"。[21] 让我们开始将神话、娱乐和权力的谜题逐一打开，首先，我们来定义《游戏战争》的主要概念。

定义"游戏战争"

本书将"游戏战争"定义为"独自或与他人一起游玩军事主题视频游戏的愉悦体验"。根据本书的研究目的，"游戏战争"在几个方面比目前使用更广泛的战争"游戏"更具优势。首先，"游戏"（Ludil）一词源于拉丁文"Ludus"，其意为"戏"或者"玩"，它从根本上强调了玩家和游戏及游戏体验间的互相联系。玩家的体验在游戏内外同时展示，游戏脚本以不为它表现出来的样子将这两个世界联系在一起。或者如学者马里安·劳拉·瑞恩指出的："当一个人在网络世界里屠龙，或者扮演妓女跟二手车销售员调情，或者在魔法世界探险时，他的另一面只是在敲击键盘或控制手柄。"[22] 哲学家伯纳德·苏伊斯把这种信念的愉悦性飞跃归结为线性经验，称之为"娱乐态度"，[23] 这也是享受任何游戏的前提。也正是这个原因，尽管《入侵者！》游戏的内容显然与作战相关，但游戏设计的反娱乐性和类似的"反游戏性"使得这个游戏不符合真正的游戏战争体验（尽管它们确实对评估那类体验提供了借鉴）。[24]

最后，考虑到电子战争游戏体验在任何时候都受规则控制，我选择"游戏"（ludus）这个词，而没有使用"玩耍"（paidia）：

前者着重指出娱乐的规则性，后者更强调不受控制和自在嬉闹。[25] 通过对不同的特定行为进行奖惩，规则将游戏的"可能空间"限定在生成游戏乐趣的行动区间内。[26] 因此，游戏战争娱乐是一种多重探索，包括在游戏的战斗规则下游玩，探索虚拟战场上突然出现的可能性空间，以及本书提到的，体验9·11事件以后，美国主导政治神话和政权象征与战争游戏中文化含义之间复杂微妙的关系。

鉴于这些不同的着重点，游戏战争的概念起源于两个截然不同领域的工作也就不足为奇：一个是游戏领域，一个是战争领域。前者贡献了游戏学者贾斯珀·尤尔的理论，即视频游戏是"半真实"的世界，因为它们生成了一个经验性的阈限，在其中真实的规则与虚构的世界糅合在一起。[27] 根据尤尔的理论，真正引人入胜的游戏往往是那些使用虚拟叙事或者具象策略掩饰游戏行动规则的产品。在这个意义上，虚拟性并不源于游戏的非真实或者幻想设定，而是游戏体验本身就是人造的虚拟（与莫斯可有关神话的定义相似）。确实，第6章采访的游戏玩家认为，正是因为射击游戏采用逼真的图像和物理引擎，忠实还原了实际物体和现实，所以它们现在可说是以假乱真。

游戏战争的另外一个富有启发的基础概念是罗宾·拉克海姆的"武器文化"[28]。拉克海姆认为，这一文化观建立在对"先进武器系统的崇拜"上，它"出自高级资本主义、国家和现代战争体系的相互联系"[29]。拉克海姆将武器系统定义得十分广泛，它不仅是流行文化中的某种指代，更是覆盖文化产业的方方面面——既作为生产者，也作为产品。武器文化是一种意识形态工具，它不仅将受众作为军队的同情者进行质询，而且将民众转化为"被动靶",用这种方式"突出他们的孤立感和无力感"。[30] 如果说战争文化听起来很熟悉,那是因为它比"军事娱乐综合体"概念更早,而后者在20世纪90年代晚期至21世纪早期获得反响,名气更大。这一经济、文化模型(在批判文学中占据了很大篇幅)描述了由技术、审美、意识形态和专业机构组成的网络。正是这一网络将国防利益与娱乐公司联结起来。[31]

拉克海姆的概念具有发展演进性,它鼓励我们去思考这一现象:即使娱乐产品与政府或防务机构没有强烈的生产关系,休闲产品还是遵从军事逻辑。此外,这些产品似乎在公共讨论和流行文化中自主运行,因此武器文化(或者类似游戏战争的文化)更值得仔细研究。拉克海姆指出,"正如其他意识形态一样,(武器文化)可被视作一系列针对个人或者社会团体的'质询'或'呼吁',要求他们表明自己在身份或权力的符号体系中扮演的角色和参与的工作。武器文化和其他意识形态一样,推动受众身份不断解构和重构"。[32] 我希望焦点可以从军事娱乐的场景性转换到军事娱乐的游戏性上,这样我们就可以用更细致的视角审视游戏战争互动式诱惑的成因——用学者拉·莱文多和凯文·鲁宾斯的话说——它们自身的"吸引力和可怖之处"。[33]

游戏战争将游戏娱乐的"半真实"本体和武器文化的象征领域结合在一起。游戏战争的分析效用在于它严肃地对待玩家共享虚拟世界的积极产物,同时也承认外部世界的国防和娱乐利益在支撑游戏的图像、信息和故事中举足轻重。因此,游戏战争的体验是玩家和文本、用户和产业的共同体验。然而,这样的分析仍不够全面。游戏是存在于现实空间的,是特定技术-社会因素配置的产物:午休时用工作电脑在《空当接龙》(1995年)中移动卡片，堵车时用手机在《与好友一起玩接龙》（2009年）中拼出一个新单词，在附近电影院等朋友时用街机在《大雄鹿猎人》（2000年）中射倒一头鹿。扩展这一研究就会发现，是符合历史的人类实践，而不是魔法，形成了基于体验的游戏"魔圈"。

研究"游戏战争"

将游戏战争视作多重社会实践产物的观点广泛见诸媒体融合著述[34]和批判性受众研究中。他们认为这一论点的意义构建远远突破了剧院、电视和电脑的藩篱。[35]这一论断的主要支持者是公共知识分子和媒体学者亨利·詹金斯。他指出，"这一融合产生于个体受众的大脑中，通过与其他人的社交互动形成。我们每个人都从媒体流中提取信息碎片，构建我们自己的神话，然后作为精神源泉，让自己每天的生活变得有意义。"[36]就像游戏战争体验一样，媒体融合是一种个人和全球同步现象，它是技术和行为动态发展的代表，很难将它"固定"在某个地方。融合是"一种过程，而不是终点"。[37]

其他传播学学者持类似观点，认为批判性媒体分析不需要源于文本，终于文本；也无须和文化产业的结构性经济相匹配。从知识社会学传统中追根溯源，尼克·库尔德里基于实践的研究提供了一个有益参考，从而避免了"文化研究和政治经济"针锋相对。相反，库尔德里"从时间，而不是基于媒体文本和媒体产业开展研究。这种实践并不一定是受众的实践，而是基于媒介的实践，具有松散和开放的特点。简单来说，就是研究在不同情境下，在媒体影响下，人们的行为方式是怎样的？"[38]研究游戏战争的内涵,就是要研究玩家在玩射击游戏前、中、后的行为。[39] 或者就如加洛韦所说,"如果照片是图像,电影是移动的图画,那么视频游戏就是行为。这是视频游戏理论的第一条准则"[40]。将游戏视作实践,就是着重研究玩家建设游戏社区、完成自身价值体系和行为准则的过程(在第6章中提及),以及判断这些活动与其他媒体实践是否有联系。[41]

值得强调的是,研究媒体实践并不像它字面所暗示的那样,放弃对媒体文本及文本性的关注。例如,安东尼·雷戈及其同事认为,媒体实践意味着要仔细研究人们在游戏中做了什么,而不是追求对游戏本身的文本解读。然而,这条建议建立在对实践定义进行过度限制的基础之上。他们指出"我们必须分析公众可观察的行为,而不是去研究文本或者视频游戏本身的意义"[42]。然而,矫枉过正会导致两个问题:首先,它对媒体实践进行了不必要的限定;其次,它阻止批评家发挥他们的专业素养去挖掘知识。对于第一个问题,如果游戏包含于媒体实践的定义下,那么研究者自身的实践为何还要三思而后行、如履薄冰呢?媒体研究的文本分析由来已久,人类学中的自我人种研究也成果丰富,没有强有力的理由禁止游戏研究者上报自己的游戏实践。第二个问题,对游戏意识形态与游戏、小说、市场变化的支配性愉悦感进行批判性分析,要求研究者善于理解这些要素。期望玩家在他们的体会中包含这些思考不切实际,它们也不一定会在"可观察行为"的研究中出现。媒体实践不应当把游戏的文本意义弃之不顾。媒体实践的焦点,简而言之,应该放在大量参与者和社会力量发起的相似而发散的行为,以及这些行为产生的不同类型的游戏实践。游戏的文本机能期望输入能有输出,因此批判性研究必须能对自己和他们的游戏实践进行自由分析。

本书的首要设计逻辑很大程度上要归功于斯蒂芬·克兰、尼克·戴尔-威则夫特及格雷格·德·珀泰尔在杰作《数据游戏：技术、文化和市场的互动》[43]中提出的"互动回路"概念。互动回路模式融合了影响市场的关键政治经济敏感要素和针对受众解读能力的结构性文化研究历史，提供了一个整体的框架，展示游戏文化是如何出现的。这个概念帮助本书克服困难，融合了文化研究和政治经济方法的不同认知基础和关键论断。[44]目前的研究沿袭了这一成果，将军事游戏娱乐性视作商业化游戏战争文化在军事射击游戏内外交汇的结果。[45]

当然，批判性游戏分析有很多研究方法。《游戏战争》的策略是在一个明显政治化的游戏亚文化中，描绘出互构（也是高度偶发）的社会实践回路。我希望这一项目可以拓展我们有关战争游戏的共同理解，别的学者也可以采用它的方法论去研究游戏愉悦性和亚文化现象。[46]这个三重模型可适应多样化文化实践内外的矛盾。（图I.2）也就是说，存在着的很多不同的利益攸关者，人类参与者和技术能动性在游戏运行领域并不总是协同一致；事实上，他们的目标有时会发生交叉（我会在第4章、第5章对此展开论述）。更重要的是，《游戏战争》对于模态或者媒体与现实中共识的联系的重视，有助于鼓励学者去强调他们有关娱乐研究的政治重要性，探索游戏娱乐所带来的文化、修辞、意识形态的折中形式。[47]

图 I.2 游戏战争文化的互动圈

愉悦和交互的麻烦

开展当前的游戏文化案例研究时，一项指导性逻辑是早期传播媒体研究对待用户愉悦性问题的方法与现在不尽相同。[48]学者从许多角度评估受众的愉悦感，但对于文献资料没有系统性的研究指导方法。媒体相关的愉悦感见仁见智。[49]很多研究成果试图去探索和界定人类如何进行游戏。[50]因此，不可能将愉悦感限定在单一而包罗万象的理论中。正如保罗·福瑞斯所言，愉悦感是一种社会嵌入感念，"可以指代一揽子分散孤立的事件、个人和团体，可以是主动或是被动，是许多不愉快/痛苦/现实情境的反义词。因此，愉悦感并不仅是心理效应，更指代根植于社会生产关系中的一系列体验"[51]。因此，毫不奇怪，有关媒体愉悦的不同定义互相冲突，这表明关于它影响的认识也百家争鸣。例如，"控制、浸入、语境、叙述"——哪些因素激发愉悦情绪反应，而哪些没有？[52]

  细心的读者或许已经发现，在上句话之前，我尽可能避免使用"情绪"或者"情绪性的"这类词语。我希望尽力避免将本研究置于情绪或者情绪性的研究相关领域，并不是因为"情感转向"和批判性游戏分析或研究无关（我斗胆猜测它们应当是密切相关的）。而是因为《游戏战争》主要研究一种特殊类型媒体愉悦感的创造（设计）、放大（市场营销）和社会化（游戏）。这部作品既不涉及情绪研究核心问题的身心二元论，也不提供任何现象学解读，也不撰写任何主导情绪研究的自我民族志报告。[53] 相反，这本书的案例研究设计是一种归纳的、从下而上的尝试，试图将游戏战争的互动乐趣理论化，而不是将批判理论映射到游戏战争的实践中。媒体愉悦是主观体验，但它们是由社会产生的。[54] 电子游戏的价格与用户的个人习惯决定战争游戏体验怎样令个人满足。关注那些9·11事件之后射击游戏设计、销售和运行日常实践，我们将看到创造游戏愉悦感的过程，而自上而下的理论难以揭示这一点。

  本项目在讨论主流军事射击游戏吸引力时，采用了约翰·菲斯克的"霸权愉悦"[55] 概念。这位电视学者和文化评论家对两种主要愉悦形式进行区分。一方面存在着"大众愉悦"，它是随"下级人民形成社会忠诚而产生的"。这类愉悦"自下而上，因此必须存在于某种对权力（社会、道德、文本、审美等）的逆反情绪，这种权力试图对愉悦进行约束和控制"[56]。但总的来说，"大众愉悦"并非商业射击游戏所生产的愉悦感。相反，这些游戏鼓励玩家严格遵守任务准则并成功消灭威胁。菲斯克将在军事游戏中把对自己和他人行使纪律权力的行为称为"本质上的霸权"，表示"这样使权力及其纪律内化一致"并且"被广泛体验"。[57]因此，只有当人们首先意识到主流射击游戏培养他们令人满意的霸权式互动，并将我们带到这个传播学最具争议和难以捉摸的术语时，我们才能理解针对《侵略者！》之类游戏的意识形态进行批判。

在新媒体词汇中，没有一个词比"交互性"更普遍更模糊了。长期以来，传播学研究者一直试图解释交互性的概念，希望能够操作定义，以辅助新媒体技术用途和效果的实证研究。[58]游戏和媒体研究的学者们同样也遇到这个棘手的术语。他们的分析更侧重于理解视频游戏的形式属性如何影响其与用户的互动，这种互动的行业意义，以及对游戏本身优缺点的广泛争论（暴力/攻击性，性别、种族和性的展示，游戏的教育潜力等）。[59]

尽管"交互"这个词饱受争议，且被技术乌托邦主义者在新闻中笨拙和夸张地使用[60]，本项目还是在两个方面运用这一词。首先，"交互"指的是游戏机制，一旦游戏开始，它便会规划和指导玩家的游戏体验。其次，"交互"是用来描述出现在商店货架上数字产品的行业设计和销售技术，以及在公共场所和私人起居室中游戏文化轮廓的构建。正如游戏学者埃思彭·埃塞斯所描述的那样，交互性将电子游戏的控制或"遍历"机制描述为"文本机器"[61]。这一复杂的互文性是将视频游戏连接到现有文化形式、流派和叙事的广泛网络。这种形式和文化定位的双重性使得我们通过旧媒体来理解新媒体和视频游戏——P.戴维·马绍尔用"互文商品"[62]的概念表达这一观点。他认为"文本机器"和"互文商品"的概念展示了游戏如何产生潜在丰富的互动和互相作用实践。[63]

在第一次对互动虚拟作品元素的持续研究中，埃思彭·埃塞斯使用"遍历性策略"一词来对比说明文本机器在冒险游戏和神秘小说中的运作。[64] 他指出：

> 戏剧性和遍历性策略的区别在于，戏剧性策略出现在一个死气沉沉的虚构的层面上，在观众充分了解的情况下充当一个情节；而遍历性策略是针对用户的，用户必须自己弄清楚发生了什么。另外，遍历性策略必须有多个明确的结果，成功或失败取决于玩家。[65]

玩家在遍历性策略中的位置是"策略者"（与叙事的"叙述者"一样）。这是一种超然立场，"取决于玩家和傀儡之间的战略认同或合并"[66]。在游戏研究中，玩家和角色的结合是一个重要的研究焦点，因为它对识别和学习的意义重大[67]，而且对用户选择或控制的乐趣也意义非凡。埃塞斯认为："读者的愉悦是窥视的愉悦，安全但虚弱；但是，网络文本的读者并不安全。因此，可以说，他不是一个读者。网络文本将其潜在读者置于危险之中：摈弃风险。"[68] 这种不确定状态赋予玩家对遍历性工作的一些控制权，使游戏士兵从非遍历性军事娱乐项目（如电影和电视节目）中获得乐趣。

在游戏正式的文本运作之外，P.戴维·马绍尔还请我们注意，诸如媒体迷幻等广告和社区实践用无数种方法影响受众解读媒体产品。他的"互文商品"概念强调了如何鼓励观众在技术平台上与文本进行游戏式互动。相较于生产商的产品设计和营销技术，交互性和游戏性对于培养用户愉悦感同样重要。马绍尔指出，这一直是文化产业的标准操作程序（例如 P. T. 巴纳姆的宣传特技）。然而，数字技术和用户通过创建诸如社交媒体内容，放大了这些互文矩阵的复杂性，同时在将游戏制度转化为商业策略。马绍尔指出："新的互文商品确认行业制定游戏规则的尝试，同时认识到游戏的愉悦性在于规则制定，以及玩家重新制作、改造和修订规则的过程。"[69] 我们将交互性理解为一种复杂的用户行为和文本负担网络，在生产者和消费者、文本和营销材料之间共享。即使它会引起有关（交互）活跃受众令人精疲力尽（和冗长）的争论，这个概念会有效地使静态或技术上确定的作者-文本-受众的关系复杂化。[70]

交互性的本质本体论使得流行娱乐空间内外游戏状态成为可能。游戏设计师和学者伊恩·博戈斯特也提出了同样的观点，他采用了游戏设计师凯蒂·塞伦和埃里克·齐默尔曼对游戏的定义，即"在一个更为刚性的结构中，运动的自由空间"[71]。当然，这种有趣的"运动"既不需要文字空间，也不需要互动技术。然而，"更加刚性结构中的运动"很可能是单词拼图中的想象运动。相反，技术本身的存在不一定会产生互动的游戏状态。对于一个开会快迟到的律师，电梯按钮并不是玩物。但是对于这位律师早熟的双胞胎女儿来说，同样的按钮（或一排按钮）可能是一种诱人的玩物。电梯按钮本身没有什么好玩的地方；但只要有人愿意采取愉悦的态度，并采取富有想象力的行动，它们就具备玩的可能性。这种复杂性解释了为什么学者们将新媒体用户视为观众或读者以外的人，会用新的头衔称呼他们，例如"玩家"[72]"多重观众"[73]"权谋者"[74]"虚拟公民战士"[75]或其他一些新词（在律师女儿的例子里是"按按钮的人"）。无论人们选择什么术语，都需要记住，人类之于游戏就像人类之于文化，因为游戏就是文化。对于游戏战争可能性空间的有趣探索，意味着要探讨9·11事件后魔圈的文化想象空间和娱乐的计算规则。

《侵略者！》，游戏式不悦，以及政治化魔圈

荷兰社会学家和真正的游戏研究圣徒约翰·赫伊津哈是最先考虑人类游戏文化元素的人之一。他创造"魔圈"一词，来描述包裹游戏各要素的社会外膜。[76]魔圈在指定时间内出现在规定空间，具有角色扮演和秩序规则等仪式性质，将自身（魔圈）与非游戏活动分开。然而，对赫伊津哈概念的一个常见批评是它过于理想化和柏拉图化。魔圈并不是一个将玩家与世界隔绝的形而上的盾牌。相反，魔圈是渗透性的社会屏障，它过滤掉某些元素，同时允许其他元素通过。这就是任何虚拟世界或游戏空间都具有文化意义的原因。就像文化是动态的，魔圈是可以穿透的：人们向其中注入生命，而不是一些编纂的规则集。因此，游戏学者们对赫伊津哈这一富有影响力的概念进行改进和更新，使它仍然是一个富有成效的关键词，将游戏实践与更广泛的文化关注联系起来。

商业射击游戏促进军事魔圈的互动状态，同时建立了各要素之间的关系：游戏和玩家、游戏及其行业、玩家和游戏行业（如图I.2所示的游戏战争维恩图的重叠部分）。互动游戏设备给予并接受视频游戏的内部逻辑，以及制作游戏时厂商带来的工业、经济和

文化压力。这些相互作用的回路让游戏玩家可以反复进行游戏,就像它使游戏产业能够循环和修复游戏战争体验里的虚拟冲突。

但并不是所有的游戏都是为了生成愉悦感,就像斯坦利的《侵略者!》一样。艺术家和活动家用实际行动有力说明,大众文化仍然是百家争鸣之地,军事游戏同时拥有相当数量的粉丝和批评家。鉴于9·11事件的敏感性,《侵略者!》因敢于将这一悲剧嵌入虚构游戏空间而受到批评也就不足为奇。毕竟,这件艺术品确实邀请玩家参与保护世贸中心。将9·11恐怖袭击最具创伤性的载体与投币游戏相结合,这对于一些人来说实在是太过难以忍受。然而,对于那些真正玩过这个游戏的玩家来说,还有另外一层挫败感,这一挫折感可能是那些只听说过该游戏的人无法体会的。

斯坦利的动作型作品中,玩家们在投影屏幕上挥手向来袭的外星人还击;与最初的一些不准确的报道相反,玩家们是在试图保护双子塔。[77]但是,外星人不会停止进攻,消灭一批会引来另一波浪潮,游戏将玩家设置为不可避免地会失败。《侵略者!》是一类无法赢的游戏。它的唯一结局是玩家陷入厌倦和挫败。因此,根据游戏作者和它的辩护者的想法,游戏的寓意是批判美国9·11事件后的战争政策。

在他的博客中,斯坦利对那些攻击他的游戏却没有真正玩过的人给予这样的回应,他幽默地指出:"至少对于我来说,电子游戏在某种意义上和它的玩法有关。"[78]他在同一篇博文里继续写道:

> 当然,游戏中防御双子塔显得有些含混,即使是高度程式化的8比特画面,对于某些人来说也过于直白或者唐突了。然而,不论一个人最终有什么意见,我都听到游戏世界里的

许多呼声，指出我们需要考虑到游戏的内在逻辑，这意味着真正理解游戏的机制，尊重它的象征意义。[79]

斯坦利的回应展示了媒体和游戏研究中的一个中心问题，即如何解读这些互动游戏产生的复杂含义。我同意斯坦利的观点：有力的游戏分析不应该只关注展示策略，而应该探索有关游戏规则结构及其社会背景的问题。例如：一个街机游戏中，世贸大厦注定毁灭，你在观众面前一定会被击败，那么这意味着什么？

尽管情感和表达方式并非唯一，《侵略者！》仍是一款独特激进的"反游戏"。现代战争的商业表现激起广泛的反战游戏项目批判——从最初的数字游戏，到游戏修改，到游戏电影（用重新剪辑的视频游戏内容制作短片），再到游戏内抗议。例如，冈萨洛·弗拉斯卡的《9月12日》（2003年）中，根除恐怖分子是不可能的，因为消灭这些恐怖分子造成的附带损害是会产生更多的激进分子。[80]乔恩·格里格斯的《偏离》（2005年）是一部由第一人称射击游戏《反恐精英》（1999年）制作的游戏短片，探讨未经询问即开枪的作业流程和这一类型的周期性暴力。天鹅绒-打击艺术小组还利用反恐精英制作反战喷漆标牌，玩家可以向他们的虚拟作战区注入政治评论。作为"伊拉克之死"抗议活动的一部分，数字艺术家和学者约瑟夫·德拉佩不厌其烦地在美国军方最著名的征兵游戏《美国陆军》公共聊天屏幕上输入在伊拉克丧生的美国士兵名字[81]。这些干预活动显然与主流射击游戏的商业设计实践背道而驰。《侵略者！》及同类作品通过破坏玩家通常在射击游戏中所获得的逃避现实的乐趣，破坏视频游戏魔圈表面的安全界限。[82]

从调整后的绝望到（预先）调整后的重生——游戏的感知结构

尽管游戏公司比其他军事娱乐生产商获得了更多的商业成功，但在媒体上兜售当代冲突仍然是一项具有挑战性的任务，因为全球反恐战争的特点是其政治主张明显缺少共识性和原则性。[83]美国公众对军事干预的广泛怀疑始于第二次世界大战结束，在整个越南战争中加剧，并在冷战结束时明显表现出来。在《胜利文化的终结》一书中，公共知识分子和文化历史学家汤姆·恩格哈特观察到，"随着冷战结束和'敌人的丧失'，美国文化已经进入了一个危机时期，国家使命和认同危机不断加深，实际上这已经是老生常谈"[84]。然而，当代冲突所面临的政治挑战并不是始于冷战结束。

恩格哈特记述"胜利文化"的衰落过程，包含1945年第二次世界大战结束到1975年美国从越南撤军。这是20世纪以来总体战作为主要国防模式退出历史舞台的文化表现。总体战，是指一个民族国家动员所有（或几乎所有）资源进行战争。随着广岛和长崎的核爆，这种国防战略已寿终正寝。这些核打击表明，如果众多国家在总体战中使用核武器，那么战争就不会有赢家。长期以来，对称战一直是战争游戏和军事战略家理想化的冲突形式；然而，在一个充满核武器的世界里，这在战略上是不可能的。

随着总体战时代的结束，婴儿潮一代的普遍战争观发生了变化；美国取得持久全面胜利的可能性微乎其微，未来可能是充斥潜在核恐怖的原子时代。恩格哈特指出：

> 那些〔20世纪〕50年代的孩子将胜利文化的愉悦当作信仰,把核文化的恐怖当作背叛的嘲弄、愉悦和恐惧都紧紧伴随他们,且两种体验并非截然相反。这样,他们抓住了当时成年文化的精髓——尽管美国在世界上占据经济和军事主导地位,但文化核心不是胜利,而是胜利主义的绝望。[85]

随着核扩散的加速,美国和苏联强化了各自的核武器生产,这种"胜利主义的绝望"状态继续保持下去,有效地巩固了持续近半个世纪的冷战对峙。美国和苏联不能冒着同归于尽的风险直接攻击对方,他们通过代理人战争来扩大自身的政治利益,如古巴导弹危机、中情局支持奥古斯托·皮诺切特在智利的残暴政权,以及苏联的阿富汗战争。然而,在这些事件中,越南战争在美国人心里留下了最深的伤疤。美国在越南战败后的几年里,美国娱乐业试图建立现代武士崇拜,或者社会学家和历史学家詹姆斯·威廉·吉布森所说的"新战争",来应对这一前所未有、始料不及的军事失败。吉布森认为,这种新的战争文化试图通过大量的文化产品来"修复"这个国家,这些产品包括低俗小说、实况战争游戏和好莱坞修正主义电影。这些产品给美国士兵第二次机会来解决由女权主义者、和平活动家、多管闲事的懦弱政客造成的问题。[86]在这些战争文化的新作品中,最重要的是幻想重返越南的战争电影,以及虚构未使用致命力量应对国家威胁造成严重后果。这些电影中,许多不仅是民族主义的幻想,而且是真正的准纲领性指南,指出怀有坚定决心的战士如何修复破碎的社会秩序。吉布森指出:"美国一直崇尚战争和战士。长期以来在军事上保持不败,这不管是对国家认同还是对许多美国人的个人认同，都至关重要——特别是对男性。"[87]吉布森新战争中的军事娱乐项目，如恩格哈特的"胜利文化"，都是后现代战争时期对民族创伤的集体反映。在越南的失败（尽管美国拥有压倒性的技术优势和财政资源）和核攻击前的脆弱（尽管美国是第一个制造原子弹的国家）都发人深省："如果美国人不是赢家，那么谁是赢家？"[88]或者正如恩格哈特的质问："有没有一个想象中的'美国'，它没有敌人，没有杀戮，也没有胜利故事？"[89]这些胜利主义的绝望的问题始于第二次世界大战结束，在越南泥潭、冷战和后冷战时期逐渐成熟——然而，在曼哈顿下城那个阳光明媚的星期二早晨，几乎全部消失在空气中。

媒体专家们过早地认为"9·11改变了一切"。但恐怖袭击引发了根深蒂固的报复恐惧，打破了后冷战时期不可战胜的国家神话。（请记住：像弗朗西斯·福山这样的政治理论家告诉我们，西方的自由市场驱动经济已经把我们带到社会的最后进化状态，这是我们的"历史终结"。[90]）实际上，罪与罚的种子随着第二次世界大战最后的核打击而播下。在这种意义下，过去才是真正的开场白。恩格哈特评论道：

> 如果说9·11事件是对美国人的一次重大打击，从更深层次看上，我们早已知道有这么一天。这并非如阴谋论者所设想，不是少数高级官员知情，而是我们所有人；不是提前几个星期或几个月，而是50多年。这就是为什么，尽管令人震惊，但在某种意义上，又如此熟悉……在广岛投下第一颗原子弹后不久，美国人就开始想象"9·11"的版本了。原子弹爆炸激发了美国人的想象力。在广岛和长崎被摧毁的几

个月内，所有的核恐惧迹象都已经出现，报纸想象美国城市的"爆心"，向外画出原子弹毁灭的同心圆；而杂志则把我们的国家想象成一处被汽化的废土，数以百万计的美国人死于核爆。[91]

美国对国家创伤的这种下意识反应，并不是要探究心理和政治创伤根源，而是要确认大众话语和传媒文化中的反动和保守理念。苏珊·法鲁迪撰文指出我们美国人如何在婴儿潮时期使用电影胶片作茧自缚。[92]与恩格哈特一样，法鲁迪认为，9·11以后有关种族和性别的回应说明，整个美国社会普遍不愿探究袭击的实质动因。很少有人探究资金充足的非国家恐怖分子使用美国技术打击美国的原因。相反，更多的人吹嘘来自"更单纯时代"的文化遗产。这些遗产脱胎于理想化的往昔光辉岁月。[93]美国人很快就接受这种布道摩尼教道德宇宙和边疆英雄的娱乐模式，因为这样可以再次确认我们的国家神话，即美国是世界上唯一且正义的超级军事大国。

总的来看，那一天的袭击及其文化影响——被广泛理解为悲剧的话语遗产，它的心理创伤及无数的媒体产品——自那时起已具象为一种独特的文化形态。在9·11文化中，杰弗瑞·梅尔尼克断言"9·11是一种语言。它有自己的词汇、语法和音调"[94]。在文化研究的指引下，梅尔尼克将文化形成定义为"一个重要的社会和政治制度，修辞实践和个人行为重叠并结合在一起的场所，从而创造一个文化能量的门槛，以某种重要的方式定义其历史时刻"[95]。除了成为新的研究对象，探索将恐怖主义和反恐行动打包兜售和纪念的方式，军事射击游戏还演示了这种表达媒介如何将历史形成的文化能量转化为令人愉悦的游戏机会。

9·11事件后的大多数军事射击游戏都是法鲁迪所谓的反动媒体，因为它们创造互动机会，以极端的军事偏激行动反击虚拟"作恶者"。事实上，军事射击游戏早已准备好在21世纪初制造、修补和维护美国的武士象征，就像好莱坞在20世纪80年代为新战争文化制作的后越南和里根时代的电影。此外，军事射击游戏提供了一种体验美国例外主义的愉快方式，特别是外交政策的"布什主义"（见第3章）。这些游戏将日本轰炸珍珠港与基地组织袭击世贸中心交融到一起，让反恐战争和2003年入侵伊拉克与美国参加第二次世界大战一样，具有道义上的正确性。[96]与9·11袭击后发表的许多政治评论相呼应，军事射击游戏往往是快餐式的历史事实；他们试图回避半个世纪以来的干涉主义外交政策和无数的代理人战争，以获得"正义战争"的道德资本（第2章深入探讨了这一文本上的"细微之处"）。

然而，射击游戏并不仅仅是同过去"玩游戏"。这些预期作品[97]对未来进行"预调整"，摒弃体验另一个类似9·11灾难的可能[98]。理查德·格鲁辛创造"预调整"这个词，来补充他和杰伊·大卫·博尔特早期的"修补"概念[99]。然而，补救是新媒体对以前的交流表达进行重新表述和更新，以获得新的形式和格式，而预调整则是对潜在的未来状态进行建模。关于这两个术语的交叉点，格鲁辛指出：

> 预调整未来需要修正过去。预调整积极参与历史的重建过程，特别是不断修正9·11后的未来。因此，9·11作为历史事件继续存在，它的影响力使其他近期事件黯淡无光，

并让某些政府的安全行动师出有名。[100]

将第二次世界大战的多个战场改造成诸如《轴心国和同盟国》等复杂兵棋游戏，美国政府对冷战期间潜在冲突的计算机辅助模拟[101]，海军陆战队为战术训练项目研发《毁灭战士2》非销售版本（1994年），这些例子都说明，所有游戏系统都试图重构决策时刻，以准确预判未来事物，或者相反，创造可能的历史。但这并不是预调整的主要目标。

就像人类游戏和政治神话一样，预调整不受任何事实状态的约束，而是为了能影响短期决策的情绪效应。[102] "预调整不是为了让未来正确，而是增加修补未来的措施；这样既可以在当前保持低水平的恐惧，又可以防止美国和大部分网络化的世界再次发生类似9·11后的巨大媒体冲击。"[103]军事射击游戏将9·11的文化记忆重新植入游戏战争。这不是为了准确预测未来，而是为了给予玩家希望，这些重新想象的9·11事件会有不同于恐怖现实的结果。这就解释了为何如此多的军事射击游戏蕴含可怕的故事脚本，这些故事多发生在美国本土遭到袭击前夕或之后。以图I.3所示的暴力事件为例。这是《现代战争3》（2011年）的主要营销海报之一，也是《时代》周刊第一次授权商业产品上使用其封面。《时代》周刊出版商金·科勒尔为这一史无前例的举动背书，他声明，"这就是男孩们所在的地方"，并补充说，与电子游戏的出版商动视的合作是"一个与数百万人建立联系的好方式，否则我们可能并无交集"[104]。

这些游戏与玩家产生共鸣，不仅因为它们用叙事方式预调整9·11的创伤，更重要的是，它们给予玩家机会反击各种头衔

绪言　欢迎来到战争游戏世界

图 1.3 《现代战争 3》（2011 年）的宣传海报，标志性地在《时代》杂志封面上描绘了一个被毁灭了的纽约市

的敌人和处置危机。在观看电视袭击场面，或者观看电影中类似虚构主题和影像时，受众无法进行这类表演式反应。尽管诸如马丁·范·克里维德的《兵棋》或菲利普·冯·希尔格斯的《游戏战争》等文化历史著作考察多类媒介的游戏训练——桌面、实况、电子等——为军事战略家和政府决策者建模未来。《游戏战争》更感兴趣的是研究在政治不安年代，文化神话如何以游戏的形式展示出来。此外，不同于那些需要缜密计划、冷静出招的战略游戏，军事射击游戏让其玩家陷入激烈交火的情感冲突。正是这种游戏投入，使得胜利文化神话在其他军事娱乐产业中受挫时，能在军事射击游戏中焕发新生。

《游戏战争》对互动商业过程和社会线路如何产生愉悦感的关注引出了一个更为棘手的问题，即军事游戏与国家认同的关系：

特别是，这些游戏愉悦意味着什么，或者这种形式的战争游戏对9·11后的美国文化意味着什么？这个问题的答案是本书的结尾，它将在结论部分得到最充分和最有力的回答。就目前而言，可以预见游戏战争的霸权愉悦是如何反映为更深刻的文化信仰。

游戏战争的体验代表了一种调和的"感觉结构"，借用雷蒙德·威廉姆斯的术语，它表达了对特定历史时刻的关注，同时揭示出这种文化形成的物质过程。在威廉姆斯影响深远的职业生涯中，他从未明确定义过这种情感结构，一些批评者认为他不愿意这样做别有深意。[105] 在他最明确的表述中，威廉姆斯将感觉结构解释为一个广泛的体验过程，包含特定"同时连锁和紧张的内部关系"，产生"积极的生活和感受"[106] 的社会价值和意义。事实上，情感结构是一种"文化假设，实际上是尝试了解这些元素在一代人或一个时期内的联系，并且需要始终以交互方式反馈"[107]。就像威廉姆斯更受欢迎的，理论基础也相似的电视"流"[108] 概念，情感结构不是一个强有力的理论建构，而是一个批判性的激进概念，它激励学者在特定的历史时期，更好地结合文化与经济，并将个人愉悦与大众媒体结构和商业要务联系起来。[109]

商业化的军事射击游戏模拟美国士兵和国家敌人之间的战斗场景，从而娱乐玩家。本书接下来章节的目标是揭示军事游戏的交互回路如何（主要）产生霸权愉悦——或者说改述威廉姆斯的理论，交互结构如何产生"游戏战争感"——使这些游戏在商业上成功，以及游戏战争如何试图复活阳刚、军事化的民族认同，就像从双子塔的灰烬中凤凰涅槃。

《游戏战争》概览

《游戏战争》是根据梅兰妮·斯沃威尔和杰森·威尔逊的指导，将批判性分析作为一种重要体验现象的游戏玩法的同时，超越了正式的玩家游戏互动，去理解游戏愉悦是如何由文本外的力量共同产生。[110]因此，本项目追求多案例研究设计，因为它是一个全面的研究策略[111]，用于了解游戏制作人、营销人员和玩家如何在现实中协商军事游戏的主要商业和文化问题，包括展示冲突和战术（文本），将国家支持暴力行为以社会可接受的形式商品化（类文本），以及展现游戏所处的社会环境（背景）。通过仔细观察这些研究实例，我们可以开始了解视频游戏是如何施展贾德·鲁吉尔和肯·麦考利斯特所说的妙不可言的魔咒。[112]

第1章运用"游戏模态"来解释军事射击游戏通过给予玩家近距离战场视图和表演自由，抵消其他军事娱乐项目的距离感和政治焦虑，从而使虚拟战争变得愉快。[113]这些游戏寻求两种方式：它们希望通过象征性和主题性将其与世俗冲突联系起来，作为"现实"被解读；同时为玩家提供特定中等价位的游戏体验。通过研究几十年以来流行战争游戏的相似和差异性，媒体学者可以从根本上评估游戏技术和游戏机制的演进如何塑造虚拟战争体验。这一章认为，游戏产业青睐沉浸感和叙事性较强的军事游戏，这一趋势表明它试图通过精美包装、发售和操作，缓解后现代战争的意义危机。

第2章分析畅销的"现代战争"三部曲——《使命召唤4：现代战争》（2007年）、《使命召唤：现代战争2》（2009年）和《使命召唤：现代战争3》（2011年）——中占据主导地位的第一人称游戏模态。这些作品将玩家变成士兵和平民，在不同战场上出生入死。这些视角转变产生一种矛盾的主观性，这种主观性存在于个体战斗中，并超越时空。这种人际模态游戏模式是"牺牲式公民身份"的典范，它是9·11后美国政治立场的特征——任何时刻都需要在最大个人牺牲的战争中推崇全民皆兵的精神。[114]

第3章分析了两部"汤姆·克兰西"品牌系列的招牌射击游戏如何通过美国例外主义，将作者平淡无奇的科技惊悚小说转变为游戏形式，给玩家提供一种互动的游戏方式。本章指出，这些作品支持布什政府9·11事件以后先发制人的军事政策。通过有关克兰西商业帝国的评论，我们研究这些游戏对玩家行为的要求，以及它们展示美国士兵的方式，进而评估成为新世纪信奉美国例外主义的技术战士的乐趣。

第4章研究全球反恐战争即将结束时，奥巴马政府时期出品的军事射击游戏中对无人地面机器和无人飞行机器（或称"无人机"）的不同描述。与前几章中更具沙文主义色彩的作品不同，第4章中的军事射击游戏将无人机塑造成破坏性技术，挑战占统治地位的文化神话。例如，在《使命召唤：黑色行动2》（2012年）中，无人机破坏了美国不容置疑的军事实力。在《特殊行动：一线生机》（2012年）中，空军对无人机的胡乱使用破坏了无人机的观察优势。在《无人操纵》（2012年）中，无人机驾驶的枯燥和重复颠覆了高贵武士的神话。这些游戏不仅挑战了美国军方的基本文化信仰，而且损害了传统射击游戏的互动乐趣。

第5章将本书的重点从游戏转移到塑造游戏战争文化的外部营销力量。本章探讨诸如生产人员访谈、新闻评论和在线视频游戏广告等副产品如何预先说明2007年最畅销的《使命召唤4：现代战争》对"军事现实主义"的理想化解读。"使命召唤"系列是一个有价值的案例研究，因为它是21世纪历史上第一个具有传奇色彩的游戏产品。它的商业成功是决定性转折点，表明游戏发行商的关注从第二次世界大战转向冷战时期的代理战争和近未来冲突。有关《使命召唤4：现代战争》流传的副产品不仅为游戏和销售工作增加卖点，而且还使用超过其他作品的特定阅读策略，希望在公众强烈反对的威胁中，注入他们公开宣扬的游戏战争乐趣。

第6章探讨在商业游戏中心与他人玩游戏的社交愉悦感，以及在这个空间保持"硬核"玩家身份的挑战和乐趣。本章综合分析游戏中心的通宵游玩记录，以及核心客户、管理层、最忠实玩家重点小组半结构式访谈数据，部分内容是游戏文化局外人的客观性叙述，部分是玩家的评价。本章发现，游戏战争体验往往带着建立在虚拟战场上的规则及充满情感的表达，摆脱其调和界限。此外，玩家必须定期修正游戏战争的模态，以提高其在社区内的游戏资本水平。

结论部分指出，军事射击游戏不仅是9·11后视频游戏的典型，更是当代军事娱乐产品的翘楚。这些最后的评论将游戏战争的情感结构理论化，阐明它是如何准备从自身的技术和道德缺陷中拯救后现代战争的遗产。简而言之，这些调和的战争希望通过使虚拟冲突变得有趣和愉快来"重置"胜利文化神话。《游戏战争》论述视频游戏虚拟战场内外，在玩家"身心"进行的有趣战役，以及这类冲突对9·11之后的美国身份和游戏文化的影响。

注　释

1. 实际上,《入侵者!》是 2007 年在西班牙吉恩的劳动艺术中心首次亮相,这只是道格拉斯·埃德里克·斯坦利自 9·11 袭击以来一直致力于的一个项目的最新版本。直到 2008 年德国莱比锡举行的莱比锡游戏展上短暂展出,它(和他)才遭到严厉批评,并受到大众媒体的关注。图 I.1 来源:道格拉斯·埃德里克·斯坦利,"入侵者",安装,2008 年,摘要机器(博客),http://www.abstractmachine.net/blog/30-years-of-invasions/;已获授权。
2. 如果所有历史时期都需要一个星号,那该时刻就该被标记。不幸的是,2014 年只是反恐战争的临时结束日期。2013 年 5 月 23 日,贝拉克·奥巴马总统在麦克奈尔堡国防大学发表演讲。提出结束这一模糊不定、超过十年的"战争",他指出:"我们不应将精力投入到一场无边的'全球反恐战争',而是应当通过持久且有针对性的努力,摧毁威胁美国的暴力极端分子。"参见奥巴马,《谈话录》。
3. 我选择使用复合词"游戏"而不是单独的"玩游戏",部分是因为前者通常出现在行业和学术讨论中,也因为它表明媒介体验是游戏设备和玩家的融合。正如数字文化学者雪莉·特克尔所观察到的,如果一个人不真正玩游戏,那么游戏就不能发挥它们的体验控制力。参见特克尔,《第二自我》。同样,"没有玩家就没有游戏",因此没有"玩",就没有游戏;参见艾尔米和马拉,《游戏体验的基本要素》。
4. 帕特里克·克罗根在《游戏模式》第 13 页的视频游戏研究中也提出了类似观点。
5. 有关国防部生产游戏的研究,参见佩恩的《操纵军事娱乐》,第 238 页。
6. 有关此类招募和训练游戏历史的更多信息,参见米德的《游戏战争》。
7. 美国政府并不是孤例。大部分政府会对少数游戏商业出版进行监管。
8. 安德森,《想象的共同体》
9. 同上,第 6 页。
10. 同上,第 10 章。
11. 同上,第 204 页。
12. 史密斯,《国家主义》,第 60 页
13. 利普希茨,《时代通道》,第 5 页。
14. 莫斯可,《数字升华》,13—14 页。
15. 斯特尔,《军事娱乐公司》,第 6 页。

16. 同上，第42页。
17. 同上，第16页。
18. 作者使用的"帝国"概念建立在哈特和奈格利的《帝国》的内容之上。
19. 戴尔-威则夫特和格雷格·珀泰尔，《游戏帝国》，第29页。
20. 加洛韦，《游戏》，第6页。
21. 莫斯可，《数字升华》，第39页。
22. 瑞恩，《作为虚拟现实的叙述》，306—307页。瑞恩将成功游戏定义为"一个全球性的设计，它保证玩家积极、愉快地参与游戏世界，这里所说的世界不是想象中的具体事物总和，而是非具象的，是游戏发生的时间和空间的界限。"（同上，第181页，在原文中强调。）
23. 苏伊斯，《大都会》。
24. 加洛韦将游戏和反游戏的形式差异，部分类比为通过连续性编辑隐藏技巧的好莱坞经典电影，和突出电影制作设备、破坏电影幻想的体验性电影。更多有关反游戏和反游戏操作的信息，参见加洛韦的《游戏》，第5章。
25. 法国哲学家、著名戏剧理论家罗杰·凯略斯在他的作品中对游戏和玩耍进行重要的区分，他将它定位在戏剧谱的两端。参见凯略斯的《人类、玩耍和游戏》。
26. 伊恩·博格斯将游戏的"可能性空间"描述为我们与游戏控制及其规则互动时探索的空间，《说服式游戏》，第43页。博格斯的概念源于萨伦和茨美尔曼在《游戏规则》第28页中将游戏定义为"在更僵化结构中的自由运动空间"。
27. 尤尔，《半真实》。
28. 拉克海姆，《武器文化》，第1页。
29. 同上，第1页。
30. 同上，第4页。
31. 需要简略了解早期电子游戏在军事娱乐生产网络的制作历史，参见亨特曼和佩恩的《手柄士兵》，1—18页；以及亨特曼和佩恩的《军事主义和网络游戏》，828—834页。
32. 拉克海姆，《武器文化》，第2页。
33. 莱文多和鲁宾斯，《通往军事信息社会？》，第176页。
34. 关于媒体融合的研究铺天盖地。然而，以下几篇文章是媒体学者针对该主题的代表作。参见：盖瑞，《简介-聚焦》；詹金斯，《融合文化》；马绍尔，《新媒体文化》；拉吉尔，《融合》。

　　20世纪晚期至21世纪，跟踪媒体融合的著作数量更是层出不穷。它们包括卡德维尔和埃弗里特编辑的《新媒体》，卡克曼等编辑的《电视流》，哈里斯等编辑的《新媒体书》，斯皮格尔和奥尔松编辑的《电视之后的电视》，斯泰格和海特编辑的《融合媒体史》。
35. 以实践为基础的媒体研究的例子包括：伯德的《每日生活的听众》、库尔德里的《实践式媒体的理论化》和威尔逊的《理解媒体用户》。
36. 詹金斯,《融合文化》,3—4页。
37. 同上,第16页。
38. 库尔德里,《实践式媒体的理论化》,第119页。
39. 库尔德里指出,"我们需要实践的视角来帮助我们回答媒体如何嵌入社会和文化生活的互锁结构"(同上,第129页)。
40. 加洛韦,《游戏》,第2页。
41. 罗伊格等,《作为媒体实践的视频游戏》,第89页。

    此外,将电子游戏视为实践至少有三个研究含义:第一,它"允许在文化产业和媒体消费相关的其他实践中定位电子游戏";第二,游戏可以理解为它们自己的媒体活动,"其特点是将视听表现实践和游戏文化混合在一起";第三,游戏应定位于玩家和非玩家更大的社会行为/构成范围内。(同上,第100页。)

42. 同上,第101页。
43. 克兰-戴尔-威则夫特和格雷格·珀泰尔《数字游戏》。
44. 当然,提出这一点有可能重现长期困扰媒体研究的困境。对于文化研究和关键政治经济之间的生产关系的优秀概述,参见希蒙达赫的《文化产业》。

    在游戏研究领域,迈克·尼采提出了一个类似的综合系统,用于评估多个交互平面如何影响游戏作为空间的体验。尼采如此阐述他的方法:"仅靠这些层面不足以支持一个丰富的游戏世界。这就是为什么争论不会集中在这些层面的区别,而是集中在它们的相互连接和重叠上,从而理解它们如何组合工作。"(《视频游戏空间》,第17页)

45. 引用和重新想象以前的游戏战争文化研究模式,既不是为了进入某研究阵营而进行的长期争论,也不是为了让一种方法凌驾于另一种方法之上。相反,这些努力证明了克服分歧的普遍愿望,去解释文本欣赏如何与经济、工业和文化力量相结合,对媒体愉悦产生影响。
46. 这一建议类似于托马斯·马拉比提出的建议,马拉比主张对"游戏"的含义进行高度语境化的或有条件的定义,即"游戏"是什么,以及"游戏"在文化上能够产生什么。
47. 肯·S. 麦考利斯特在《游戏作品》中也提出同样的观点,他展示设计和游玩电脑游戏之间的修辞维度和辩证矛盾。
48. 芭芭拉·奥康纳、伊丽莎白·克劳斯、阿弗拉·科尔、朱利安·库克李希和帕特·贝雷敦叙述了媒体研究中界定愉悦概念与学者取得共识面临的持续挑战。参见:《愉悦和意义话语》,奥康纳和克劳斯,第369页;《新媒体-新愉悦?》,科尔、库克李希和贝雷敦,第63页。

    奥康纳和克劳斯认为,追踪创造意义是将用户快乐与意识形态和霸权问题联系起来的可行途径,他们认为,"情感与认知、娱乐与信息、愉悦与意识形态、事实与小说,似乎都与感官过程紧密相连。愉悦指导认知过程,决定注意力及选择性意识。正是这种感性、感官和想象力的感觉,引导观众积极地转向和处理给定内容。这是理解的先决条件——没有认知是不可能的——但同时它限制了人们解释实践的范围,因为愉悦是社会嵌入的,与控制力和文化霸权的社会关系密切相关"(奥康纳和克劳斯,《愉悦和意义论述》,第 381 页)。

49. 菲斯克,《电视文化》。
50. 西顿-史密斯,《模棱两可的游戏》。
51. 西蒙·弗里斯,《为了愉悦的音乐》,见《大规模通信年鉴,第 3 册》(1982 年) 第 493 页。奥康纳和克劳斯的《愉悦和意义论述》中引用,第 371 页。
52. 科尔、库克李希和贝雷敦,《新媒体-新愉悦?》,第 69 页。
53. 同样,我不想让影响研究的案例以任何方式与博弈研究或博弈论不一致。事实上,詹姆斯·阿什认为成功的电子游戏通过其技术设计有规律地调节影响,从而将两者联系起来。参见阿什的《放大情感的注意力、视频游戏和保留经济》。
54. 或者,正如奥康纳和克劳斯在《愉悦和意义论述》中提及,"媒体事件的愉悦性并非随意,而是与社会定位和媒体使用的环境相联系"(第 382 页)。
55. 菲斯克,《理解流行文化》,第 3 章。
56. 同上,第 49 页。
57. 同上。
58. 更多有关交互的不同概念和操作的信息,请参见《定义互动》,麦克米兰和唐斯,第 157 页;《交互性》,拉法利,第 110 页;《交互性》,库西斯,第 335 页。
59. 新媒体和游戏学者对"交互性"的理论效用几乎没有共识。例如,新媒体学者珍妮特·默里——我在下一章中会继续提及她所研究领域的定义工作——观察到计算媒体确实具有参与性和程序性的功能,互动行为之间存在实质差异(她举了一个几率游戏的例子,来说明简单行为所带有的效果),以及在数字领域中进行代理和意向活动的中介机会。参见默里的《全息甲板上的哈姆雷特》。

媒体理论家列夫·曼诺维奇和亚历山大·加洛韦在很大程度上避免使用这个术语,因为他们认为交互性是对新媒体和视频游戏计算性和可编程性的错误描述,并且因为它承载着非生产性的负担。参见曼诺维奇的《新媒体语言》和加洛韦的《游戏》。具体地说,曼诺维奇认为,一般媒体互动心理过程(即,所有媒体在心理意义上都是互动的)与可编程媒体特定需求之间存在着一种问题性的融合。加洛韦的学术背景是媒体研究,他希望避免阴暗的"活跃观众"讨论,以解决媒体与玩家的辩证关系。

阿弗拉·科尔、朱利安·库克利希等人认为,应该放弃"交互性"这个词,或另起炉灶(库克利希建议用"可玩性"取代),这可以更清楚地解释这些游戏中的人类活动。科尔认为,"交互性"更像是一个营销术语,而不是一个新媒体的结构特征,因为它已经被文化产业所融合。参见科尔的《新媒体-新愉悦?》和库克利希的《从交互性到可玩性》,第 232 页。

然而,即使作者们最喜欢的术语"游戏"也不能不受商业力量和利益的影响(科尔,《新媒体-新愉悦?》,第 72 至 73 页。)事实上,根据 P. 戴维·马绍尔的说法,"在新千年之初,游戏在观众愉悦形成中的重要性越来越高,因此它在儿童以外的文化产业中越来越具有殖民性"(《新互文商品》,第 69 页)。

60. 技术乌托邦主义者在媒体上笨拙和夸张地使用互动修辞,参见《数字游戏》,克兰等,第 14 页。
61. 埃塞斯,《网络文本》。
62. 马绍尔,《新互文商品》。
63. 拉塞尔·理查德同样对交互进行了简单定位,并指出它是一种"在环境、内容和用户之间进行调和并能够生成更多内容的互文工具"(《用户、互动和时代》,第 532 页)。
64. 埃塞斯创造了术语"遍历性",希腊单词 ergon 表示"工作",hodos 表示"路径",以描述"读者遍历文本所需的非凡努力"(网络文本,第 1 页)。
65. 同上,112—113 页。
66. 同上,第 113 页。
67. 更多有关认知学习的研究,参见:《视频游戏为什么有益于你的灵魂》,吉;《运行视频游戏》,纽曼;《我的替身,我自己》,瓦格纳。
68. 埃塞斯,《网络文本》,第 4 页。
69. 马绍尔,《新互文商品》,第 80 页
70. 考沃尔,《观众互动/活跃》,第 139 页。
71. 博戈斯特,《劝导式游戏》,第 42 页。
72. 马绍尔,《新互文商品》;罗伊格等,《作为媒体实践的视频游戏》。
73. 哈里斯,《新媒体书》,第 172 页。
74. 埃塞斯,《网络文本》。
75. 斯特尔,《军事娱乐公司》。
76. 赫伊津哈,《游戏者》。
77. 正如游戏记者迈克尔·麦克沃特所发现的,《入侵者!》给人一种明显不快的体验。
78. 斯坦利,《某些语境》。
79. 同上。
80. 冈萨洛·弗雷斯卡的《9 月 12 日》可以在下在的网址运行:http://www.newsgaming.com/games/ index12.htm。
81. 克兰,《在伊拉克死亡》,第 272 页。
82. 更多有关军事反游戏的分析,参见亨特曼和佩恩的《手柄士兵》,第 5 部分。
83. 我在第 1 章中充分论述这一点,参见哈蒙德的《媒体、战争和后现代》。

84. 恩格哈特，《胜利文化的终结》。
85. 同上，第9页。
86. 吉布森，《武士之梦》。
87. 同上，第10页。
88. 同上。
89. 恩格哈特，《胜利文化的终结》，第15页。
90. 福山，《历史的终结和最后一人》。
91. 恩格哈特，《胜利文化的终结》，306—307页。
92. 法鲁迪，《恐怖之梦》，第4页。
93. 法鲁迪观察到，"单独来看，9·11事件后出现的各种潮流——贬低能干的女性，放大男子气概，对家庭生活的强烈要求，对无助女孩的追求和神圣化，似乎是某种深刻的文化混乱的随机表现。但综合起来，它们形成了一个连贯的、不可改变的整体，包含我们深深投入其中的民族幻想的累积元素，还有我们精心构建的无敌神话"（同上，第14页）。
94. 梅尔尼克，《9·11文化》，第6页。
95. 同上。
96. 参见菲亚拉的《正义战争神话》，以及麦克克里斯肯的《美国例外主义和越南遗产》。
97. 斯米克，《未来作战，与未来作战》，第106页。（没有问题）
98. 格鲁辛，《预修复》。
99. 博尔特和格鲁辛，《修复》。
100. 格鲁辛，《预修复》，第8页。
101. 更多有关模拟、战争和军事复杂联系的理论分析和精彩历史，参见格罗根的《游戏模式》。
102. 萨梅特，《美国士兵会白白牺牲吗？》，第74页。
103. 格鲁辛，《预调整》，第4页。
104. 彼得斯，《时间掩盖天启之景》。
105. 威廉姆斯，《马克思主义与文学》。

大卫·辛普森认为，"尽管20年以来，情感结构在重要批判性研究中广泛应用，但它在很大程度上没有契合'理论上的满足感'，这表明人们强烈抵制这种理论化"（《雷蒙德·威廉姆斯》，第43页）。肖恩·马修斯对此表示赞同，他认为"情感结构的暗示性、临时性、甚至模糊性实际上是它的优点"。

106. 威廉姆斯，《马克思主义与文学》，第132页。
107. 同上，132—133页。
108. 威廉姆斯，《电视：技术和文化形式》。
109. 卡克曼等，《简介》。

110. 斯韦尔和威尔逊,《简介》,6—7 页。
111. 根据案例研究专家罗伯特·尹的说法:"当案例研究的相关理论本身具有整体性时,整体设计就十分可行。"(案例研究,第 45 页。)
112. 鲁吉尔和麦考利斯特,《游戏很重要》。
113. 金和克日温斯卡《盗墓者和星际入侵者》。
114. 卡恩,《牺牲国度》。

第 1 章

任天堂战争 2.0：通往战争游戏的新模式

一个巨大的讽刺
一个孩子
被原子弹屠杀的恐惧折磨
会如此着迷于
程序中的世界毁灭；
蘑菇云像飞溅的红色像素点一般升起，
造梦者被自己的产物折磨。

同时，
我失去了最后的基地：
太早发射了我的导弹，
恐惧；难以自控

"上帝啊，我们要死了。"我想着，
然后我们确实死了。

屏幕中出现"游戏结束"，
站在生命的尽头
掌心生汗，
我喃喃自语
一个单词：
"沉重……"

有趣的游戏。
——摘自《即将死去的蓝色巫师》，赛斯·巴尔坎关于视频游戏的创作集，有关《导弹指令》的内容[1]

简　介

随着美国主导的伊拉克、阿富汗军事行动旷日持久，当代战争电影的观众不断减少。电影院空荡荡的座椅和战争主题电视剧的低迷收视率相互照应。媒体和战争学者苏珊·卡罗瑟斯指出，虚拟战争电影、现实冲突纪录片都不景气，不管它们是聚焦军事、媒体或是大众，都不能改变这一点。战争主题的娱乐业缺少受众，这一现象让媒体和战争学者去研究和追溯这一"关注力的消解"[2]。理查德·格力斯在他的《时代》杂志专栏文章《战争电影哪儿去了》中，认为好莱坞出于以下原因对伊拉克、阿富汗战争缺少兴趣：可能是战争的政治共识显而易见；可能是相对较少的美国家庭与作战有关；甚至可能是电影院作为一种文化形式，影响力在不断下降。[3] 在这一时期，长期流行的二战题材作品也不卖座。9·11 事件以后，仅有极少数战争大片的票房可与早年作品相提并论——那些经典作品包括《细细的红线》（1998 年）、《拯救大兵瑞恩》（1998 年）、《珍珠港》（2001 年），这 3 部电影的全球总票房分别是 9800 万美元、4.82 亿美元和 4.5 亿美元。[4]

令人吃惊的是，尽管观察到战争电影行业正在衰落（商业上的死亡还为时过早），我们很大程度上忘了视频游戏。这里，就不得不提与战争电影行情背道而驰的杰出代表，动视暴雪公司的"使命召唤"系列。例如，2012 年 11 月 13 日，《使命召唤：黑色行动 2》发售时，一举创造电脑游戏历史最高销售纪录——首日销售额 5 亿美元，[5] 15 天内突破 10 亿美元大关（图 1.1）。[6] 这一数字虽然巨大，但不算惊人。2007 年，《使命召唤 4：现代战争》发售后，该系列每年推出的新作的销售额都在递增（图 1.2）。[7] 从另一个角度亦可说明这部作品的统治力：美国境内有 1400 万用户；而它的前作《黑色行动》则覆盖了 1/8 的美国家庭。[8]

动视暴雪公司的《使命召唤 4：现代战争》和《使命召唤：黑色行动》远不是销量最高的军事射击游戏。然而，它们的畅销无疑与其他近年战斗题材媒体的低迷形成鲜明对比。这一反差引出了本书和本章的研究课题：为何在军事娱乐商业环境并不景气的情况下，当代战争游戏能够畅销呢？什么样的语境和媒介力量促成了这一成功？

在我们还没有步入正题前，值得反复强调的是，目前还没有任何简单确凿的解释，来说明战斗游戏中的战争游戏体验为何广受欢迎。现代军事游戏流行性研究领域中，《纽约时报》视频游

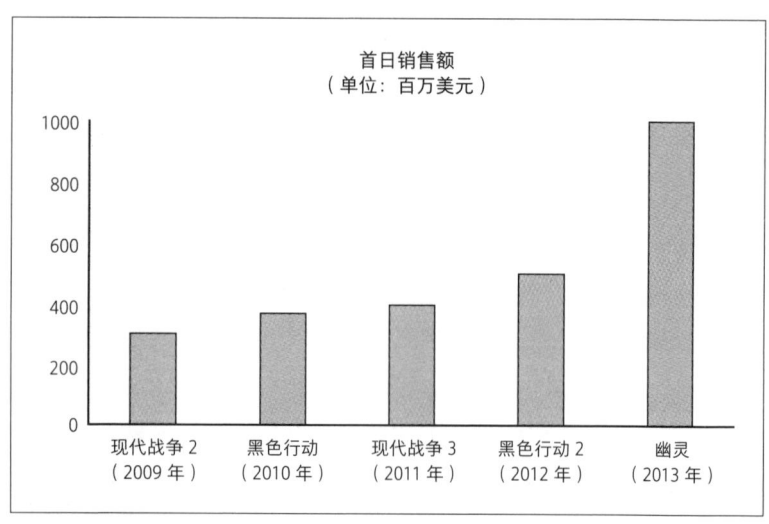

图 1.1 每年"使命召唤"系列游戏的首日销售额。《使命召唤 4：现代战争》（2007年）和《使命召唤：世界战争》（2008 年）的首日销售额没有数据来源

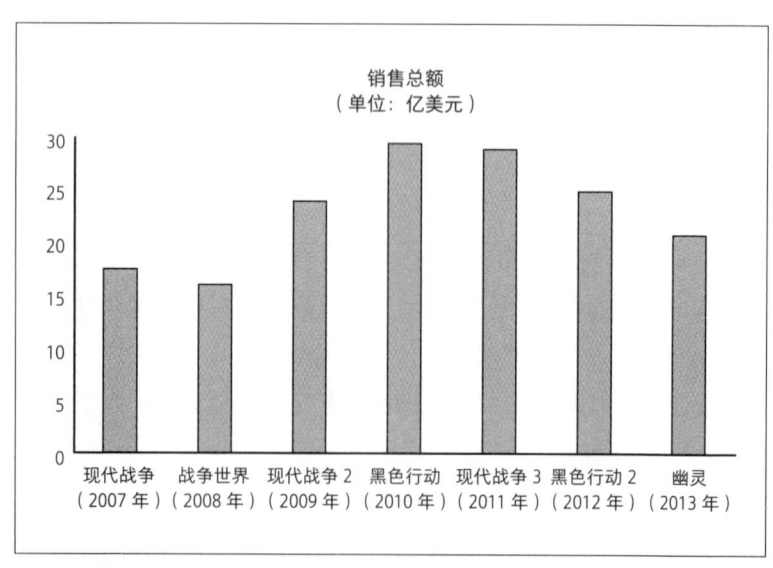

图 1.2 截至 2014 年 5 月，"使命召唤"系列各游戏的销售总额

戏评论家和记者克里斯·苏埃尔内特洛普提出一个主流观点,即"玩家试图通过游戏将自己与战争联系在一起,他们的室友、儿子或许在现实中参加这些战争"[9]。这一观点强调现实与个人联系,充满美学性和叙事性,对于某些玩家来说无疑是正确的。然而,这一论述也仅仅到此为止了。正如本书绪言部分所说,正本、副本、周边等因素都会影响媒体作品的效益和吸引力,因此基于媒介的愉悦感事实上是一种过度决定。文化产业的跨版本生产和市场实践进一步放大了媒介愉悦感的内在复杂性。针对类似第一人称射击游戏的游戏愉悦性,媒体和游戏学者已经对多样化、结构性的因素给予了适当关注。这些因素包括浸入感和存在感,[10] 能动性和控制,[11] 将游戏与好莱坞主流电影[12]及试验性的电影制作[13]联系起来的可视叙事式脚本,可以拓展游戏体验,[14] 以及在政治突发事件多发时代不断调整游戏名称和玩法的参与式社区。[15]

此外,本章和接下来的章节并不是首次结合政治背景讨论军事射击游戏。截至目前,已经有大量重要文献问世,研究视频游戏中的21世纪战争;另外,还有许多研究后冷战时期军事政策和技术架构的成果。二者重叠互补。例如,学者研究电影版本和游戏版本《黑鹰坠落》[16]的话语异同;这种类型游戏的玩法如何推动日常生活的军事化,传播网络中心战概念,或现实中实时连接多种作战和侦察系统争取军事主动权;[17] 游戏中嵌入的故事已经从某个士兵以寡击众的"逆袭"传说(例如,"兰博"型故事),演变到一支数量上劣势、装备精良、训练有素的精英小队胜利战史。[18]

请记住这些观点。本章审视第一人称射击游戏是如何与后现代冲突的丑陋部分交互,并创造出具有吸引力的内容。值得特别指出的是，军事游戏是一种结构化的游戏模式，它叙述了后现代军事干预行动，并使之个性化。后现代战争具备令人厌烦的特质，因此难以被大众接受，相关题材电影少有人问津也证实了这一点。然而，在这个国际冲突的时代，第一人称与第三人称军事射击游戏却逆势而上，用独特的模式克服挑战，使得虚拟战争受到欢迎。

这一章的前半部分将提到乔夫·金和塔尼亚·格日文斯卡的"游戏模式"概念。这一概念将说明，视频游戏有自身的期望和态度（它自身的"内容定义结构"），它与其他媒体互动时，既有联系又相对独立。[19]战斗视频游戏模式中，脚本和模态标记反复强调这是可玩的对象，邀请玩家在他们可影响的游戏空间中，参与被允许的行动。换句话说，尽管屏幕上的影像、声音、内容和其他战争娱乐项目或者新闻报道类似，但游戏为玩家提供了其他媒体所无法比拟的参与自由度。事实上，军事射击游戏试图鱼和熊掌兼得：它们既想和其他战争媒体作品一样保持"真实度"，又想通过精心制作的角度让玩家获得虚拟世界的愉悦感。

当然，游戏战争并非千篇一律。游戏模式随着时间推移不断改变，反映了产品生产时的历史背景。第1章的最后一部分研究并非同一历史时期的两部军事射击游戏，以揭示游戏技术和机制对玩家游戏战争体验的根本性影响。最后，本章认为，叙事式游戏战争产品生产量的增加，是企图缓解后现代战争意义危机的一种举措。

后现代战争和对它的非议

评论家们对后现代战争的内容和定义充满分歧，这是军事射击游戏和相关游戏战争体验所面临的主要历史和政治难题。事实上，正因为后现代战争面临许多认识论和本体论上的挑战，商业军事娱乐才在市场上面临诸多挑战——换句话说，如果人们以怀疑的眼光审视当代战争的故事、影像、报道，那么战争娱乐又如何显得真实可信呢？视频游戏也无法独善其身。然而，游戏厂商确实找到了独特的游戏模式，克服后现代战争带来的行业阻碍。回顾后现代战争概念和历史，可以帮助我们在后续章节更好地理解，军事射击游戏是如何产生特定的文本快感，生产商是如何提前确定自己的电子产品的框架，玩家是如何通过玩游戏来修正虚拟战争游戏和现实世界战争之间的理解错位。

战争和媒体学者克里斯·哈伯雷·格雷认为，当代战争被称为"后现代战争"的原因主要有两个。[20] 首先，格雷认为，现代战争起源于16世纪——总体战（为了战争胜利，动员国家的所有资源）具备了心理和组织上的可能性；结束于1945年的广岛和长崎的核爆——在总体战中使用核武器，意味着战争没有胜者。其次，当代战争实践和特点与后现代主义充满矛盾的文化现象极为相似，因此可以赋予"后现代"这个属性。当代战争的矛盾性（这也是格雷指出的）充分体现在几个不同的方面：新技术、现代主义理性逻辑和19、20世纪演化而来的社会组织。尽管格雷重点关注战争演变中技术创新的作用（这和技术与历史学者路易斯·穆福德、文化评论家保罗·维利诺的观点相似），他将信息放在作战要素的第一位。格雷评论道："作为武器、神话、象征、力量倍增器、优势、修辞、因素、资产、信息（以及它的侍从，生产它的电脑、传播它的媒体和展示它的系统）已成为后现代的中心。"[21] 弗里德里克·基特尔和保罗·维利诺同意这一论断，他们将当代战争视作信息战争。[22] 基特尔认为，冷战晚期以来，美国国防部的工作重点，从控制电磁频谱的电子战，转移到信息战争，或者说是"利用数字技术对抗数字技术"。[23]

对于其他媒体和战争评论家来说，信息控制和技术进步解释仅限于此。菲利普·哈蒙德在《媒体、战争和后现代主义》中指出，后现代战争的研究过于强调两个主题：（1）远程打击先进技术的扩散；（2）新闻机构和文化产业将虚拟与现实、事实和神话混淆的媒体现象。[24] 哈蒙德将后现代战争学者分为两类，一类将海湾战争（1990—1991年）视作后现代战争的发端，那场战争大量使用高科技武器，并实现近实时媒体报道（例如詹姆斯·德·戴安、克里斯·哈伯雷、格雷、道格拉斯·科勒尔和让·鲍德里亚[25]）；另一类将后现代战争视作发展中国家之间小型、低技术冲突，或者东欧国家地区的政治争端和有组织的犯罪。[26] 根据哈蒙德的说法，前一群体强调技术和媒体因素，而后一群体认为地区族群政治是后现代战争最突出的特点。哈蒙德自己的观点介于两者之间，他认为：

> 冷战以后，战争和争端的始作俑者都是西方领导人，他们试图借此让自己和所在社会重获使命感和意义。这就凸显了影像、场景和媒体展示的重要性。然而，尽管个别记者和评论员积极参与战争进程，问题的本身却不在于媒体。重点是战争的特性发生了变化，这一变化的根本因素是西方社会

政策的改变，简而言之，"左翼和右翼的终结"。[27]

将这些线索聚合在一起，我们就可以说，在以信息为中心的变革中，后现代战争伴随着政治背景剧变，从"现代"范畴中破茧而出。讽刺的是，冷战结束加剧了后现代战争的本体论危机。根据扎克·莱迪的著作，[28]哈蒙德指出后冷战时期，西方政治失去了宿敌——共产主义——从而面临一场存在意义危机。"也就是说，柏林墙的倒塌不仅标志着共产主义的终结，也在可预见的未来终止了所有可预期的集体协定。用后现代术语说，就是冷战结束标志着一首宏大史诗的坍塌。"[29]西方损失了它的"另一半"，引发政治想象的真空，这一空白只能用类似人道主义任务和"世界性干涉主义"等关注人类疾苦的活动来勉强填补。然而，正如哈蒙德评论，"对他人痛苦和遭遇的同情是脆弱人性的最大公约数，它与未来需求导向的集体防卫条约相去甚远"[30]。这样模糊的政治事业引发诸如此类的问题：到底怎样才算遭遇？为什么开展这项人道主义任务，而不开展另一项？何时我们才算"胜利"？这里就得强调前述评论家使用的"后现代"概念，它指的是西方的主流战争类型，并在媒体中广泛运用的方式。在这些学者看来，后现代这一概念不是一个不加鉴别、剥离历史的全新产物，它并非同过去截然割裂。哈蒙德指出，海湾战争以后，美国20世纪90年代在索马里、科索沃开展的人道主义和维和行动在政治上并不令人满意，因为较之于前期冲突，这类"治疗战争"缺少对抗性，也并非国家政治生活的主题。人道主义军事干预行动数量的上升，正是"政治势力范围坍塌"的产物。[31]哈蒙德还指出："的确，治疗战争的吸引力很大程度上在于它的反政治性。

它将道义置于实力政治理念和既得利益之上，不直接提供任何利益，不将自己捆绑于任何特定的群体。"[32]

美国文化对于治疗战争的核心要义并不陌生。修辞学者达娜·克劳德认为，"这意味着社会和政治问题以纷杂方式通过个体职责和疗愈表现出来"；从20世纪60年代混乱年代起，治疗战争就成了美国社会流行文化的主流政治战略和主题。[33]越南战争及战后，治疗话语的扩散和哈蒙德（以及类似格雷和道格拉斯·科勒尔）所谓的后现代战争的发展轨迹相匹配。20世纪90年代的人道主义任务和"越南综合征"引发的国内危机也见证了这一过程。因此，冷战结束后不久的低强度冲突并不是技术发展的产物，而是源于政治使命缺少战略对手，没有凝聚力；或者如哈蒙德所说，"人道主义表演是使命危机的外在表现，而不是它的解决方式"。[34]冷战的结束，使得"战争即处方"的论调甚嚣尘上，并成为20世纪90年代人道主义任务的主要宣传语。而2001年9月11日的爆炸闪光，结束了后冷战时期的使命危机和由此导致的毫无政治作用的干预行动——或者说最开始似乎是这样。

战争并不是后现代战争身份危机的解决办法。布什政府一连串战略失误使得这一形态诡谲的战争在最开始几年就黯然失色。事实上，乔治·布什第二任期开始不久，主流媒体就将占领伊拉克和阿富汗视作其最大的政治失误和最严重的犯罪暴行，而正是同一批媒体为最初的入侵大开绿灯。公众对后现代战争的质疑主要来源于推动军事干预的政治动机和相关材料收集。的确，公众和媒体都质疑报道的真实性，以及促使政府外交政策变化的政治理念——一种影响9·11事件后军事娱乐产业的政治忧虑。

反恐战争难以商业化的最重要原因之一，就在于有关伊拉克、阿富汗战争的新闻报道自身就像高质量好莱坞电影一样，在战争的最初阶段，美国为首的联军精心算计，让记者和通信员"透明"地观察战场，创造"目的导向的影像"[35]。新闻媒体对于战争报道制作质量的清醒自知，削弱了联军有关战争的正义性宣传。

美国政府制造影像和信息虚张声势的例子不胜枚举。这些旨在维护战争正义性的努力包括但不限于：2003年4月9日伊拉克民众在巴格达推倒萨达姆·侯赛因的雕像（事实上，这是美国陆军心理战小组的杰作）；[36] 长期禁止多佛空军基地内士兵遗体的照片曝光（这一禁令源于1991年布什政府，奥巴马政府2009年解除）；[37] 在全国最大的电视市场，由政府出品的新闻报道支持包括伊拉克政权更迭在内的一系列政策努力；[38] 制造一等兵杰西卡·林奇、下士帕特·迪尔曼的战地英雄故事（事实上，营救林奇是一场精心协调的媒体行动；[39] 迪尔曼死于误击，而非阿富汗武装人员之手——直到他自愿入伍的故事被宣传时，这一事实才公之于众）。[40]

在所有这些例子中，有一个可以体现反恐战争早期公众对政府政策的反对，那就是布什总统降落在航母甲板，发表"任务结束"演讲。这一耗资100万美元的电视秀引发政治家和记者的尖锐批评，认为这几乎是毫不掩饰的助选行径。[41] 然而，尽管媒体对阿富汗、伊拉克战争的新闻报道有所批评，对相关文字画面的真实性有所怀疑，却并没有动摇新闻报道中对于战争的普遍支持，以及一线报道员传播误导消息的微妙默契。（可以回想朱迪·米勒在《纽约时报》中的报道。）前线的殊死搏斗一直是收视率的支撑，批评言论则靠边站。战争策划者的政治动机和他们不断变化的战略目标——从搜索大规模杀伤性武器，到推翻萨达姆·侯赛因政权，到给伊拉克人民带来正义和解放，到推动中东地区民主化——受到广泛质疑。毫不奇怪，文化产业确定产品主题时，会选择一些不怎么有争议、遭受质疑较少的战争。

21世纪初，好莱坞回归第二次世界大战主题，这是一种商业性的适应策略。生产商试图营造一种战争期间国家的危机感，同时保持对美国胜利的乐观心态（这一立场随着联军在入侵伊拉克后昏招迭出变得有所动摇，包括"无论生死"捉拿本·拉登的失败）。除了商业收入的因素外，回归二战可以引发关于1941年日本偷袭珍珠港和9·11的广泛比较，从而具有文化意义。[42] 频繁将这些袭击本土事件进行比较，表明影视业企图借古喻今，为使用军事力量正名。更不用说，画面中心是对灾难事件的集体回忆——黑白胶片上夏威夷毁灭的战列舰和手持摄影机记录的纽约天际线浓烟滚滚的建筑。

有关珍珠港和9·11的比较也说明，战争主题的影视剧，即使是虚构的冲突，也会引发有关战争娱乐道德恰当性的质疑。这种现象对于反恐战争尤甚，因为它用没有结束的历史事件影响受众。9·11事件以后，即使是虚拟的战争娱乐项目也会提及恐怖袭击和美国的反暴行动，这是媒体有关近年战争报道的显著特点，而如果有人错误操纵战争形态，这也将是一个潜在的绊脚石。视觉研究学者尼古拉·米尔佐夫针对作战影像文件评论道："政府对战争影像严加监管，放出的战争影像都得到了官方允许。这产生了认同或者不认同感。简而言之，战争形态作为全球文化现象，通过视觉影像重构了历史中的个人。"[43] 因此，战争影像不仅是战地事件的简单真实记录，或者士兵的日常形态的展示。从广义上看，战争影像事关受众对国家历史、政治神话和公民神话的认同。需要再次说明，战争游戏和战争媒体并不等同。这些军事娱乐综合体使用各种媒体方式，在个人和他们的民族共同体中调和，达成不同结果。现在，我们将阐述军事射击游戏是如何与世界冲突联系（或是不联系）在一起的。

媒体模态和与现实游戏

本章的引导问题是，涉及反恐战争主题时，为何军事射击游戏在商业上如此成功，其他影视产品却遭遇重重困难，这些困难主要是由战争和不同媒体形式的关系和媒体战争描述与受众对战争理解存在异同等因素造成的。幸运的是，"模态"的概念可以用来解释"对待一项活动的特定态度及活动如何与对现实世界的理解相关联"[44]。然而，这一概念也将事物进一步复杂化，它也可以指符号系统创造情感体验的方式（也就是说，模态是具象或叙事表达的模式）。本章谨慎地使用模态的两种含义，因为它们的内容互相交织，也是因为现代军事射击游戏的操作模态是两种意义的同步结合：用户针对战争游戏与现实联系的期望（游戏情景的模态），以及军事射击游戏用来生成有限但令人信服的游戏体验的技术（模态作为符号系统，作为一种行事方式）。思考媒体形态将突出本项目的方法论重点，即游戏文化是多重实践的产物。

媒体和游戏学者乔夫·金和塔尼亚·格日文斯卡认为，视频游戏有其自身模态，它有自身的媒介符号，并能与其他媒体区分开来（诸如情景框架程序和内部文本特征综合运用）。[45] 此外，这一媒体有独特之处，它招揽潜在玩家去体验它的算法程序与（在某些情况下）浸入式叙事——就像等待探索的事物一样。上述作者是从道奇和特里普有关儿童对电视现实与幻想的看法研究中，借用了"模态"一词。[46] 对于语言学者来说，模态表现的是通过特定信息感知的现实或者某种确定事物。和道奇、特里普针对电视内容的研究一样，金和格日文斯卡通过模态的角度，思考在展示虚幻和现实上，视频游戏与其他视觉媒体的不同，以及娱乐的用户期望如何塑造公众有关游戏的态度和争议。[47]

需要澄清的是，现实感，或者从另一个角度来看，信息可预见的不现实性——例如政治声明、招牌广告或是一部动画——和信息自身的绝对准确性不能画等号。我们这里讨论的是一份声明可预见的真实性，以及这种真实感是否或者多大程度在社会互动中传递。道奇和特里普着重强调这一合理但至关重要的区别，他们指出：

> 演说的模态不是它与现实、真实、虚假或者别的什么事物的实际联系——它是主观判断的产物。一方面，演说者试图引导听众做出判断；另一方面，听众根据他们对种种信息的选择性解读，以及自身潜在道德标准基础，做出相关判断。模态就是二者综合的产物。[48]

因此，就某项事物而言，媒体模态不能简单使用虚幻或是真实的常规元素来划设它的审美或者属性范畴。信息的模态是社会争论的综合产物，各类利益团体不断重构信息的真实性；模态"往往是一系列复杂甚至相互矛盾的声明和反声明综合体"[49]。一个信息模态变化的非游戏例子，便是有关"死亡陪审团"经久不息的争论。这一事件曾是2009年至2010年美国医疗改革中头版标题的常客。前阿拉斯加州长和副总统候选人萨拉·佩林是这个贬义词流传的主要推手，指出这将使联邦政府更大程度控制医疗保险费用，导致患病美国公民得到的医疗保障减少。随之而来的社会争论在新旧媒体上广泛开展，甚至这一命题的准确性也随着信息传播发生变化，并演变成规章改革的主要反对意见；这就是说，讨论焦点从"死亡陪审团"是否变成现实，转换成这一理念背后的价值观念，乃至政府控制医疗的危险。

有关媒体消息与现实联系的争论，就是争夺认识论和本体论的制高点，最终就是有关社会控制的问题。道奇和克里斯很明确地指出：

> 社会控制建立在控制现实展示的基础之上，后者是判断和行动的基础。这种控制可以通过流转在符号流程的模拟内容直接进行，也可以通过控制模态判断间接进行。那些控制模态的人，就可以在符号学流程中选择有效的版本，进而将经挑选的现实版本展示出来。[50]

此外，有关表象与现实的关系争论主要集中在两个方面：文本或是展示层面（有关那些被描述的事物），以及语境或是社会层面（公众有关媒体传播真理能力的辩论）。

金和格日文斯卡明智地指出，同一符号模式下，模态标记的形式也不一样；这些同样的标记，也在同一类别符号模式下有所区别。[51]例如，尽管都是第一人称射击游戏，科幻射击游戏《毁灭战士》（1993年）的科幻标记和第二次世界大战射击游戏《荣誉勋章：联合袭击》（2002 年）的历史标记有显著区别，正如图 1.3、图 1.4 所示。[52] 这些文本上的差异影响用户有关各自模态的期望，并形成关于这些游戏的争论。金和格日文斯卡指出：

> 那些模态标记接近真实／现实的游戏，更容易成为争议事物，卷入有关现实事物的争论。《荣誉勋章》声称其内容真实展示了第二次世界大战，因此在某些方面遭致一些潜在批评，质疑它的历史事件模拟真实程度是否足够高。[53]

现代军事主题游戏是军事历史的展示形式，也具备潜在的征兵功能，这正是它更容易招致批评的原因。那些情景更暴力、更虚幻的射击游戏则往往激起舆论有关侵略和暴力的质疑。[54]

对于类型众多的游戏类型模态标记——有些元素是真实的，有些元素不是，它们与那些影视屏幕中的文字标记有着巨大区别。这就是说，尽管射击游戏声称"真实"，游戏的可玩性要求使得战争游戏与不可互动的战争电影、电视剧和新媒体存在本质区别。[55] 这一根本性特征根植于游戏实践的本质。它创造经验和期望上的差别，决定这些娱乐文本与过去、当代和未来战争联系（愉快与否）的解读方式。战争电影邀请你在屏幕上"观看"战争，战争游戏邀请你在屏幕上"参与"战争。这一媒体交互上的区别是本质上的和决定性的，也部分说明公众对于战争游戏作品的接受程度与其他战争主题产品不同。图 1.5 用两个维度来对军事娱乐产品分类。横轴表示那些与现实联系（或无关）的模态标记（语境模态），左侧部分反映展示的抽象程度，右侧表示具象和现实程度。纵轴表示媒体互动程度（语义模态）。

图 1.3 玩家在《毁灭战士》（1993 年）中发射 BFG9000

图 1.4 在《联合袭击：联盟攻击》2002 中玩家在法国诺曼底躲避子弹

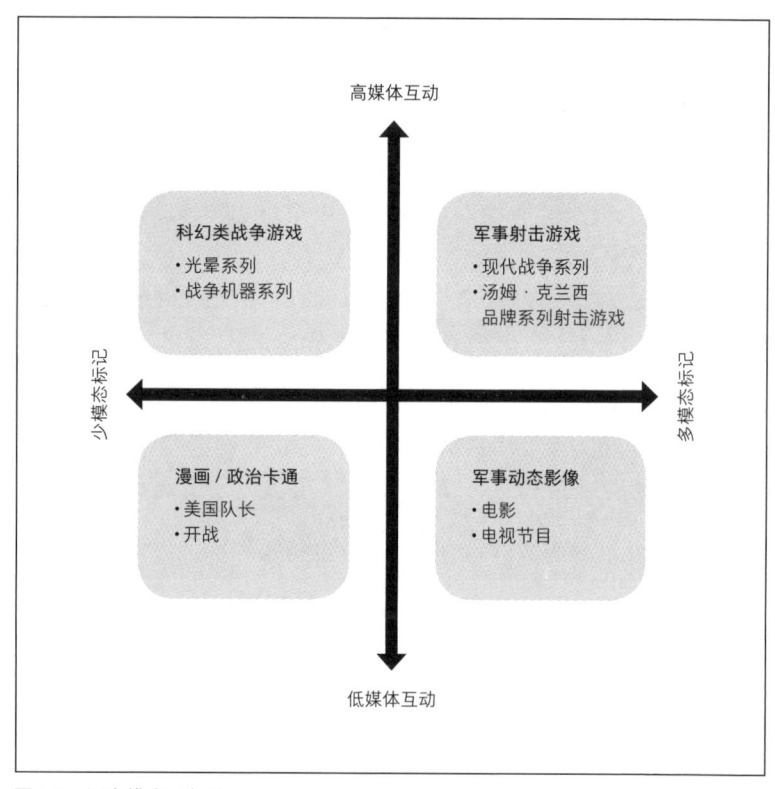

图1.5　军事模态坐标系

  金和格日文斯卡所谓的"独特领域"与约翰·赫伊津哈著名的"魔圈"概念异曲同工。这一概念饱受争议且十分复杂，但正如本书序言中指出，这位荷兰社会学家认为，游戏的体验源于它的参与性。游戏就是某种行为。因此，仅从附带或者阴影展示的方式理解游戏是不够的。他是这么阐述这一交流和游戏研究成果：

    仪式，或者说"仪式行为"展示一种宇宙中发生的事物，一种自然进程。然而，确切来说，"展示"这个词并没有涵盖行动的含义，至少在宽松、现代的语义中没有这个意思。在这里，"展示"的意思实质上是"认同"，对事物的神秘主义复现或是展示。仪式产生的特别效应，实际活动中反而难以有效形成……正如希腊人所说，"这是一种方法，而不是模仿"。[56]

无论游戏怎么评价真实世界，二者之间的关系又如何，游戏只有在不同方面塑造这种联系，方能取得文化上的意义。游戏运行的语义模态从不确定，即使大部分玩家期望他们能够进入一个可以作为控制者的独特领域。在一场近似真实的战争互动体验中，只有我们使用那些设计好的策略，才能上升到特定游戏等级，军事射击游戏的模态才有意义。

媒体模态和文本传输

战争媒体是一个极为复杂松散的领域。惊心动魄的战斗画面和故事，以不同版本在军事博主的 Youtobe 视频、电台记者的播客，以及好莱坞大片中广为流传。好莱坞在纪念和叙述美国军事干预事件方面尤其成功，因为电影被视作可以准确展现（或者至少有潜力准确展现）这类场景和触动人心的历史。电影模态标记和美学设计包括逼真摄影、叙事形式、复杂音效等，通过多种方式构建影片承载故事的可行性。在它们相对较短的历史中，游戏经常模仿电影叙事方式和视觉情境，几十年来都与好莱坞战争电影处于内容和产业的交流之中。

正如游戏离不开电影一样,[57] 第一人称射击模式就是一种媒介模态,引发媒介愉悦性。鉴于在游戏空间使用标记符号时,射击游戏和其他后战争媒体使用相同的视觉词汇和代表性隐喻,因此射击游戏叙事主体会在文化上引起共鸣。简要回顾第一人称射击游戏作为文本载体的运作方式,可以在更广泛的视觉谱系将它连接到充满政治争议的后现代战争。

20 世纪 90 年代初问世流行以后,第一人称射击游戏长期以来都是最受欢迎的游戏类型。正如名称所指的,第一人称射击游戏有两个关键的设计特点:视角和武器操作。这两个要素最初出现在 20 世纪 70 年代至 80 年代一系列视频游戏中,电影上的使用则更早一些。[58] 然而,直到 1992 年,得克萨斯州 Id Software 游戏室在他们的电脑游戏《德军总部 3D》中成功将可遍历的三维空间与狂热的快攻游戏融合,第一人称射击游戏才真正成为商业化的游戏形式。这一突破以后,该公司随即推出另外两款广受欢迎的作品《毁灭战士》(1993 年)[59] 和《雷神之锤》(1996 年)。这些射击游戏的成功,以及公众对于游戏中暴力的声讨,使得该公司在游戏史上毁誉参半,也奠定未来若干年第一人称射击游戏的通用范例。

当然,关于军事暴力现实与虚幻界限模糊的焦虑并不源于 9·11 以后的军事射击游戏;它最早来自 10 年前,记者给第一次海湾战争起的绰号"任天堂战争"。得益于美国国防部提供大量有利于宣传的作战影像,也因为西方新闻通过全球电视,将这场后冷战冲突描绘为美军伤亡微乎其微的、"干净的"军事干预(有成千上万人丧生的伊拉克并不认同),电视专家痴迷于这个多彩且挑衅的描述。"任天堂战争"中最受推崇的视频是那些作战车辆和弹载相机所记录的"灵巧"武器击中目标前的瞬间。这场战争的影像将诸如《导弹指令》(1980年)、《战争地带》(1980年)等街机游戏里像素列构成的毁灭景象变成了现实。

除去这些令人印象深刻的相似之处,20世纪90年代至21世纪初的两次海湾战争之间,主流新闻和游戏产业讲故事的技术经历了相似演进。这种演进影响更为深远。20世纪80年代的街机游戏预见了海湾战争中著名的高技术武器视角影像,而后者又将军事游戏中十字准星线转变为射击焦点。然而,如果缺少描述,这些屏幕上的毁灭将缺少语境意义。正如街机游戏商需要为抽象的街机打斗编出一些华丽故事,国防部官员和记者也需要让那些晚间新闻的像素视频显得有意义。

2003年入侵伊拉克时,第一人称射击游戏的故事叙事方式已经发生很大变化。复杂的空间设计、定制化的游戏选项,以及推动屏幕暴力情节的角色和叙事相辅相成。美国国防部在战争信息管理方面也有类似举措。国防部在海湾战争新闻发布会上,仅公布经批准的有关作战人员和武器装备影像视频;2003年他们直接精选记者伴随作战人员进入伊拉克。这些记者并不需要提供较以往更精确的战争影像,但这些嵌入记者成功将他们自己在伊拉克的影像传播给美国观众,以达到引导受众支持战争的效果。[60] 说得明确一些,战争策划者有关嵌入记者的政策决定受商业游戏市场的创新设计影响的可能性很小。然而,值得注意的是,长期以来,战争电影相关的特征,即壮观动态的视觉效果和引人入胜的个人英雄主义叙事,已经转移到有线新闻节目的日常报道实践中,以及战争游戏的设计里(图1.6、图1.7)。[61] 流行文化正上下而求索,寻找某种军事娱乐形式,以缓解后现代战争的意义

图 1.6 和图 1.7 使用相同视觉内容的战争媒体。士兵和玩家分别在现实和《荣誉勋章》(2010年)中破门

危机。得益于更快的三维引擎、更高的分辨率图形、高速的互联网连接,以及更好的人工智能等游戏技术进步,两次海湾战争之间,第一人称射击游戏已渐趋成熟,远超它们像素化的前辈。

尽管有各种技术升级,但射击游戏的两个基础结构没有改变,并得以解释这一游戏类型的持久性。安德鲁·克鲁兹认为视角(第一人称)和活动(射击)通过以下方式互相配合,使游戏变得个性化:

> 通过主角视角,玩家的眼睛看到游戏世界,像任何电脑游戏,使用键盘、鼠标或操纵杆等输入控件影响游戏空间。为了创造更加无缝的第一人称环境,玩家通常会看到主人公手的形态,且通常装备有一系列可选择的武器;玩家屏幕底部伸入视频空间,相对主人公/玩家"眼睛",屏幕大致位于臀部高度。从这个角度,玩家控制主角在一系列环境中移动,从《德军总部3D》《黑暗之路》等较简单的基于房间迷宫,到《马拉松》《半条命》等更为复杂的户外环境。不管叙事角度多么复杂,第一人称射击游戏的终极目的始终是击败隐藏在环境中的敌人,从 A 点移动到 B 点。[62]

作为文本工具,游戏将玩家定为一个环境变量,他或她的选择对于定制式战争故事的情节发展起决定性作用。作为文化工具,射击游戏将政治需求作为制造娱乐和愉悦的机会。

从第一人称到"第一人格"射击游戏

本书的指导原则之一：视频游戏的模态和意义源于多领域社会构建和妥协，包括封面艺术、平面设计、新闻宣传等。另一个基本原则：游戏是技术和文化的结晶，反映所处时代及生产模式。根据更广泛的文化政治内容来理解游戏的创造性设计，做出的文化评论才有意义。模态，正如人们所说，是一个生成术语；它评估游戏是如何被广泛理解为与现实相关，或者游戏是如何与"被视作现实的事物相关"。[63] 模态同样有助于思考文本媒介作为一种形式如何将玩家传送到其他体验领域。

比较几十年中出品的射击游戏，我们揭示游戏平台在创造游戏战争愉悦方面有不同能力，这些愉悦感既具有历史特定性（反映特定技术和文化关注），也拥有超越其时代的美学结构（它们的持久媒体特征）。通过这一方式，我们可以阐明现实性模态和传送性模态是互相关联的事物。下面我们将对比2个著名游戏，这一对比限定了范围，并不代表所有20世纪80年代投币街机射击游戏和21世纪第一人称射击游戏。无论如何，冷战时期的《导弹指令》（1980年）和反恐战争时期的《使命召唤4：现代战争》（2007年）都是各自时代的游戏代表作。同时，它们提供了一个戏剧性的对比快照，我们从中可以了解游戏模态是如何基于底层技术发展，而技术又反过来塑造设计师制作具有个性特点的游戏战争。

当放在一起比较时，《导弹指令》和《使命召唤4：现代战争》的相似点很少。前者是雅达利公司继1978年《星际侵略者》[64] 以后，推出的又一大作。它提供给玩家的是像素和平面化的游戏世界，有6个城市和3个导弹防御站（图1.8）。玩家通过一个固定的点操纵游戏世界，任务是保护城市免遭导弹攻击，导弹数量和攻击力随着关卡变化不断提升。这里简单提一下，考虑到移动和射击因素，或许同期的《战争地带》和《使命召唤4：现代战争》的玩法相似性更高；这里选择《导弹指令》是因为它比《战争地带》更流行，也因为它偏执的冷战想象比空旷外星空间进行矩形坦克大战更具影响力和吸引力。在《导弹指令》中，玩家无法通关；因为到某一时刻，玩家会在压倒性的火箭攻击下失去所有城市。[65]这款街机热门没有任何音效，也没有故事性的过场动画（例如，说明玩家为何遭到攻击）；此外，玩家无法在这个严酷世界里改变自己的立场。[66]

《使命召唤4：现代战争》与其形成鲜明对比。它是一款逼真的多平台游戏，玩家在疯狂交火中使用各种武器、设备和车辆（图1.9）。在游戏故事的推动下，玩家扮演不同士兵在各个战线上作战。它的制作成本与好莱坞电影相仿，这款射击游戏因其引人入胜的故事、精彩的计分模式，以及众多的游戏模式（包括广受欢迎的多人模式）而备受赞誉。考虑到上述视觉、听觉和游玩模式差异，这两部作品会有何相似之处？

在她具有影响力和预见性的著作《全息甲板上的哈姆雷特：网络空间的未来故事》中，珍妮特·穆雷赋予网络剧（一个包含视频游戏的类别）3个最能激发受众愉悦感的美学结构：浸入感、能动性和转换性。[67]当我们在《导弹指令》和《使命召唤4：现代战争》中使用穆雷的概念，就能揭示游戏战争设计策略是如何随着电脑算法、人工智能和运行能力的进步而不断变化。同时，商业游戏一般都会尽全力实现穆雷架构，因此尽管游戏的形式在

游戏战争

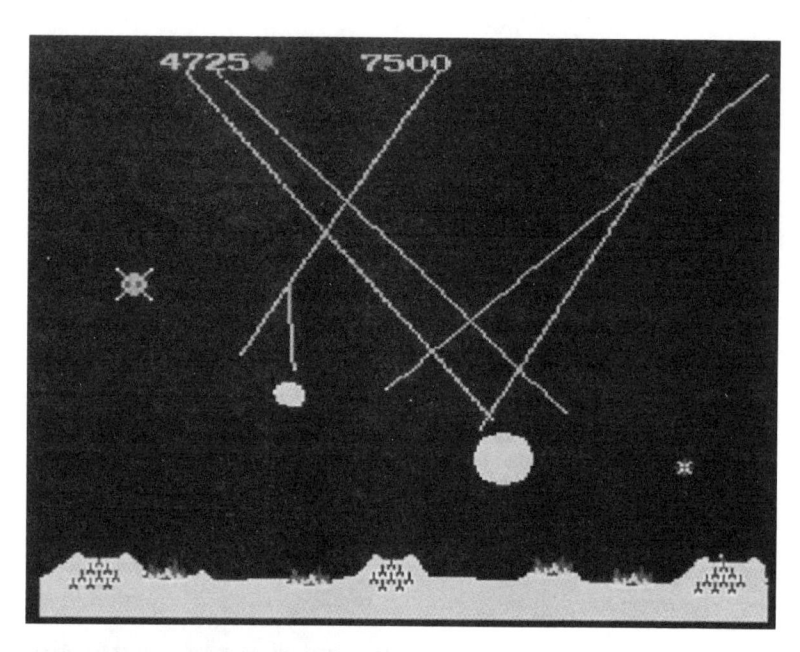

图 1.8 和图 1.9 《导弹指令》（1980 年）和《使命召唤 4：现代战争》（2007 年）

这些年里发生了巨大的变化，这类卓越的互动式作品设计仍具有历史连续性。在前述媒体模态的语境和离散性，以及技术文化条件界定战争游戏现实性的论述基础上，我们来进行下面的比较分析；不可否认，这种比较可能不够全面。

浸入感

穆雷的第一个分类，浸入感，或者被传送到一个模拟领域的经历，并不是严格意义上的技术壮举，而是玩家和文本共同作用的结果。她认为，我们想要那种浸入感，"我们把注意力集中到周围世界，利用我们的智慧来强化，而不是质疑经历的真实性"；因此，数字环境为用户提供"实践这种主动创造理念的新机会"。[68] 促使这些理念形成的关键工具是创造空间和故事。此外，化身，或者说玩家在游戏世界中的主要载体，是一个关键元素，它统一了游戏空间和相关故事。

《使命召唤4：现代战争》的空间和故事与《导弹指令》完全不同，这种差异也直接影响到游戏体验。例如，在《使命召唤4：现代战争》中，玩家在三维空间移动他或她的士兵，克服一系列地形或战术障碍，在很多场景中必须与非玩家角色合作击败敌人。在《导弹指令》中，玩家用十字准星瞄准一座易被攻击的二维城市上空的火箭。由于计算机的限制，游戏中没有玩家的化身或任何人类形态。视频游戏学者和历史学家马克·J. P. 沃尔夫和穆雷持同样观点，认为玩家角色是视频游戏中最重要的屏幕元素；而且，玩家角色"基于能动性"（第三人称视角的化身），或是"暗示"（和第一人称射击游戏一样分享角色视角，或者像

《文明》《模拟城市》等作品一样，只有一个可管理的界面来控制世界）。[69]

  两部游戏处理空间和叙事的方法不同，但玩家操纵屏幕最重要的方式都是瞄准具。这些"隐含的玩家角色"是信息标记，用来指示他们的枪炮（《使命召唤4：现代战争》）或防空火箭（《导弹指令》）在何处击中目标[70]。在《使命召唤4：现代战争》中，引人入胜的三维空间设计和复杂性的叙事塑造了详细的具有暗示性的玩家角色。相反，《导弹指令》的二维世界中，几乎没有元素激励玩家成为一名防御专家：玩家瞄得更准不会获得更高军衔，没有任何电影场景能反映出戏剧性的幕后故事，也没有同类居住在游戏世界。而且，由于《导弹指令》没有其他诸如叙事和三维空间沉浸式元素，能引导玩家成为叙事主体，这一街机射击游戏的抽象模态标记只能引发相对较少的浸入式游戏战争体验。[71]

能动性

  穆雷的第二个网络戏剧结构是能动性，或者说"具备令人满意的力量，去采取有意义的行动并看到决定和选择的结果"[72]。代理是互动定义辩论的核心主题，也是使新媒体具有参与性的关键要素。简单来说，能动性代表了"玩游戏"中的"玩"。对于大部分第一人称射击游戏来说，能动性一般就是移动和射击。但是有意义的游戏不仅是看手柄移动的效果，或是鼠标在屏幕上点击。正如穆雷所说：

    能动性不仅是参与和行动。它是一种美学享受，一种留给自己的体验，它较少在传统艺术形式上体现，但在我们称之为游戏的结构化活动中更常见。因此，当我们把话题转向计算机时，我们就进入了游戏结构塑造的领域。[73]

游戏，尤其是叙事驱动的游戏在促进能动性方面表现出色。原因在于，结构化的活动给玩家提供了在虚拟世界中进行有意义的角色扮演和实践意图的机会。[74]

最常见的游戏类型——并非偶然——最早的叙事模式包括"对手之间的争斗"[75]。这就是为什么，根据默里的说法，"简单的射击游戏……属于非常广泛的戏剧领域，既可以是拳击比赛，也可以是伊丽莎白复仇剧"。[76]《导弹指令》和《使命召唤 4：现代战争》同属于争斗性传统：前者中，玩家拦截看不见的对手的导弹；后者中，玩家在近距离战斗中消灭恐怖分子。穆雷继续指出，"鉴于枪支和武器界面提供如此容易的沉浸感和如此直接的能动性，且暴力攻击是人类天性中如此强烈的部分，射击游戏被广泛接受。然而，这并不意味着单纯的暴力是这一形式的极限"[77]。我们应该补充说明，单纯的暴力也不是这一类型游戏的限制。尽管暴力表现形式过于简单，但所有的战争游戏实际上都不是"射击游戏"（尽管如此，一些战斗游戏确实应该被贴上这一贬义标签）。《导弹指令》和《使命召唤 4：现代战争》都运用了爆炸式暴力，能动性则主要体现在它们对虚拟武器的使用上。但这一明显的观点忽略了一个更大的问题，考虑到背景叙事结构、美学和游戏环境，虚拟交火在每个游戏中都意味着不同的东西。例如，《使命召唤 4：现代战争》设计了一个详细而复杂的旅程，为游戏中行为提供叙述框架和道德激励。《导弹指令》中没有这样的叙述框架，使其虚拟战争体验不那么出自内心。

　　这些军事射击游戏的武器使用也有所不同。《导弹指令》中，玩家扮演的防御操作员既不能穿越太空，也不能更换武器。即使玩家在他或她的固定射击位置更加精确和高效地操作，游戏结局也不会改变——不管玩家的技巧如何，游戏中最终的核灾难都会降临。"使命召唤"的玩家可以使用不同的武器达成相应的战术目标：在近距离作战中使用手枪，发射火箭弹摧毁敌军车辆，在侦察任务中使用带消音器的狙击步枪，等等。玩家必须遵守关卡的特定命令，但他们可以相对自由地使用自己拥有的任何武器与对方交战。何时何地使用自己选定的武器，将玩家的意图与游戏的目标联系起来，产生一种个人投入感。我要澄清这一点，因为我不想夸大我的论点：游戏中的行为并不是玩家能动性的标志，或是互动的经验性证据（它们当然可能是或者不是）；相反，如果游戏设备（同样可以广义理解）创造了一个突出虚拟性的人工世界，并将其与玩家的生活体验联系起来，那么游戏行为将具有深远的意义。冷战时期政治环境强化 20 世纪 80 年代街机游戏《导弹指令》玩家的游戏体验，正如反恐战争给今天的"使命召唤"玩家的游戏体验增添色彩一样。尽管后者的视觉、叙述和控制模式形成相对复杂和个性化的脚本，但这并不意味着前者没有这方面的影响。事实上，我们的游戏状态阈值随着个体不同，可以发生深刻变化，这些体验可以改变我们看待自己及我们周围介导和非介导世界的方式。

转换性

转换性是穆雷有关网络剧集愉悦感的第 3 个特点。它指的是交互式虚拟能够为用户提供多个虚构的角色和机会，以不同的方式观察一个进程（或一组进程）发展。"在电脑游戏中，我们不满足于一种生活，甚至是一种文明；当出了差错，或者我们只想得到同一种体验的不同版本时，我们就重新开始。"[78] 将自己沉浸在一个合成世界中，并对客观对象采取行动，从而在一定程度上改变这个空间及相应的故事（并在多次历险中这样做），这是一种极为愉悦的体验，在其他媒体艺术中很少获得（或很少能获得相似的感觉）。穆雷认为："计算机是一种程序化的媒介，它不仅像打印文本或移动摄影一样，描述或观察行为模式，而且体现和执行它们。作为一种参与性的媒介，它允许我们在运行程序时协同行动。"[79] 通过参与游戏进程和算法程序，我们成为游戏的一部分、故事的一部分。穆雷明智地警告说，这种依属和行为表现不是某种中立的存在状态，而是具体的经历，可以影响社会集体的善恶取向。[80]

游戏是一种潜在的变革性媒介，因为它们允许我们考虑各种行为的后果，其中许多已经不能在现实生活中实现。战争游戏中最突出的例子之一就是杀死别人和经历自己的死亡。考虑前期有关《导弹指令》和《使命召唤 4：现代战争》的描述，并不奇怪，它们展示的玩家死亡方式不同。在畅销书《摇杆国度》中，视频游戏评论家和历史学家 J. C. 海尔兹回忆她对《导弹指令》不可避免的失败的感受，这种方式表达了知道何时与如何达到虚拟结局的矛盾愉悦感。

> 然而，关于《导弹指令》最深刻的感觉，是在接近尾声时的奇怪疯狂时刻；当洲际弹道导弹倾盆而下，而你知道你马上就要输了，那真充斥了病态的喜悦。因为你知道你要死了，几秒钟后所有东西就要被夷平。你在 3 秒钟内就要死。你就是死得那么快。你正在死。你死了。然而你就是欣赏这些壮观的爆炸。当烟火表演结束后，你摁下"重新开始"，你又活过来了；如此往复，直到和你肉身死亡耦合。你不是仅仅在玩这些五彩灯光，你是在玩死亡的概念。[81]

《导弹指令》，"最初来源于军事模拟，想研究一个人类雷达操作员在超负荷前能跟踪多少枚核弹头"。[82] 它用商业化的娱乐样式反映了冷战时期有关核战争屠杀的焦虑，因此是一部杰出作品。

《使命召唤 4：现代战争》同样与死亡有关，但较之于《导弹指令》的冷酷毁灭，它加入更多个人元素。当玩家在多人模式中被杀时，他会被一个"杀戮相机"回放，显示该玩家是如何被杀的。然而，《使命召唤 4：现代战争》最生动形象的死亡描述方式是在它的单人叙事战役中。正是在这些对死亡的描绘中，两部作品之间的游戏性差异最为明显。最后一点的比较也使我们开始思考射击游戏塑造的愉悦范围（包括霸权、流行、批评等方面）和它们的政治意义。

"现代战争"系列游戏，包括《使命召唤 4：现代战争》（2007 年）、《使命召唤：现代战争 2》（2009 年）和《使命召唤：现代战争 3》（2011 年），该系列游戏是 9·11 事件后典型的军事射击游戏，它是叙事和游戏理念的标杆，满足号召个人牺牲的政治需要——我将在下一章详细探讨这一点。该系列游戏的第一个死亡场景发生在《使命召唤4：现代战争》中，玩家扮演中东一个虚构的无名国家总统亚西尔·富拉尼。在一场分裂分子领导的军事政变中，绑匪迫使富拉尼（玩家）进入一辆车的后座。当这辆车在城市街道上行驶时，玩家会目睹武装分子蹂躏城市、当街杀人、打家劫舍。然后，玩家被拖到在广场上的反对派领导人哈立德·阿萨德面前。阿萨德用手枪处决了富拉尼，然后在小型数码相机前发表演讲（图1.10）。

第二个场景发生在玩家扮演乘坐直升机的美国海军中士保罗·杰克逊——他因一个核装置爆炸在空中毙命。当玩家角色苏醒后，杰克逊从残骸中挣扎爬出，周边只能找到一座被摧毁并受到辐射的中东死亡之城。玩家只在这片废土活动了一小会儿，便因伤势过重死去（图1.11）。

在这些关卡，玩家不能做任何事，只能眼睁睁地看着他们的虚拟死亡；甚至第一人称射击游戏中常见的武器也没了踪迹；即使有武器，玩家也无力改变故事的进程。这些时刻都以第一人称视角展示，因此尤其具有震撼力。亚历山大·盖洛威正确地指出，与游戏相比，电影中第一人称视角的运作方式是不同的："电影用主观镜头展示身份问题，游戏用主观镜头创造身份。"[83] 在这两个情景中，玩家体验他们死亡的环境和原因；他们从起点看到刽子手的枪声和蘑菇云。这些场景具有内在的影响，具有讽刺意味的是，这些场景可能会给玩家个人带来潜在的变化，因为它们呈现出玩家无法逃脱的命运。下一章会详细提及这类奇异的设计思路倒置和反转射击游戏中经常出现的能动性。在这些情况下，缺乏文本转换，即改变游戏叙事，并不能完全排除个人转换的潜在可

图 1.10 和图 1.11 《使命召唤 4：现代战争》中，公开处决和核爆炸中玩家视角的死亡

能。毕竟，就像能动和浸入一样，转换并不是非个人活动。相反，三种审美结构通过与玩家及他们当前的文化关注点（如非国家恐怖分子和大规模杀伤性武器）进行互动，来发挥力量。《导弹指令》和《使命召唤4：现代战争》用不同方式体现了对外部核攻击的焦虑，无论攻击方是未知入侵者，还是非国家恐怖组织。

9·11之后的射击游戏为玩家提供了影响游戏体验的体验，这些体验是由沉浸式环境、逼真的视觉效果、引人入胜的叙述、复杂的虚拟人物控制，以及可以反复转换的数字世界产生的。我并不想暗示类似《使命召唤4：现代战争》的游戏能比《导弹指令》之类的地理抽象游戏生成更好的游戏战争体验。玛丽-劳拉·瑞恩在比较跨领域游戏区别时指出：

> 通过对游戏世界感官表现的日益关注，现代游戏乐趣里，"在那里"和"做事情"一样重要。从策略的角度来看，新的游戏（《毁灭战士》《神秘岛》或《雷神之锤》）并不比旧的游戏（《吃豆人》或《俄罗斯方块》）优越，但它们更具吸引力。[84]

也就是说，虽然一款游戏并不比另一款更具有艺术性，但较之非叙述性（或情景性）游戏《导弹指令》之于冷战危机，《使命召唤4：现代战争》互动战争故事更有力地说明了9·11后的文化焦虑，因为它毕竟是一种更为复杂的媒体。从经典街机射击游戏（如《导弹指令》）演变成数百万美元的大作（如《使命召唤4：现代战争》），游戏战争这种变化代表着从第一人称射击游戏到第一人格射击游戏的转变。此外，这种模式演变解释了为什么军事射击游戏模态用其他战争娱乐形式没有或者不能和后现代战争形成的政治焦虑产生共鸣。

通向游戏战争运行新形态

    双子楼已经消失,只剩下血淋淋的瓦砾,随之消失的还有我们这个时代的所有和平希望,美国的和其他任何国家的。不要搞错:我们现在是战争时期——和某些人——而且我们余生都会和某些神秘敌人作战。
    ——新闻记者亨特·S.汤普森写于2001年9月12日[85]

  上述将《导弹指令》与《使命召唤4:现代战争》进行比较的目的,既不是为了无视近30年来区别这些游戏的众多技术和游戏设计创新,也不是为了表明不太复杂的游戏无法生成持久和令人回忆的体验。相反,这一并列比较说明游戏模态通过追踪经验性"移动目标"的方法,为学者提供研究游戏战争及其愉悦性的方法。《导弹指令》的高度像素化和非个性的战场,看起来和"使命召唤"系列紧密展示的近未来的战争故事区别很大。然而,游戏的结构组成将它们一同放在历史、工业和审美交织的网络中。媒体模态提醒我们,毕竟有一些重要的连续形式会将这些相异的射击游戏联系起来。[86]

  《导弹指令》用简单叙事和低分辨率图像叙述核冷战变热战的故事,它的叙事(正如它自身)显然是寓言性的。游戏邀请玩家们一刻钟又一刻钟地花时间来试验,面对不可避免的毁灭,看他们能拖多长时间，同时想象黯淡未来会是什么样子。尽管如此，《导弹指令》的游戏战争展示形式很简单，但正如巴尔坎在本章开篇诗歌所讲那样，它产生了冷战毁灭的持久景象。然而，《使命召唤 4：现代战争》并不是寓言式的，它的图像效果令人印象深刻。

我们应该记住，除了在叙事式战役中为单个玩家（或多人游戏玩家）创造游戏乐趣外，军事射击还具有广泛的全球影响力。这就是模态作为转变因素（本章对模态的第二个定义）与模态作为现实主张（对模态的第一个理解）的交叉点，并产生一种共同的现实感。公民与 9·11 以后想象中的战争打交道时，游戏有着更广泛的影响。

在本章和下一章中所研究的射击游戏中，美国军事干预的正义性被广泛接受，这么做很聪明，因为很大程度上这些商业产品不是政府生产的。这些文化产品诠释了约瑟夫·奈所说的"软实力"：

> 软实力是通过吸引和说服他人接受你的目标来获得想要东西的能力。它不同于硬实力，即利用经济、军事上的胡萝卜和大棒，让别人听从你的意愿。反恐战争中，软硬实力都很重要，但吸引力比胁迫成本低很多，是需要重点发展的资产。[87]

游戏模态，可以理解为一种关于现实的主张和一种文本转换形式，表明虚拟世界的软实力可以通过使战争变得好玩，来服务于国家的硬实力。下面三章将研究一系列 9·11 事件以后的军事射击游戏，来揭示模态和愉悦的联系。第 2 章分析"现代战争"系列身临其境的视角和复杂叙事如何生成玩家主体模式，这种模式声张 9·11 事件后为国牺牲士兵和公民的正义性。第 3 章探讨了"汤姆·克兰西"品牌射击游戏如何将玩家转变为电子战士,他们通过自己的行动拯救祖国,并延续美国例外论的保守观点,展示如果没有先发制人,如果未能迅速采取行动,就会出现悲剧。最后,第 4 章探讨在军事游戏中操纵无人机的控制愉悦感和富有吸引力的失调感。最后一章以文本为中心,不无裨益地提出,军事射击游戏在设计上可以是矛盾的,甚至是批判性的,可以生成沙文主义霸权之外的愉悦感。

注　释

1. 巴尔坎，《即将死去的蓝色巫师》，第 73 页。
2. 卡罗瑟斯，《无人观看》，第 71 页。
3. 格力斯，《战争电影哪儿去了》。
4. 这些票房销售数字来自"票房收入"（boxofficemojo.com）。
5. 库巴，《使命召唤：黑色行动 2》首日销售额 5 亿美元。
6. 斯利温斯基，《使命召唤：黑色行动 2》销售额 15 日内达到 10 亿美元。
7. 这也意味着《使命召唤：现代战争 2》在上架前五天赚的钱要比《哈利·波特与混血王子》和《蝙蝠侠：黑暗骑士》等好莱坞大片多（据唐·雷辛格称，《哈利·波特与混血王子》和《蝙蝠侠：黑暗骑士》在前五天的销量中创下了 2.038 亿美元的美国票房纪录）。需要指出的是，我并不打算将票房收入等同于游戏销售，因为它们是不同的媒体购买和娱乐体验。相反，我对游戏和电影之间不同的销售记录感兴趣。参见莱辛格，《〈使命召唤：现代战争 2〉登上娱乐工业榜首，并不仅仅是游戏》。
8. 琼格瓦德，《〈使命召唤：黑色行动〉占据美国 1/8 的家庭》。如需更多信息，请参阅动视公司在前 24 小时最新发布的"使命召唤"系列游戏的财务状况。更多近期动视公司"使命召唤"系列游戏首日销售信息，参见杰克逊《〈使命召唤：现代战争 2〉破纪录》；动视公司公布文件《〈使命召唤：黑色行动〉开创首日销售记录》；斯奈德《〈使命召唤：现代战争 3〉创造首日记录》；勒卡克《〈使命召唤：黑色行动〉首日销售创造 4 亿美元记录》；格利菲斯，《动视公司宣称〈使命召唤：幽灵〉首日销售 10 亿美元》。
9. 苏埃尔内特洛普，《战争游戏》。
10. 穆雷，《全息甲板上的哈姆雷特》；迈克马汉，《浸入、交战和存在》。
11. 阿尔赛斯，《网络文本》；格罗达尔，《视频游戏和控制愉悦》。
12. 沃尔夫，《视频游戏的媒介》；布莱斯和鲁特，《死亡之光》；加洛韦，《游戏》。
13. 布鲁克，《相机之眼，CG 之眼》。
14. 尼伯格，《我是现代人吗？》；琼斯，《视频游戏的意义》。
15. 洛伍德，《无能和代理》。
16. 马钦和范·勒文，《作为政治话语的电脑游戏》。
17. 莫里斯，《电子军事娱乐射击》，第 161 页；斯米克，《未来作战，与未来作战》。
18. 汤普森，《从败狗到超越》，第 92 页。

19. 金和格日文斯卡,《盗墓者和太空入侵者》,第 20 页。
20. 格雷,《后现代战争》。
21. 同上,第 22 页。
22. 维利诺,《信息战争》。当提及现代战争时,维利诺使用很多术语(例如"纯战争""信息战争"和"电子战争"),例如,他称越南战争是历史上第一次电子战,很大程度上是因为哈佛大学和麻省理工学院的研究人员开发电子声学"麦克纳马拉线"。参见《战争和电影》,维利诺,第 82 页。
23. 基特尔,《信息战争理论历史》,第 176 页。
24. 哈蒙德,《媒体、战争和后现代》,第 18 页。
25. 在这一群体中仍然存在相当大的理论差异和分歧。例如可参考:鲍德里亚,《海湾战争尚未发生》;格雷,《和平、战争和电脑》;凯尔纳,《波斯湾电视战争和媒体文化》。
26. 玛丽·卡尔多将小群体(民族团体、恐怖组织)之间低强度冲突的"新战争"与大国家的"旧战争"进行了比较。参见卡尔多的《新老战争》。
27. 哈蒙德,《媒体、战争和后现代》,第 11 页。
28. 莱迪,《没有意义的世界》。
29. 哈蒙德,《媒体、战争和后现代》,第 14 页。
30. 同上,第 35 页。
31. 同上,第 57 页。
32. 同上。
33. 克劳德,《美国文化和政治中的控制和安抚》,第 1 页。
34. 哈蒙德,《媒体、战争和后现代》,第 58 页。然而,值得注意的是,这些低强度冲突是可行的干预措施,因为新技术允许最小的生命损失和及时的军事装备,即使这些相同的技术本身没有为他们的部署提供任何道德或伦理基础。
35. 同上,第 59 页。
36. 祖茨诺,《陆军导演推到侯赛因雕像》。
37. 泰勒,《入档归来的美国战争亡者》。
38. 巴斯托和斯坦,《布什治下预先打包电视新闻的新时代》。
39. 坎普纳,《杰西卡的真相》。
40. 劳伦斯,《布什反恐战争中的偶像男孩是被暗杀的吗?》。
41. 兰普敦和斯陶贝尔,《就像别人看我们一样》,第 9 页。
42. 布什政府支持者和批评者多次使用"新珍珠港"这个词;也可参见马汉赞的《新十字军》,11—12 页。
43. 米尔佐夫,《观看巴比伦》,第 77 页。
44. 金,《全频带武士的游戏、态态和现实主义主张》,第 53 页。
45. 金和格日文斯卡,《盗墓者和太空入侵者》。

46. 道奇和特里普，《儿童和电视》，第 104 页。
47. 消息模态取决于随媒介变化的一系列标记。这些模态标记是协同运行或彼此相异的元素，以产生对消息本体真实性的感知。这些标记包括三维、颜色、细节、运动、音乐、音效等不同元素。个人的模态判断，或其对信息与现实联系的理解，都是基于这些特定媒介的模态标记；也就是说，口语的模态标记不同于诸如肢体语言、视觉媒体、声音等其他模态标记。视觉、摄影信息和媒体的模态（和标记）通常被认为相当高，因为标志和参照物通常不可区分或具有高度索引性。或者正如詹姆斯·莫科所观察到的，"语言系统的力量在于能指和所指之间的区别；电影的力量在于二者之间没有区别"。
48. 道奇和特里普，《儿童和电视》，第 106 页。
49. 道奇和克里斯，《社会符号学》。一个稍微相关的概念可能是戏剧仿真的"真实性"。真实性——由喜剧演员史蒂文·科尔伯特推广，并被梅里亚姆·韦伯斯特词典推选为 2006 年"年度词汇"——包括"来自直觉的真相"，即那些即使可能不是那么真实，但人们希望成为真实的概念和想法。
50. 同上，第 147 页。
51. 金和格日文斯卡在《盗墓者和太空入侵者》中提出这一观点，与道奇和克里斯《社会符号学》的相似观点暗合："不同的体裁，无论是按媒介（如漫画、卡通、电影、电视、绘画）还是按内容（如西方、科幻、浪漫、新闻）分类，都会建立一套模态标记，以及作为该体裁基准的整体模态价值。对于不同类型的观众／读者、文本中不同的部分、基线都可能不同；这些差异从它们与流派基本形态价值的关系中获得重要意义。"（第 142 页）
52. 金和格日文斯卡，《盗墓者和太空入侵者》，第 21 页。
53. 同上，第 22 页。
54. 仍有一些批评者将所有的第一人称射击游戏都定义为"谋杀模拟"。例如，戴夫·格罗斯曼上校用这个醒目的短语来描述视频游戏训练玩家无悔杀人的过程。他的书《停止教我们的孩子杀人》，包含许多有关第一人称射击游戏的道德批判。
55. 一些游戏学者在描述游戏如何在体验上超越现实世界时，援引人类学家维克多·特纳的"边缘性"概念。参见特纳的《从仪式到戏剧》。
56. 赫伊津哈，《游戏者》，14—15 页，原文强调。
57. 加洛韦，《游戏》。
58. 加洛韦引用了许多好莱坞电影片公司制作的扩展第一人称作品：巴斯特·基顿的《向西》（1925 年），阿尔弗雷德·希区柯克的《黄玉》（1969 年），最著名的是完全从主观角度拍摄的罗伯特·蒙哥马利的《湖中女士》（1947 年）。
59. 更多有关《毁灭战士》的历史，参见平克贝克的《毁灭战士：毛骨悚然》。
60. 米尔佐夫，《观看巴比伦》。

61. 图 1.6 来源：一级士官西恩·穆里根，《美国陆军士兵在作战任务中破门》，2007 年 12 月 23 日，国防部公共处。
62. 库尔兹，《第一人称射击游戏的意识形态和说明》，第 113 页。
63. 金，《全频带武士的游戏、模态和现实主义主张》，第 113 页。
64. 布卢门撒尔，《电子-游戏竞赛》，第 180 页。
65. 更多关于投币游戏机设计的经济逻辑，参见科乔的《投币机资本主义》。
66. 《新闻周刊》上的一篇文章生动地描述了《导弹指令》："如果有一个游戏需要'正确事物'，那就是它。你的任务是用自己的武器摧毁敌人的导弹，来保护六个城市。你的武器库包括三个独立基地，每个基地都有自己的控制按钮；第四个控制按钮用于瞄准。随着战争的进行，敌人变得更快、更准确，他甚至会朝你扔一些'灵巧诱饵'。一个好的策略是：用一系列的炸弹实施饱和攻击，吸收敌人的第一波火力，然后用较小的炸弹来阻挡随后的进攻。只要你的城市中至少有一个还存在，游戏就会继续。《导弹指令》图形生动多彩。玩家特别喜欢胜利庆典。屏幕爆炸成红色，成功地闪现了一个众所周知的文明墓志铭：'结束'。任何一个经常得分超过 100 000 的青少年都应该向美国空军提交他的名字和地址。"（格尔曼，《在街机游戏厅》，第 91 页）
67. 穆雷，《全息甲板上的哈姆雷特》。
68. 同上，110—111 页。
69. 沃尔夫，《视频游戏的媒介》，第 50 页。
70. 根据马克·J. P. 沃尔夫，"非常具体地说，游戏中的玩家角色代理，是玩家被吸收的外部对象。它接收玩家的行动意愿。这可能有助于解释为什么视频游戏中的大多数玩家角色代理都是基于角色的"（同上，第 60 页）。
71. 当然，适当的浸入感并不是仅以图形展示为前提。蒙特波特在《曲折小径》中认为，文本冒险和角色扮演游戏，如《龙与地下城》，可以有非常强的沉浸感。正如沃尔夫所观察，视频游戏的抽象化可以非常引人入胜，具有很强的精神刺激性，因为玩家在心理上填补了展示画面的空白。一个较为极端的例子是，《导弹指令》的作者戴夫·塞勒在游戏发行后的半年里一直做噩梦。参见《将死的蓝色巫师》，巴尔坎，第 140 页。
72. 穆雷，《全息甲板上的哈姆雷特》，第 126 页。
73. 同上，第 129 页。
74. 除了意向性之外，游戏行为和存在主义现象学也有许多同样的关注点：玩家自由、情境消费和体验流等。有关这些重叠部分的探索性研究，请参阅佩恩的《通过存在主义游戏学解释游戏玩法》。
75. 穆雷，《全息甲板上的哈姆雷特》，第 145 页。
76. 同上。
77. 同上，第 146 页。

78. 同上，第 135 页。
79. 同上，第 181 页。
80. 令人遗憾的是，有些游戏在展示内容上带有极强目的性，引起了政治家、活动家和玩家的愤怒。这些游戏是游戏史丑陋但真实的一部分。最臭名昭著的两个作品是阿塔里2600制作的《库斯特的复仇》(1982年)，玩家在躲避箭的时候，可强奸一个被俘虏的美洲土著妇女，并得到分数。基于 flash 的网络游戏，《边境巡逻》，对墨西哥人有很深成见，如"民族主义者""毒品走私贩子""生得多"，玩家需在他们进入美国国境前将其射杀。然而，也有用于培训和教育用户的各种主题视频游戏（例如"严肃的游戏运动"），一些修改过的军事游戏甚至可疗创伤后应激障碍。教育和"严肃"游戏表明就像媒体互动一样，转变不是一个严格的技术事件。
81. 海尔兹，《手柄国度》，第 64 页。
82. 普尔，《视频游戏和娱乐革命》，第 36 页。
83. 加洛韦，《游戏》，第 69 页。
84. 瑞恩，《虚拟现实叙事》，第 309 页。
85. 汤普森，《美国的忠诚和恐惧》。
86. 正如穆雷正确指出，"这些乐趣（那些从沉浸、能动和转变中产生的乐趣）在某种程度上与传统媒体的乐趣相一致，在某种程度上又是独一无二的。当然，愉悦的结合，就像数字媒体本身的属性结合，是完全新颖的"。
87. 奈，《宣传不是方法：软实力》，也可参见奈的《注定领袖》和《软实力》。

第 2 章

第一人称射击游戏:"现代战争"系列中的主体叙事风格和公民牺牲精神

> 真正的战争故事从不概而论之,他们不局限于抽象概念或分析。例如"战争是地狱",作为道德宣言,这个旧真理似乎完全正确,然而由于它抽象且概括,我不能对之深信不疑。内心没有任何变化,只剩直觉。一个真正的战争故事,只要是被真实地告知,定会使人深信不疑。
>
> ——蒂姆·奥布莱恩,《负重前行》[1]

引 言

我在上一章中论证,军事射击游戏的模态使其能够以特定的媒介方式回应后现代战争引入的众多焦虑——政治、文化和存在主义。我还认为，在游戏技术和设计创新方面，互动娱乐产业的代际变化同样在战争商品化中塑造了生产者的技术。通过更充分地实现能动，浸入和转换的审美理想，产生更加亲密和个性化的战争体验；同时，展示游戏主题由第一人称向第一人格射击游戏的转变。

本章将重点放在更好地理解现代军事射击游戏培塑游戏吸引力的方式。"后9·11时代"射击游戏允许玩家通过界面与想象的反暴乱行动联结。其他军事娱乐项目中，玩家只能观看这类行动。出于下列原因，我特意选择"界面"这个词。首先，界面表示游戏与流行的战争概念和描述交织在一起的一般方式，包括如何在大众媒体中展示和模拟现代武器系统的控制界面。其次，"现代战争"三部曲——《使命召唤4：现代战争》(2007年)、《使命召唤：现代战争2》(2009年)和《使命召唤：现代战争3》(2011年)，将游戏玩家定位在众多士兵和平民的虚拟关系里。在玩三部曲的单人游戏时，玩家成为一个虚拟的参与者，以叙述方式同英雄主义和牺牲故事相连接。此外，这些游戏不断变化的视角为玩家提供了一种独特的超越性军事行动观，它反映了上一章讨论的后现代战争的两大难题：视角距离和政治的无意义性。

主导"现代战争"系列的视角是训练有素的士兵。然而，"现代战争"系列在军事射击游戏中特别值得注意。因为它们将玩家作为奋战至死的士兵和平民放置在不同的战区。这些转变的视角在个别的战斗中立刻形成一种矛盾的主观性，并超越了空间和时间。这种战争模式为玩家塑造"牺牲性公民身份"，该公民身份已成为后9·11时代美国政治身份的特征。这一主体立场将美国公民视作战争中事实上的应征者，随时需要做出最大的个人牺牲。

本章首先论述游戏产业推动形成了个性化叙述主体，并与美国的反暴乱作战理论产生共鸣。然后，我将分析"现代战争"，论述该系列虚构战争故事如何产生一个虚拟的牺牲性公民身份，并将最近9·11后的战争努力与过去的冷战联系起来。最后，通过给予玩家近距离的战场视角和其他军事娱乐项目所不能提供的表演自由，该系列游戏促动玩家和他们牺牲的化身之间产生共鸣，有效地将他们的死亡合理化为必要的血祭，以确保合众国的政治健康。

反叛乱的叙事主体性

技术统治了第一次海湾战争。冷战后军事革命（RMA）催生的美国网络化部队和先进武器系统形成压倒性力量，轻易碾压了萨达姆·侯赛因的机械化部队。军事革命（有时又被称为"军事转型"）坚持认为，通过提高通信和计算机技术，将它们变成常规战争中的实力倍增器，美国武装部队可以更灵活、更强大。然而，后9·11时代的伊拉克和阿富汗战争却并非如此，实践证明，在面对武装分子和反叛分子的非对称战术时，这些传统技术效力不足。在国防战略上，军事革命最终让位于反暴乱，该策略淡化技术成分，突出文化在赢得战争中的作用。[2]

反暴乱（在军事和智库中称作 COIN）是一种军事理论，要求美国在失败的政治实体（即窝藏恐怖分子的国家）中发挥巨大的技术优势，同时进行文化宣传和国家建设项目，以期在"长期战争"[3]中取得军事和政治上的胜利。因此，反暴乱是一个独特的意识形态棱镜。这种观察方式可以看到全球冲突及美国在仲裁和调和冲突方面的核心地位。大卫·彼得雷乌斯将军著名的反暴乱作战手册概述了面对非对称战争威胁所需的军事和文化战略，尼古拉斯·米尔佐夫认为，反暴乱作战作为一种长期战争形式，无异于全球文化战争。他指出："文化战争以视觉为中心，以'文化'作为战争的手段、地点和对象……在美国全球治安时代，战争是反暴乱，反暴乱的手段是文化。战争就是文化。"[4] 正如可视化为反暴乱策略的关键，建立和传播美国式战争的信念，对于理解军事射击游戏如何产生情感体验至关重要。

可视化是一种具有历史意义和偶然性的视觉模式，为了我们的研究，也可以说可视化是媒体模态。尽管它们不是同义词，视觉和可视化有一定相关性。前者是一种物理属性，后者是一种文化习俗。"可视化……以可理解的、可视的方式规范和叙述了现代生活中的混乱。"[5] 可视化是一种语言，是一种将个人感觉组织成因果顺序的方式，使得它们可以在某些解读框架中被理解。就像媒体模态一样，可视化的社会建构成为意义和社会力量斗争的场所。

正如米尔佐夫所说，如果战争是文化，现代战争是视觉文化，[6] 那么后现代战争就是模拟文化。[7] 而且，射击游戏的视觉模态是模拟文化的理想化军事视觉。这是因为，"现代战争"系列游戏，以及下一章研究的"汤姆·克兰西"品牌射击游戏，都在模拟军事技术在后冷战时代的运作方式，并叙述反暴乱干预行动的启动或可能需要启动的方式。将第一人称射击游戏称为 21 世纪初的"理想"视觉模态并不夸张。事实上，米尔佐夫警告我们不要否认反暴乱行动和商业射击游戏之间的一致性。他指出：

供作战部队军官阅读的反暴乱条令中，可视性被定义为用心了解地图并且能够随时定位所在位置的必要性。这种识图完全是认知性的，包括"行动地域的人、地形、经济、历史和文化"……因此，反暴乱者通过将不熟悉的领域变成视频游戏"完全可操作空间"的模拟物，将他或她的战术劣势转变为战略优势……士兵像打电子游戏一样打仗，就像他们经常做的那样，这并非比喻。通过将异域生活的各个方面转化为单一的叙事，平叛部队像是第一人称射击游戏玩家一样控制局面。因此，就像游戏玩家被带入游戏中，指挥官置身于地图里。[8]

在海湾战争期间名声大噪的第一人称武器视觉效果是后9·11时代军事射击游戏浸入式可视化反暴乱的美学先驱。但是，正如上一章所述，军事射击游戏模态的关键设计创新不是一些戏剧性图形升级或游戏机制。相反，它娴熟地创造叙事主体，使得军事射击游戏与它的互动式前辈及其他形式的军事娱乐产品区分开来。

叙事主体性和战争可视化是后9·11时代军事射击游戏中不可分割的概念。战争可视化是能够看到战场的复杂性，它涉及理解各作战单位在战场上的互动，就像在棋盘上移动骑士、战车和主教一样。"可视化是将反暴乱不同要素结合在一起的关键领导战术。"[9]但战争可视化不仅包括视觉效果、理性和可量化的战场战术，还包括理解促动军事干预的理由与它们对生命和财富构成的威胁。这正是射击游戏与以前的战争游戏的明显不同之处。对于后9·11时代的射击游戏，战争可视化意味着关注士兵和平民的牺牲故事，使美国能够在新世纪使用政治权力，通过将游戏玩家的行为与展开的反暴乱叙事联系起来，屏幕上的战争故事便成为游戏玩家的故事。对于"现代战争"系列游戏，玩家作为参与一系列活动的国际士兵经历征战，所以变化的主观性进一步暗示游戏者在叙事行动中产生一个反常的优势，这一优势立刻体现在各独立战役中，并且能够超越空间、时间和单一视角。游戏动作是个体的（例如敌人向我射击，我向敌人射击），也是跨个体的（即我以另一个身份行走，然后另一个，又另一个……）。

米尔佐夫认为，"反暴乱已经成为帝国主义证明战争合法性的数字媒介技术"。[10] 商业军事射击游戏具有模仿反暴乱效应的外观和感受的独特能力，是产生合法文化效应的典范。我们看到这种情况出现在"现代战争"游戏中，该系列游戏玩家扮演多个角色，而在第 3 章中考察的"汤姆·克兰西"品牌射击游戏中，尖端的军事武器系统和战场战术承诺保护祖国免受恐怖分子的侵害，并使美国例外主义永久成为后 9·11 时代的政治信仰。

第一次海湾战争被比作图形抽象和无故事性的游戏空间。这是"任天堂战争"，是一场 8 位战争。但第二次海湾战争是一场彻底的媒体战争。[11] 与 20 世纪 80 年代典型的像素化游戏影片和无人战场不同，20 世纪头 10 年的第一人称射击游戏提供了身临其境和可定制的战场。这些虚拟战争不是二维 8 位的，它们是复杂的三维合成世界。它们有嘶吼、流血和死亡的士兵，只有在通关后才能进行数字复活。2003 年美国军队返回伊拉克推翻萨达姆·侯赛因时，第一人称射击游戏正在为玩家提供一种游戏战争新模式。

后 9·11 时代军事射击游戏仍然是市场上的成功者，因为它们真实的视觉和身临其境的故事让制作人和玩家感觉身临作战场景，而且，这些叙事和程序元素产生了一种虚拟的爱国感。保守派政治哲学家罗杰·斯克鲁顿称爱国主义是"对国家、同胞（原文如此），以及团结他们的文化的本能的爱"[12]。对于斯克鲁顿和持同样观点的思想家来说，爱国主义是国家的重要组成部分；它是跨越时空的社会纽带，将国家设想的公民社区联系在一起。爱国主义不是沉闷的百科全书，而是一种有生命力且能被感受到的能量。"现代战争"系列游戏产生了一种虚拟的爱国主义感，在游戏玩家和游戏角色之间建立联系。回想一下，反暴乱是一个强有力的政策概念，因为它通过深入理解超越单场战斗的战术、战略和人力成本，将应对非对称威胁的策略理论化。"现代战争"系列游戏模式为玩家提供了现代反暴乱人员所需的牺牲，并通过游戏将士兵和平民转变为爱国者。本章的其余部分将探讨这个畅销系列作品如何产生情感吸引力，借用小说家蒂姆·奥布莱恩的话，本章将探讨"现代战争"系列游戏如何使人深信不疑。

现代战争系列中的牺牲性公民身份

《使命召唤4：现代战争》是"使命召唤"系列游戏中第一部偏离第二次世界大战设定的作品。该游戏广受欢迎，非常成功，在多个游戏平台销售超过1700万套，得到游戏评论家的普遍赞誉。[13]两年后，它的续集，《使命召唤：现代战争2》（2009年），虽然发售近2500万套，但评价却相对降温。自2011年发布以来，《使命召唤：现代战争3》已售出惊人的3000万套。[14]"现代战争"系列游戏的成功归功于"使命召唤"系列的既有成就，包括流行的在线多人游戏模式,让游戏玩家在快节奏、目标导向的比赛中竞争或组队。"现代战争"系列游戏的单人叙事模式相对较短(游戏时长大约 6 小时),因此为一些评论家和记者所诟病。这些战役与之前的"使命召唤"系列类似,将玩家重置到不同角色,而后放在若干战区。对于"使命召唤"系列,这种策略不能算是原创,但"现代战争"系列游戏具有那些与第二次世界大战有关的前期作品所没有的文本效力。

在"使命召唤"系列前期的作品中,游戏玩家扮演的是国际士兵(来自美国、英国、苏联、加拿大、波兰),并在一场记录极为全面的全球战争中战斗,而"现代战争"系列游戏中虚构的近未来的战争并非如此。在这些游戏中,玩家扮演的特种部队士兵在战斗中遏制现代恐怖事件的爆发。较之于第二次世界大战射击游戏中与昨日纳粹作战,玩家在"现代战争"系列游戏中对抗当代非国家恐怖主义分子表达了不同的政治关切。例如,有关第二次世界大战游戏玩法的关注主要围绕历史准确性问题(正如金和科兹文斯卡指出):战斗是否以这种方式展开?是否准确呈现了制服和武器?对于模拟近期冲突的游戏来说,这不是最重要的模态问题。我们普遍认为,第二次世界大战的军事娱乐作品没有道德疑虑。而有关反恐战争或试水该题材的作品来说,情况肯定不是这样。"现代战争"系列游戏和类似的游戏必须做出反复、特别的努力,以证明美国人牺牲的合理性,并进而证明这些主题的合理性。"现代战争"系列游戏以戏剧化的方式对此进行文本辩护。

"现代战争"系列游戏单人战役包含曲折的故事情节和众多角色,很难对其进行简单总结。《使命召唤 4:现代战争》的核心是英国特种空勤团（SAS）和美国海军陆战队（USMC）共同协作，阻止俄罗斯极端民族主义者和伊斯兰分离主义者在一个未命名的中东国家发动国际阴谋。在伊姆兰·扎哈耶夫的带领下，俄罗斯极端主义者资助这个国家的军事政变，帮助卡利德·阿萨德及其伊斯兰叛乱分子推翻当地政府。美国军队入侵该国，捕获或杀死阿萨德，而英国军队则追捕他的俄罗斯金主。游戏玩家扮演不同的特种空勤团和美国海军陆战队士兵，试图将中东国家归还给其选举产生的领导层，并阻止扎卡耶夫集团在美国发射带有核弹头的洲际弹道导弹。当美国海军陆战队和特种空勤团部队杀死扎哈耶夫并在大西洋引爆洲际弹道导弹时，游戏结束。

《使命召唤：现代战争2》的故事发生在第一部故事几年之后，伊姆兰·扎哈耶夫成为政治烈士，并且极端民族主义者控制了俄罗斯政府。玩家作为由多国反恐部队及美国陆军游骑兵团组成的"141特遣部队"，再次在多个战场上控制美国和英国士兵。扎哈耶夫的前副官之一弗拉基米尔·马卡罗夫一直在欧洲各地发动多起恐怖袭击事件，并成功地在俄罗斯机场的一次平民屠杀中栽赃了一名美国特工，这一令人发指的行为促使俄罗斯向美国宣战。第141特遣队负责在全球范围内寻找证据，证明美国与机场大屠杀无关；而游骑兵团则负责防御弗吉尼亚州和华盛顿特区，抵御俄罗斯军队入侵。经过一系列的曲折剧情，主角们发现美国和俄罗斯军事领导人是渴望权力的两面派战争贩子。游骑兵拯救了华盛顿特区，141特遣部队消灭了叛国的军事领导人。

《使命召唤：现代战争3》始于美国军队击退对纽约市展开袭击的俄罗斯人。几个月后，马卡罗夫绑架俄罗斯总统鲍里斯·沃尔舍夫斯基，获得核武器发射代码，并自任下一任俄罗斯总统。

与此同时，马卡罗夫的士兵将大量化学武器运送到欧洲大城市，目的是削弱欧洲的防御，为俄罗斯的吞并行动铺平道路。化学攻击摧毁了欧洲的防御，美国随即驰援欧洲。最终，一支美国三角洲特种部队小组从西伯利亚钻石矿中救出了沃尔舍夫斯基一家。随着沃尔舍夫斯基重新掌权，俄罗斯与美国之间的敌对行动停止了。在游戏的最后一幕中，美国特种部队定位马卡罗夫藏身于阿拉伯半岛的一家大酒店里，并对酒店进行大规模攻击，最终杀死了马卡罗夫。

回顾重要的发展历程时，《使命召唤4：现代战争》的首席设计师泽德·赖克和技术艺术总监迈克尔·布恩谈及"无限守护"工作室在"现代战争"系列故事最初阶段的创造自由，他们说：

> 现代战争令人动情，这有好有坏。我们真的想避免涉及任何当前的、真实的战争，我们也不想改变之前的作品中，两大力量相当、技术相似的对手交战这一设定。为了实现这一点，我们想象了一场有多条战线的战争，主要部分涉及从俄罗斯军队分裂的武装组织，同时在中东有一条次要战线。[15]

他们继续说道：

> 我们一直将一些努力放在"故事"上，但是我们很大程度上将它的优先级置于游戏其他方面之后。最终，我们弃用了之前的想法，选择不涉及二战，虚构一场战争。我们耗费数小时与军事顾问集思广益，试图想出一个涉及大规模的战争的可信场景。然后，我们用几周时间物色作家，找到可以

帮助我们创作一个吸引玩家故事的人。结果，虽然比不上莎士比亚，但也得到了普遍赞扬。我们觉得自己拥有了一项新技能，并且打算在未来的项目中继续发扬光大。[16]

值得探讨的是，第一部游戏的故事展示了一种"可信的场景"，《使命召唤：现代战争2》和《使命召唤：现代战争3》的故事则耸人听闻，将任何可信的设定夸张到了极点。然而，设计师正确地指出，"现代战争与传统的战争大有不同，大部队之间的直接对抗相对罕见。相反，低强度冲突和特种部队任务大行其道"。[17] 作品重新虚构了一场反暴乱行动，战斗在西方国家和他们资金充足、组织良好的敌人之间发生；也就是说，这场虚构战争中的双方像正规军队一样平等。当今，选择军事平衡是一种巧妙的方法，使玩家的虚拟战争体验在政治上和游戏中得到满足（双方势均力敌），也可以使游戏玩家体验后冷战干预时代的小规模军事冲突。实际上，游戏及其续集更接近于展示传统而非不对称战争（即使游戏的关卡主要围绕"特种部队"任务建立）。这种混合方式解释了游戏的部分意识形态诉求。"现代战争"系列游戏的政治场景令人满意，因为它在敌我不明、冲突不均衡的后9·11时代，重塑了第二次世界大战（盟军与轴心国）和冷战（美国与苏联）的摩尼教政治动态。鉴于第二次世界大战题材的产品的成功，这种设计选择很有意义。然而，还有一个更重要的隐秘原因，可以解释游戏为何广受欢迎。

"现代战争"系列的战役专注于游戏玩家在当前设定中的战斗，主导游戏的视觉模态是训练有素的士兵。但是，游戏的单人战役中存在明显异常的时刻，某些时候玩家不会扮演成为训练有素、英勇顽强的士兵。乍一看，这些场景似乎通过引发后现代战争的存在主义和政治焦虑，特别是战争机械技术调整的非人性化距离和时代的政治意义危机，使混乱的战斗显得格外轻松。从表面上看，这些时刻在体验上令人瞩目。在我将要简要描述的场景中，玩家无法像往常那样移动或保护自己，从而使该系列游戏具有道德和政治上的感知复杂性。这些场景暗示战场上的"真相"复杂而难以捉摸，战争中"赢家和输家"的界定并不像游戏的评分机制所暗示的那样清晰。

然而，就像游戏设计将非对称的反暴乱转变为传统的对称式战争一样，这些场景也表现出一种文本的手法。具有讽刺意味的是，正是由于这些场景偏离平庸枪战，才使得游戏的主要活动合理化、合法化。我将目前所研究的叙述性时刻称为"公民牺牲"，它通过个人视觉和恐惧体验来强调训练和战备的重要性；而非射击类军事游戏无法提供这些。

"现代战争"系列游戏的主观性转变产生了一种明显的牺牲性公民身份感，这是游戏反暴乱意识形态中的一个关键情感元素。到目前为止，牺牲性公民身份尚未完全理论化，只在一系列学术讨论中偶尔出现。通常，它指向美国政治认同的核心要素，该要素要求公民权利得到认可，并通过定期和自愿的自我牺牲来重振美国政体的政治健康。这种牺牲本质上可以是比喻或字面意义的。例如，法律学者保罗·卡恩讨论了法庭判决如何在不依据个人专业知识而是在"让自己遵守法律"[18]的情况下塑造一种牺牲性公民身份的形式。传播学者卡罗琳·马文援引了牺牲性公民身份来谈论美国国旗的象征力量和围绕国旗焚烧的公开辩论。她认为，美国国旗是一个"未被承认但有力的身份象征……一种特殊的因牺牲而成圣的身份"。[19] 在这些完全不同的情况下，牺牲性公民身份涉及一种话语转移或与身体自我的象征性交换。法官不是法律，而是法律的容器。国旗不是士兵，而是那些为国家牺牲的人的化身。"现代战争"系列游戏中的牺牲性公民身份同样涉及屏幕两侧的虚拟交换；当角色的无私行为跨越多个故事情节时，就会发生这种情况，并且当玩家的角色牺牲时，会公布牺牲公民的身份。这些文本元素协同工作，产生了一种经验模态，可以抵消后现代战争带来的远距离和意义危机。我现在转而研究这些活跃的事。

在"别说俄语""第二个太阳"和"戴维斯家庭度假"中缩小视角距离

"现代战争"系列游戏中，特定士兵和平民的死亡是剧本事件，这意味着无论一个人玩得多好，某些角色都无法得救，因为这些死亡是游戏故事情节的一部分。如上一章所述，第一部"现代战争"游戏提供了一个人虚拟死亡的近距离场景。这些令人吃惊的时刻包括被推翻的总统阿尔弗拉尼的死刑直播，以及美国海军陆战队员保罗·杰克逊在一次小型核爆炸后的漫长死亡。经历这些角色的最后时刻时，玩家除了环顾四周什么也不能做。《使命召唤：现代战争2》和《使命召唤：现代战争3》以同样的方式继续，该系列至少有3个关卡值得更仔细的研究："别说俄语""第二个太阳"和"戴维斯家庭度假"。

"别说俄语"这一关包含了"现代战争"系列，或者说是整个"使命召唤"系列中最具争议的情节设置。[20] 这个早期关卡将游戏玩家置于机场大屠杀的中心,这一事件是俄罗斯与美国之间冲突的催化剂。

游戏玩家扮演秘密中央情报局特工约瑟夫·艾伦,他的任务是渗透弗拉基米尔·马卡罗夫领导的俄罗斯恐怖组织。在电梯到达终点的过程中,恐怖主义领导人指示他的团队(包括玩家艾伦)一旦开始射击就不要说任何俄语,以免透露他们的真实国籍。随着电梯门打开,5人小队开始向正通过安检站和终点站的旅客开火(图2.1)。

游戏叙事部分非常长,以证明并惩罚玩家艾伦参与屠杀的行为。这个关卡建立的牺牲性公民身份是双重的:艾伦为了将马卡罗夫绳之以法而放弃了道德,最终因任务失败失去了生命。甚至在玩家扮演角色艾伦之前,关卡加载时播放的过场动画[21]就确定了这位特工牺牲的必要性。

"别说俄语"以地球的一个广角镜头开始加载场景,这可能

图2.1 玩家在《使命召唤:现代战争2》中参与机场大屠杀

是通过国防部全球信息网络中负责查看欧洲和非洲军事热点的监视卫星看到的。在这部分画外音中,谢菲尔德将军解释了对艾伦爱国行动的迫切需要。这些卫星图像让位于总结马卡罗夫悠久残暴历史的数字化剪报和其他数据。将军对玩家艾伦说:

> 昨天你是前线的一名士兵,但如今,前线已成为历史。军队已成遗物,战争爆发在任何地方,并且会有人员伤亡。马卡罗夫正为自己而战,他的行为没有任何规则和边界。他不会止步于折磨、贩卖人口或种族灭绝,他不忠于任何组织、国家或意识形态。他用生命交换金钱……他是你新结交的最好的朋友。你不必知道将你安插在他身边需耗费多少资源。这次你会牺牲,但与你将拯救的生命相比,所有代价都不值一提。[22]

将军用理论说明了长期反恐战争中,面对可怕的非国家敌人时,特种士兵所需要具备的素质。士兵为更伟大的正义而牺牲自己是军事娱乐产品的主题。然而,当玩家突然发现自己正瞄准满房间手无寸铁的平民时,这种假设"牺牲"的例子是十分可怕的。

另一个角色牺牲的时刻出现在这一关的结尾,当马卡罗夫和他的手下躲开机场警卫,玩家走进逃跑车辆时,马卡罗夫转身射杀了玩家。艾伦死前,听到马卡罗夫对他的一个手下说:"这个美国人认为他可以欺骗我们。当(俄罗斯当局)找到(艾伦)时……整个俄罗斯都会要求战争。"艾伦因参与大屠杀和马卡罗夫的邪恶计划受到惩罚。(如果玩家无法纠正军方的错误并在罪恶行为中拯救美国,这将是一个不公正的结论。)如果卧底任务和低强度代理战争等反暴乱行动服务于冷战后国家利益,那这一关卡具有争议的内容在于支持士兵需要参与有道德瑕疵的行动。"别说俄语"让玩家有机会近距离接触有争议的军事行动,并许可他们在国家安全的幌子下实施战争犯罪。

除了玩家——主角——必须制造附带伤害,《使命召唤:现代战争2》还包括一个令人难忘的场景,将玩家变成附带伤害。在游戏的第三幕也是最后一幕的"第二个太阳"关卡中,游戏玩家扮演美国游骑兵列兵詹姆斯·拉米雷斯,对抗入侵的俄罗斯军队以保卫华盛顿特区。拉米雷斯的部队部署在一架被击落的直升机附近,而他的队伍以寡敌众且弹药不足。当敌人的攻击直升机降落在游骑兵面前时,它的聚光灯使拉米雷斯短暂失明,游戏场景突然转向一个轨道空间站。玩家现在可以有限地控制一个太空行走的宇航员。休斯敦控制中心要求宇航员将他的头盔摄像头转向一个在地平线上划过的未知明亮物体。很快,玩家可以看出该物体是前一关中俄罗斯潜艇发射的导弹。突然间,导弹在低轨道上爆炸,摧毁了国际空间站,并将玩家——宇航员——推向了无边的宇宙(图2.2)。当屏幕再次变为白色,玩家变身为仍然在直升机下蹲伏的拉米雷斯。导弹爆炸释放出电磁脉冲,使美国和俄罗斯的车辆装备及城市电子设备无法使用。随着飞机和直升机从天空坠落(隐晦暗示9·11事件),拉米雷斯和游骑兵利用这一时机前往被围困的白宫。

就像"第二个太阳"一样,《使命召唤:现代战争3》的"戴维斯家庭度假"将玩家从武装行动中拉出来置于平民角色,这次是在摄像机的镜头后面。一位年轻的美国女子和她的女儿在父亲相机前讨论去大本钟游玩,大本钟在背景中清晰可见。当戴维斯

图 2.2 在《使命召唤：现代战争 2》"第二个太阳"关卡中，一枚爆炸的导弹摧毁了空间站，并将玩家抛入无助的太空

一家沿着一条非常典型的伦敦街道（前景中有一辆黑色的出租车和一颗足球，且在镜头中至少有两家酒吧）拍摄他们的假期时，一辆行驶货车出现在背景里。父亲没有注意到，司机在货车爆炸前几秒钟拼命跑开，爆炸使母女死亡，并使摄像机跌落在地。

　　这些叙事时刻只能提供对现代冲突虚无、黯淡的评价。无论是作为一名卧底士兵还是非战人员，屠杀手无寸铁的公民或随意致人死地，是一种对视频战争游戏历史中现代战争的干净、不涉及平民形象的颠覆。这种做法令人震惊，但也奇妙地受到欢迎。然而，"别说俄语""第二个太阳"和"戴维斯家庭度假"关卡并非独立存在，必须在游戏相互关联的叙述中对它们进行解读。这些第一人称的死亡在相互关联的故事情节中是合理的，它们潜在地促使游戏者重新审视后现代战争的戒律。于是，在现代的反暴乱实践中——从叙述和思想上讲——这些平民的牺牲令人遗憾却必要，他们是维持和推动美国永久性反恐战争所需的人力资源。

在"伪装起来"和"一枪毙命"中缩小历史距离

> 大洋国在同东亚国作战:大洋国一向是在同东亚国作战。
> ——乔治·奥威尔,《1984》[23]

> 普莱斯上尉:忠于政权的人期待我们马上去北方,完毕。
> 加兹:嗯?忠臣们?那些是好俄罗斯人还是坏俄罗斯人?
> 普莱斯上尉:嗯,他们不会看到我们就开枪,如果这就是你问的。
> 加兹:是的,这对于我来说还不错,先生。
> ——《使命召唤4:现代战争》中的英国特种空勤团士兵

"现代战争"系列和类似的军事射击游戏通过身临其境的第一人称和第三人称视角叙述虚拟战争,以克服后现代战争的焦虑。这些战争游戏的视角并非主要飞行器的间接视角(这起源于海湾战争),而是来自地面士兵。然而,后现代战争意义的政治危机不仅仅是先进通信技术体验迁移的结果。正如前一章所指,这场危机也是由于后冷战时代缺乏持久的、意识形态的敌人。"现代战争"游戏通过建立冷战威胁与21世纪非国家恐怖分子之间的历史连续性,将玩家定位为这些正在展开的军事历史的参与者,以缓解这些相关焦虑。第一部"现代战争"游戏是连续叙事关卡,应对开展现代战斗行动的政治和意识形态挑战。

《使命召唤4:现代战争》的"伪装起来"和"一枪毙命"关

卡之所以与众不同，是因为它们是游戏中仅有的倒叙故事。[24] 在之前的关卡中，玩家已经受领约翰·普莱斯上尉的命令，并在这里变成普莱斯中尉，行动早于游戏主线故事15年。玩家与特种空勤团的苏格兰军官麦克米兰上尉搭档，任务是在乌克兰废弃城市普里皮亚特举行的露天会议上暗杀伊姆兰·扎卡耶夫。两名士兵冒着致命辐射避开敌人巡逻队，悄悄地在一座废弃的高层建筑中占据狙击位置。随着扎卡耶夫会议的展开，麦克米兰指导玩家普莱斯从远处使用大威力狙击步枪射击。修正风偏等变量对射击的影响后，普莱斯射中扎卡耶夫，12.7毫米口径武器的射击力量将他的左臂从身体上撕下来。麦克米兰（错误地）判断伤口是致命的，并指示普莱斯收拾行装并迅速到撤离位置。他们在救援直升机着陆区周围遭遇重重阻力，但仍然设法登上了直升机并被带到安全地带。这两个回忆关卡暂时偏离欧洲和中东的主线行动，展示扎卡耶夫和普里皮亚特地区生成游戏愉悦感的同时，在历史可视化和牺牲性公民身份中发挥双重意识形态功能。

　　伊姆兰·扎卡耶夫这个角色填补了意识形态劲敌的缺失与空白，以及游戏中冷战时期共产主义与反恐战争"伊斯兰教徒"之间的"缺失环节"。这个意识形态角色旨在使俄罗斯重返往昔苏联的辉煌，他是中东恐怖分子背后的主要金主。正是这些恐怖分子推翻并处死了富拉尼总统。但是，这些事件发生前的15年，扎卡耶夫还未成为俄罗斯极端民族主义政党的领导人，他作为一个流氓军火经营商，利用苏联解体谋取私利。这就是普莱斯和麦克米兰中断他从切尔诺贝利核电站（因1984年4月26日核电站事故而闻名）盗取铀燃料棒进行黑市销售的关键。游戏通过创建一条叙述性的故事线，将20世纪90年代试图销售被盗铀棒的黑市与20世纪初期的核装置爆炸联系起来，从而揭示俄罗斯武器交易与中东恐怖主义核扩散的关系。扎卡耶夫在特种空勤团的暗杀行动中幸存下来，这一事实进一步凸显了游戏的默认主张，即特种部队人员需要采取极端军事行动来确保他们的目标人物不会在多年后带来问题。[25]

普莱斯和麦克米兰的暗杀任务也与众不同，因为它是第一部"现代战争"游戏中，少数几个玩家在确定的和可识别的现实世界空间进行互动的故事情节。通过在乌克兰普里皮亚季设置这些关卡，该游戏突然在虚构的游戏中注入现实。[26]人类历史上最严重的核电站事故记忆成为这些关卡的过场场景。也就是说，游戏并未将这座城市的悲剧历史作为核能生产的生动教训，而是将其作为国际法外之地，为背景叙事提供便利。普里皮亚季被视为正在经历失败或已失败的政治实体，已成为恐怖主义的天堂，从而需要西方监督。澄清一点：我并不质疑大规模杀伤性武器的现实危险，或者恐怖分子和黑市利益集团获取无人看守或重兵防护的核武器的能力。然而，对于一部一直没有特指地点的作品，将一个真实空间引入虚构的历史是一个令人吃惊的选择。事实上，麦克米兰在行动过程中向玩家强调了这一点，他说："看看这个地方，有5万人曾住在这个城市，现在它却变成一个鬼城，我从来没有见过这样的事。"（图2.3）

将真实世界戏剧性地融入游戏虚构的场景中，将来自不同时代的西方宿敌融合在一起，将当前斗争塑造成一个可理解的、最终可辩护的故事。从功能上来说，普里皮亚季关卡确立了普莱斯和扎卡耶夫长期以来互相憎恶的关系，为他们在接下来关卡的暴力行为奠定了基础，并在《使命召唤：现代战争3》的最后阶段

图 2.3 《使命召唤 4：现代战争》中普里皮亚季的场景

画上句号。然而，在意识形态上，这一系列预示着如果不想自己的家园变得像普里皮亚季一样，那我们的共同命运便取决于西方国家在必要时采取军事行动的能力。这些关卡建立的牺牲性公民身份是一种交换安排：士兵为我们做出牺牲，作为回报，我们失去了对这些行动是如何被执行，以及谁会为此牺牲的知情权。

在"片尾"和"博物馆"的模态中游戏

《使命召唤：现代战争 2》的"片尾"及非作战"博物馆"奖励关卡通过游戏处理历史和人员牺牲的方式向玩家展示事物的两面性。前一场景紧随单人战役的结束，是一个虚拟博物馆之旅，纪念游戏中的虚拟全球战争。随着进度条垂直滚动，虚拟之旅提醒玩家，民间社会如何颂扬战争和战士，以及战斗的胜利者如何将他们的故事神圣化为公认历史。"博物馆"奖励关卡是同一博物馆空间的互动版本。它也是对"片尾"中展示社交过程的一种不敬处理，它提供了仅在视频游戏形式中可用的颠覆式文本。虽然《使命召唤4：现代战争》中普里皮亚季的回忆关卡阐述如何将真实的历史注入到叙事中，以提供可信度并扩大虚构战争的情感维度，《使命召唤：现代战争2》的"片尾"将游戏的虚构事件重新定义为现实主义过程，胜利者借此将他们对事件的描述变为正式的公开记录和英雄神话。

一旦玩家在《使命召唤：现代战争2》的单人战役中击败了奸诈强大的两面派谢菲尔德将军，屏幕会逐渐变黑，游戏进度条滚动（伴随着由电影作曲家汉斯齐默创作的管弦乐曲目）。几秒钟之后，黑屏消失，摄像机镜头拉长，显示普莱斯上尉坐在舞台上的一条小船上，其他游戏角色在附近以各种姿势冻住。这个场景是对最终"游戏结束"关卡的再创造，其中普莱斯和游戏玩家（当时扮演外号"肥皂"的麦克塔维许上尉）追击谢菲尔德至阿富汗的一条河流。

一个过路人打破了宁静，之前冻结的数字动了起来。此时还可以看到人物周围带描述的牌匾。现在，我们很明显在历史博物馆展厅。博物馆参观者是这一场景中"真实"的人物，他们互相聊天，观看展品，并用手机通话。舞台上先前播放的人物和故事角色由声像图展示。

在这些数字完成自动更新后，摄像机向左摆动，展示出一个舞台，描绘了美国游骑兵部队为保卫华盛顿特区而对抗俄罗斯军队的场景。这组画面展示了詹姆斯·拉米雷斯的班组（这一关卡的玩家角色），背景是被烧焦的白宫。然后镜头再次切换，露出了更大展厅里其他舞台、车辆和玻璃橱窗，展示了《使命召唤：现代战争2》中的各种武器。进度条继续滚动，摄像机带领观众参观博物馆里代表游戏关键设置的舞台——从战斗在里约热内卢人口密集的棚户区（贫民窟），到攀登哈萨克斯坦的冰山，或者泅渡至一个戒备森严的海上石油钻井平台。一旦浮动摄像机完成了博物馆内3个大厅的探索，博物馆之旅即告结束。屏幕渐渐变黑，进度条继续滚动。

博物馆之旅不仅仅是"无限守护"设计工作室及其虚拟战士的"谢幕"，也是军事史学主题游戏的一个鲜明结论。这个主题在《使命召唤：现代战争2》加载屏幕的画外音中尤其明显。例如，在奸诈计划被揭露之前，谢菲尔德将军做出如下思考：

> 我们是人类历史上最强大的军事力量。每场战斗都与我们相关。这里发生的事情与那里相关。我们不能坐以待毙。你的人民在繁荣生存与彻底毁灭之间的命运区别，在于学习使用现代战争工具的不同。我们不能给你自由，但我们可以为你提供获取自由的方法。而且，我的朋友们，那比拥有整个军队的力量更重要。当然，手里的大木棒很重要，但更关键的是使用者。这是英雄的时代，传说的时代。历史由胜利者书写，让我们放手干吧。[27]

谢菲尔德关于使用军事力量的必要性想法与大卫·彼得雷乌斯将军的反暴乱条令中概述的战略愿景（例如，美国不能放弃参与"长期战争",或者需要训练其他国家争取"自由")一致,并且它们符合米尔佐夫评估文件的文化目标(就西方文化在取代武器库或"整支钢铁军队"方面的中心地位而言)。但是谢菲尔德在整个游戏中的常见观点是"历史是由胜利者书写的"[28],它最能解释"片尾"的奇特场景,以及为什么虚拟博物馆之旅是游戏的启示性尾声。

本尼迪克特·安德森在其极具影响力的《想象的共同体》中讨论了博物馆作为履行众多文化和政治职能的国家机构的功能。[29] 其中,它最重要的功能是将统治精英对国家历史与公民身份定义的普遍理解合法化。博物馆抹去了被征服殖民地的丑陋历史,使其适合游客参观,并且通过地图和人口普查等其他社会技术,提供统一想象中公民共合体的凝聚力。[30]

博物馆之旅之所以看起来忧郁且安详,那是因为它缺少狂热的战斗,直到现在为止这都是游戏的特点。博物馆只能这样,舞台展览会去掉惨烈的暴力画面,并消除士兵的个人牺牲故事,其中一些是玩家亲眼目睹和亲身经历的。在倒数第二个任务中,"就像旧时代一样",普莱斯上尉指出他和麦克塔维什上尉即将开始的自杀式任务的正义性。他说:

> 正常人不会早晨醒来,就认为这是他在地球上的最后一天。但我觉得这是一种奢侈,而不是诅咒。知道接近死亡是一种自由。是时候行动了……火力碾压,寡不敌众,我们在自杀式任务中灵魂出窍,但这里的沙滩和岩石见证了数千年的战争……它们会为此记住我们。因为在我们所有的噩梦中,这是我们自己选择的。我们向前,就像在地球上呼吸一

样，心中有活力，眼前有目标：我们将杀死谢菲尔德将军。

玩家对虚构战争历史的一手经验远远超出博物馆展出范围。玩家已经前往过展厅内的各个战场，使用放在展柜中的枪支射击，并与在展台上的模型士兵原型浴血奋战。这不是游戏中唯一展示的博物馆空间，但这一展示是神圣的。

"博物馆"奖励关卡是战争故事的对照，为玩家的武力行为提供了道德背景和叙事动机。此外，"博物馆"展示了游戏玩法的不稳定和娱乐性暗流，它令军事射击游戏的反对者十分反感。博物馆关卡与射击游戏中的多人模式更为相似，因为它将"快击"玩法的优先度置于任何故事之前。多人比赛的虚拟游戏中经常出现这种情况，没有叙事设置，玩家必须利用他们的武器和战斗技能来应对压倒性的敌人。

之前讨论的"片尾"序列中显示，可反复运行的博物馆空间，是一个玩家较少的奖励关卡，在单人游戏活动完成后解锁。这个神秘的关卡以"一个与'无限守护'共同度过的夜晚，《使命召唤：现代战争2》画廊展览，恩西诺，加利福尼亚，美国"这个标题开始，它让玩家可以探索博物馆的3个大厅，包括从展示柜中取出和使用武器。在探索过程中，游戏玩家可能会在博物馆大厅的信息台上发现两个红色按钮中的一个。它们被标记为"不要按"，按下任一按钮后（任何好奇玩家都会这么做），这个空间变成了一个噩梦般的艾波卡特式（编者注：Epwt-esque，艾波卡特是华特迪士尼世界度假区的主题公园）展厅，舞台上的士兵集体复活并开始攻击玩家。

游戏将玩家与战斗中的角色进行对抗，来避开任何叙事借口,博物馆关卡充满了非叙事性枪战的动态乐趣。这是为自己享乐而创造的奇观。就游戏的战斗机制而言,这场交战中肆无忌惮的庆祝活动提醒人们,存在一些非叙事性的战斗乐趣。博物馆的枪战并非完全自由,它仍然遵循游戏的物理和伤害系统,但没有额外的叙述或规则来管束玩家的行为。颠覆且轻佻的游戏虚构历史崩溃为一场无缘无故的非叙事性战斗,无助于解决后现代战争的意义危机这一荒谬的战斗没有合理解释,只需按一下按钮,博物馆就会被持枪的疯子包围。奖励关卡的荒谬混乱是一个便捷的出发点,从这里可以越过生成后9·11时代游戏战争浸入式愉悦感的近距离视角和反暴乱叙事文本元素,思考诸如下面章节中讨论的能动和转换等元素。

结论:叙述反叛乱,成为反叛乱

战争是地狱,但不仅仅如此,战争也是神秘、恐怖、冒险、勇气、探索、圣洁、怜悯、绝望、渴望,以及爱。战争令人讨厌,同时也有趣;它令人激动,同时也苦不堪言。战争让你活着,也让你死去……事实是矛盾的。可以说战争是怪诞的,但实际上它也是美的。它如此恐怖,你不禁瞪着可怕的战斗,你盯着它的轨迹像绚丽的红丝带一样在黑暗中展开。当一轮冷月升起时,你埋伏在稻田里。你欣赏着行进中部队的流动对称、从武装直升机倾泻下来的巨大的金属火焰片、照明弹、白磷、凝固汽油弹略带紫色的橙色光芒,还有火箭弹发出的刺眼的红光。它不美,但令人震惊。它充斥你的双眼,并控制了你。你讨厌它,但是你的双眼没有。就像森林大火,像显微镜下的癌症细胞,任何战斗、轰炸袭击或炮弹都具有绝对道德冷漠的审美——强烈的无情的美,而真正的战争故事将说明真相,尽管事实是丑陋的。

——蒂姆·奥布莱恩,《负重前行》[31]

本章的最后是蒂姆·奥布莱恩有关创造性小说传播战斗体验(这里指越南战争)能力的观点,包括其主观性和矛盾的"真理"。这些虚构的真理涉及内容和形式、主题和媒体模态等问题。是什么让一个战争故事"真实"?为什么我们对有些故事无动于衷,而对其他故事却"深信不疑"?为什么同一个战争故事会在这个媒介而不是另一个媒介中产生共鸣?或者说,为什么它会产生不同的共鸣?在上面的引文中,奥布莱恩认识到了战争场景带给视觉的内在乐趣("道德冷漠的审美——强烈的无情的美")。由于其逼真的视觉效果、环绕声、触觉反馈等,军事射击游戏才能够成功模拟现代战斗的暴力幻象。但这些游戏不仅是复制"'火箭弹'的红色眩光"和"空中爆炸的炸弹",它们叙述士兵的个人战斗经验,在"现代战争"系列游戏相互交织的叙事中,玩家见证并参与了虚拟爱国主义的戏剧行为。

通过缩小屏幕战争的视觉距离,并将非对称的反恐战争当作善恶力量之间最新和最大的势均力敌战争,这些游戏也为美国在中东的政策增添了合法性。游戏的战争故事和玩家不断变化的观点认为,为了保护美国等西方国家的利益,反暴乱干预是必要的,偶尔的平民牺牲也是必要的。我想以如何看待"现代战争"系列游戏中的牺牲这一思考来结束这一章。在研究本章涉及概念时，我已预料到其中会有一些争议。正如前面提到的，牺牲在脚本中贯穿始终，玩家没有权力决定他们操控角色的虚拟人生。无论是否虚拟，不能自主选择或者没有其他选择的行为不能被称作"牺牲"。人们可能会认真地问：这些虚拟死亡到底有什么意义？（或者，这些牺牲到底有多真实？）

我想到两个回答，第一个是关于叙事凝聚力的实际问题，第二个是涉及认知过程的模态问题。在故事驱动的视频游戏中，制作精彩的故事与设计游戏规则和游戏自由度之间存在着持久的设计张力。[32] 在这些罕见的强制牺牲情景中，"现代战争"系列游戏明显使玩家的能动性从属于故事需要。如果在这些非常时刻，仅由游戏玩家有限的能动性（如果不是完全瘫痪）决定游戏进程，那么这些虚拟死亡将被视为政治上的虚无和不满。如果注重故事冲突，游戏角色显然会牺牲。如果玩家可以选择不死，那么就会设计复杂的因果叙事，使玩家——士兵——的暴力枪战合理化。

我对预期争议的第二个回答涉及视频游戏角色中的用户认知。战争电影和电视节目中的牺牲事件很少被质疑为"非牺牲性"，因为这些运动图像媒体的真实性从未受到质疑。但对于视频游戏来说，情况显然不是这样。即使不是军事射击游戏设计的标准组成部分（绝对不是），游戏式的牺牲至少是技术上可想象的。[33] "现代战争"系列游戏绝大多数部分都有线性的叙事和空间设计，通常不允许在角色定制（士兵如何考虑问题）、战术（如何攻击敌人），以及在武器和车辆选择之外做出更多选择。这部分是媒体可视性和类型期望的问题，也是用户认知问题之一。观众对电影或电视士兵的认知与玩家对战斗士兵的认知不同。尽管玩家只能部分控制或者在失去对角色控制时，角色认知会产生分裂，必须要指出，正是因为玩家忽然被剥夺了一直享有的自由意志，这些场景才有吸引力。"现代战争"系列游戏要求玩家为了剧情结构和圆满叙事暂时牺牲能动性和怀疑力。

在9·11恐怖袭击发生后的几分钟、几天和几周内，美国的政治认知已暴露无遗。"现代战争"系列游戏中，玩家无法控制的牺牲场景与这些无助和瘫痪感刺激性地联系在一起。正如本书的绪言所述，迅速回归美国例外论学说是重获国家控制的一种流行反动策略。下一章通过研究"汤姆·克兰西"这个品牌系列技术型军事射击游戏的角色和空间设计，探讨重掌实际政治权力感的游戏手段。

注　释

1. 奥布莱恩，《负重前行》，第 78 页。
2. 尽管他们强调的重点不同，但是军事革命仍然是反暴乱作战的先驱。米尔佐夫指出，"镇压暴乱是军事革命的永久延续"（《战争文化》，第 1738 页）。
3. "长期战争"一词最初指的是 9·11 事件后针对非国家恐怖分子的长期战争，尽管有些官员不喜欢它在过去几十年的冷战中的内涵，该词后来在各种通俗和军事出版物中使用。想了解关于术语定义挑战的进一步探讨，可参见佩尔南等人的《揭示长期战争的未来》。
4. 米尔佐夫，《反暴乱》，第 1737 页。
5. 米尔佐夫，《论视觉》，第 53 页。
6. 维利略，《战争和电影》。
7. 有关仿真和战争筹划之间长期联系的更多信息，参见克罗根的《游戏模式》。
8. 米尔佐夫，《反暴乱》，第 1737 页。
9. 同上。
10. 同上，第 1737 页。
11. 《时代》杂志将伊拉克战争称为"YouTube 战争"，因为它的大量视频产品都是由媒体公司、士兵和平民制作的，这些视频被发布到同名的视频共享网站上。参见考克斯的《YouTube 之战》。
12. 杜利，《罗杰·史克鲁顿》，第 158 页。
13. 第 5 章将继续关注这些游戏评论。
14. 这些数字是使用电子游戏排行网站 http://www.vgchartz.com 上的销售数据制成表格的。
15. 赖克和布恩，《死亡之后——〈使命召唤 4：现代战争〉》，第 25 页。
16. 同上，第 26 页。
17. 同上，第 25 页。
18. 卡恩，《牺牲国度》。
19. 马文，《旗杆理论化》，第 120 页。
20. 至少有 3 个理由可以相信，"无限守护"工作室通过"别说俄语"这一关有目的地抛出争议。第一，游戏有选项，可以跳过令人不快的关卡并继续通过战役模式。第二，玩家可以在不射击平民的情况下过关（但是，如果当卧底的玩家向恐怖分子开火，游戏就会终止）。第三，这个关卡的细节在游戏发布前的最后几周被"泄露"，有理由相信这是工作室正在制造话题炒作产品。

21. 剪接场景是游戏中常见的故事元素，它在背景中加载游戏信息（例如关卡、资产等）的同时推进故事发展。
22. 《使命召唤：现代战争 2》（Xbox 360 版本）。
23. 奥威尔，《1984》，第 182 页。
24. 第一关是以"吉利服"命名的，这是一种军事狙击手通常穿着的伪装服装。
25. 这再次成为《使命召唤：黑色行动 2》的一个主要主题。
26. 也许是因为第一款游戏地名处理的不甚成功，以及工作室有意识地改变公众认知，或者是因为第二款游戏更为离奇的情节，"无限守护"并没有像第一款游戏创造地名，而是在《使命召唤：现代战争 2》和《使命召唤：现代战争 3》中使用真实地名（如华盛顿特区、里约热内卢、阿富汗）。
27. 《使命召唤：现代战争 2》（Xbox 360 版本）。
28. 这句话的来历不详，但通常被认为是温斯顿·丘吉尔写的。
29. 安德森，《想象的共同体》。
30. 同上，第 10 章。
31. 奥布莱恩，《负重前行》，80—81 页。
32. 这种设计在视频游戏中断开了叙事和游戏之间的联系，通常被称为"游戏-叙事不和谐性"。有关这种设计挑战的更多信息，参阅《战争字节》，佩恩，第 265 页。
33. 例如，有角色扮演的电子游戏，玩家可以做出道德选择，影响随后的故事和非玩家角色的回应。

第3章

打"好的"(先发制人)战争:"汤姆·克兰西"品牌系列军事射击游戏中的美国例外主义

保卫我们的国家不受敌人侵略是联邦政府的第一要务和基本承诺。今天,这一任务发生了巨大变化。在过去,敌人需要强大的军队和工业基础来威胁美国。现在,隐蔽的个体网络可以以不到一辆坦克售价的成本,给我们带来巨大的混乱和痛苦。现在,恐怖分子有组织地渗透到普通人的社会中,并利用现代科技给我们制造麻烦。

为了战胜这种新型威胁,我们必须使用包括军事、国安、执法、情报在内的一切力量,通过不懈努力来阻止恐怖分子发展壮大。全球反恐战争是一项艰苦卓绝的事业。在打击恐怖分子上,美国将会为需要美国的国家提供帮助。恐怖分子的盟友是人类社会的敌人,美国将坚持把那些向恐怖主义低头的国家,包括庇护恐怖分子的国家视为敌人。美国及其盟友绝不允许恐怖分子建立新的据点。我们将共同努力,在每一个节点摧毁恐怖分子的庇护所。

  我们国家面临的最大危险在于激进主义和科学技术的十字路口。我们的敌人已经公开宣称他们在研制大规模杀伤性武器,有证据表明,他们有决心这样做下去。美国不会允许这些恐怖分子的阴谋诡计得逞。我们将建立反制弹道导弹和其他大规模杀伤性武器的防御系统。我们将与其他国家合作,阻止和遏制敌人掌握危险科技。同时,出于常识和自卫的考虑,美国将把这些新型威胁扼杀在摇篮中。我们不能仅凭期望最好的结果就能使美国和朋友们免受伤害。因此,我们必须要使用最好的情报体系打败敌人的邪恶计划。历史将严厉地惩罚那些没有未雨绸缪的人。我们进入了一个全新的时代,行动是实现和平与安全的唯一方式。

——乔治·布什总统关于2002年《美国国家安全战略报告》的讲话 [1]

  永远历史化!

——弗雷德里克·詹姆逊在《政治无意识》一书中公开表明 [2]

引　言

  2002年9月20日,布什政府公布修订后的《美国国家安全战略报告》,该报告描述了政府的新国防政策,即通过先发制人的单边军事行动,以应对潜在的恐怖主义威胁。这种咄咄逼人的外交政策标志着冷战和冷战后初期主导的多边威慑战略开始发生巨大变化。批评人士质疑这种论调和姿态的剧烈变化,他们主张谨慎行事和使用外交手段。与此同时,支持者们认为,9·11恐怖袭击(当时只过了一年)为采取更具干涉性的国防战略提供了所有必要的理由。然而,正如哲学家塞缪尔·韦伯在《机会的目标》[3]一书中所观察到的那样,先发制人的战争政策似乎代表着一种激进的转变,但它是美国最持久的政治和文化信条之一——美国例外论[4]的延续。根据这一信念,美国在19和20世纪独特的政治渊源及经济和生产力的发展为政策制定者追求永久军事霸权提供了一切必要的理由。韦伯认为:"全球政治霸权在很大程度上被理解为源自经济和技术优势,但与此同时,考虑到'流氓国家',或者非国家的'恐怖主义'组织相对容易地获得破坏性技术,这种霸权是极其脆弱的。"[5]

9·11事件还为新保守主义者提供了政治借口,使他们得以推行一项咄咄逼人的后冷战时期的国防政策。这项政策实际上是在十几年前——在1990年至1991年的海湾战争之后制定的。当时,任国防部长的迪克·切尼与同为新保守主义者的保罗·沃尔福威茨和刘易斯·利比起草了一份1992年的机密文件,名为《防务政策指南》。这份争议文件主张美国外交政策要达成以下3个主要目标:(1)防止任何可与美国匹敌的超级大国崛起;(2)取得和维持中东石油储备;(3)实现上述目标时采用有效的单边军事行动。[6]这份文件被泄露给《华盛顿邮报》和《纽约时报》,因而遭到撤回。然而,其核心原则仍然在保守主义政策圈子里广为流传。2002年9月,它终于找到一个公之于众的机会——代表着公众对美国例外论的理解发生了划时代的转变,"从自由派共识到保守派优势",这种划时代的转变在20世纪后半叶已经发生过一次[7]。这一在冷战后重新焕发活力、咄咄逼人的干涉主义政策的非正式表现形式是一系列军事娱乐产品。可以说,在9·11事件前后,没有什么比"汤姆·克兰西"品牌系列游戏更能代表军事娱乐和美国例外主义了。

在前两章中,我论证游戏的运行模态作为一个分析概念的实用性,并将其应用于理解现代战争的叙事主体是如何通过为第一人称军事射击游戏重新解释现代反暴作战,从而改善后现代战争的展示问题。这一章的研究方法类似,通过分析畅销的"汤姆·克兰西"系列游戏——《彩虹六号:维加斯》和《幽灵行动:尖锋战士》的角色和关卡设计,展现美国的高科技军事实力及先发制人的传统政治理念。"汤姆·克兰西"系列射击游戏使玩家成为一个虚拟的军队内部人员,在假想的危机中知道为何及如何战斗。先发制人战争的正当性来自游戏强化的角色和空间设计构造,生成一种偏执的游戏想象,增强21世纪初流行的新保守主义外交政策理念的正义性。

本文基于以下原因,选择这4款"汤姆·克兰西"系列游戏进行研究。首先,截至2015年,这4款射击游戏——《幽灵行动:尖锋战士》(2006年)、《幽灵行动:尖锋战士2》(2007年)、《彩虹六号:维加斯》(2006年)和《彩虹六号:维加斯2》(2008年)——销量均超过100万份,以传统游戏行业的标准来看,它们都属最畅销的游戏之列。其次,在2013年去世之前,汤姆·克兰西一直被认为是"军工复合体小说家翘楚"[8],他的作品集为我们提供了独特的切入点,帮助我们理解一个以技术细节和悬疑叙事闻名的多媒体品牌如何被改编成交互游戏。最后,"彩虹六号"系列和"幽灵行动"系列是基于小队作战的典型战术射击游戏,它们让玩家沉浸在反恐小队队长的角色中,即必须执行战术上合理的行动才能完成任务——实质上,将玩家作为虚拟反恐战争的军事解决方案。这些游戏显然受益于汤姆·克兰西畅销作家的地位。当然,它们也演示了当"正确"使用时,军事力量的效益。通过关注这些游戏的要求和允许我们做什么,以及它们如何展示美国士兵和受恐怖主义影响的国内环境,我们可以体验成为技术战士的霸权愉悦,以及这些选择如何影响和延续9·11之后美国例外论的保守主义观点。

汤姆·克兰西的品牌价值

尽管汤姆·克兰西以高投入著称,但他在以他的名字命名的游戏系列制作方面投入相对较少。[9] 准确来讲,是克兰西本人的影响力提高了游戏品牌层次。2008年,法国电子游戏出版巨头育碧软件公司买下了汤姆·克兰西的冠名权。这次收购包括所有与克兰西品牌相关的游戏、书籍和电影等跨媒体知识产权,为出版商节省了每年数百万美元的版税。[10](没有什么比把自己的名字卖给总部设在巴黎的跨国公司更能说明"美国例外论"的了。)克兰西的名字一直是育碧产品线的基石,也是其军事射击游戏的重要组成部分,《彩虹六号:围攻》和《全境封锁》分别于2015年和2016年发行。

然而,"汤姆·克兰西"系列游戏并不代表一种独特的个人观点或游戏玩法类型,而是一系列后现代战争中常见的重叠技术和政策信念。[11]"幽灵行动"系列和"彩虹六号"系列吹嘘的是一种高技术含量的军事化美国例外论,这是一种技术战争论调。在这一观点下,国防官员像管理企业或者科研一样控制战争。[12]这一论述强调对以技术为中心解决方案的日益依赖(如果不是盲目崇拜的话),例如军事事务革命[13]与将士兵转化为网络节点和实时信息网格的网络中心的武器技术[14]。这些尖端的、接近未来的信息和武器技术有望使特种部队更加灵活、致命和隐形。或者,用我们的及时生产文化的语言来说,它们是按需生产的毁灭[15]。根据《幽灵行动:尖锋战士》技术手册介绍,该游戏将玩家变成"未来战士"。该手册继续写道:"在充分掌握尖端军事技术的情况下,你是战场上最具杀伤力的高科技士兵。"[16]扮演电子士兵的愉悦感很大程度来源于克兰西科技惊悚小说中构建的政治背景。

克兰西的科技惊悚系列小说明显站在支持美国的立场[17]——悬疑叙事元素围绕着军事级别技术、这些技术的秘密用途,以及与之相关的"技术战争"或者把现代战争视为一种注重技术和经济的资本主义行为[18]——包含将军事主题小说改编成游戏形式的所有必要成分。例如,在克兰西的文学作品中,主人公(士兵和政府特工)特点鲜明,他们在技术支持下采取行动(战术作战)应对国际威胁(恐怖组织、流氓国家),这些强化了美国例外论的政治正义。一般来说,科技惊悚小说,尤其是克兰西的系列作品,通过对国防部公开和秘密项目的正面报道,支持高度军事化的美国例外主义。因此,大部分批判克兰西小说的笔墨都集中在作者摩尼教的道德世界观与他对战争技术和战略[19]的痴迷上。

早期克兰西作品的成功出版确立了这类科技惊悚小说的一般套路,而该系列随后推出的软件产品也固化了消费者的脑海中对汤姆·克兰西这个名字的期待。正如弗雷德里克·詹姆逊向我们指出的那样,"商品化将流派变成了品牌……并将社会契约转化为产品保障"。[20] "汤姆·克兰西"系列游戏的最终商业成功在冷战末期首次埋下伏笔。当时罗纳德·里根总统热情推崇克兰西1984年突破性的政治通俗小说《猎杀红色十月》。据《生活》杂志记者劳登·温赖特说,里根把这部小说称为"完美的故事",而且很可能因为它"让人从单调的生活现实中解脱出来——尽管它可能令人不安地接近里根每日情报简报[21]中的一些现实",而喜欢这部作品。针对总统阅读的逃避现实主义特点,温赖特也是首位批判性地评价克兰西小说吸引力的学者之一。这位记者敏锐地指出:

> 毫无疑问,这本书最大的卖点之一就是它的大团圆结局。不仅如此,它还重申了我们良好的自我感觉,以及我们比俄罗斯人优越的信念(后者通常是邪恶的)。从广义上讲,这本书就像好莱坞在二战期间制作的几十部欢乐的扬基电影一样,是一种宣传和讽刺的行为。这本小说没有问题;这只是一个并不高明的国旗包装行为。这部作品标榜美国人的聪明才智和勇气,它一定让包括总统在内的许多人花若干小时幻想最好的苏联指挥官也有(原文如此)缺陷,体验在一个充满秩序又危机四伏的世界,我们的敌人因为他们奴性地坚持残酷腐朽意识形态而先天不足,因此我们必然能战而胜之;这无疑让读者觉得安心。[22]

《猎杀红色十月》之后,克兰西出版的十几部小说在文学结构和思想倾向上都与之相似。在《新美国军国主义》一书中，安德鲁·巴塞维奇粗略概括了克兰西的全部作品：

> 在克兰西的任何一部小说中，国际秩序都兼具危险和威胁性，充斥着全副武装、意志坚定、威胁美国的敌人。美国人成功避免末日的唯一理由：迄今为止，美国军队及其情报机构的成员成功地消灭了这些威胁。典型的克兰西小说毫不掩饰地赞颂国家捍卫者的技能、荣誉、非凡技术才能和绝对正气……对于克兰西和其他科技惊悚小说作者来说，驳斥越南战争后随口扔向士兵的谣言是他们自定原则的一部分。[23]

毫不奇怪，克兰西的铁杆粉丝包括美国军方人员和保守派意见领袖。这种尊重在很大程度上是相互的，作者将里根总统、前众议院议长纽特·金里奇、退休将军科林·鲍威尔和奥利弗·诺斯上校列为他最喜爱和最鼓舞人心的公务员。[24]

克兰西最蔑视的是恐怖分子和国会，这一事实在他的许多作品中都有所反映。这位作者曾说过一句名言："国会里有许多人……宁愿抛弃军队也不愿拥抱自己的孩子。"[25]国会是美国最杰出的代表和协商政治机构，它经选举产生法定人数，其治理行动被其他政府主体制衡，并通过辩论加以考量；这一机构变成作者所青睐的爱国技术官僚和士兵果断行动的绊脚石。像他虚构的英雄一样，克兰西规避深思熟虑的行动。

克兰西通俗小说在商业上的成功迅速转移到电影和电子游戏中。因为和小说一样，这些作品讲述后现代战争的政治风险，并在视觉上展示国家支持的暴力（与《24小时》等电视剧类似）[26]。

然而"汤姆·克兰西"系列游戏将玩家定位在一个不同于电视/电影观众或通俗小说读者的体验空间中。游戏更进一步——它超越单独或串连的叙事和可视化——模拟击败最棘手的非国家恐怖分子所需要的战场战术。因此,"汤姆·克兰西"品牌的电子游戏是作者的科技惊悚世界最完整的文本实现,用户有充分的机会体验这些美国战争神话,扮演并成为正义的技术战士。就是说,这些游戏支持技术战争论和科技惊悚小说中常见的美国例外论,也能让玩家使用军事力量来确保全球政治霸权。这有力地说明,此类游戏广受欢迎,对于其发行商育碧公司而言,该品牌整体价值毋庸置疑。总而言之,"汤姆·克兰西"系列游戏在史上畅销榜排名第10,截至2008年5月全球销量超过5500万份,超过其他诸如"塞尔达传说"系列、"刺猬索尼克"系列和"生化危机"系列等经典游戏。[27]

《幽灵行动:尖锋战士》和《彩虹六号:维加斯》使用相似的故事和游戏设计,来描述后现代军事干预的政治必要性和战略效力。两者的故事发生在(发售时)近未来的美洲(前者故事发生于2013年,后者故事发生于2010年),它们的冲突都起源于墨西哥城的街道,最终在美国领土上结束。这两款游戏都将玩家定位在枪战中,使用第一人称(《彩虹六号:维加斯》)或第三人称(《幽灵行动:尖峰战士》)视角,在户外开阔地(《幽灵行动:尖峰战士》)或室内狭小空间(《彩虹六号:维加斯》)作战。反恐精英在这些场景配备武器和通信设备,挫败恐怖分子的阴谋。除了这些相似之处,这两个子系列游戏仍然有值得单独研究的独特元素。在"尖峰战士"系列游戏中,高科技武器和通信技术的正确使用方式,展示了国防部21世纪初将网络中心战视作对抗威胁最佳手段的观点。与此同时,"彩虹六号:维加斯"系列游戏则发生在美洲和美国的平民人口聚集区,强调先发制人政策的必要性,"在那里打击他们,所以我们不必在这里打击他们"。综上所述,这些"汤姆·克兰西"品牌战术射击游戏的游戏模态——再一次理解为文本叙事的载体和有关世界运作的信念——诠释先发制人、旨在保护美国公民免受恐怖袭击的技术型军事打击,确保9·11事件后泛美国稳定等行动的有效性和道德正确性。

我们如何战斗:《幽灵行动:尖峰战士》中技术例外论的可视化

在《幽灵行动:尖峰战士1》和《幽灵行动:尖峰战士2》中,玩家必须利用他们的技术优势和训练来战胜数量占优势的敌人,挫败恐怖分子对平民和国内基础设施的攻击。游戏操作手册简述其行动:

> 斯科特·米切尔(游戏玩家)领导的幽灵侦察小队擅长运用犀利的军事战术在看似绝境的军事形势中生存下来。在这种现实冲突中,"边机动,边射击"不是可行的选择,只会导致快速死亡。为了获胜,斯科特·米切尔必须充分利用他的战术优势。[28]

该系列首款游戏情节如下:2013年,尼加拉瓜叛军窃取了美国军事装备,并试图向墨西哥准军事部队转交装备。玩家的

第三章 打"好的"(先发制人)战争

精锐"幽灵"小队随即部署到墨西哥城。然而,在小队夺回装备前,他们重新回到墨西哥首都,在一场政变中拯救美国总统与加拿大总理,他们正在那里参加宣布《北美联合安全协议条约》的会议。(两部游戏中都有恐怖分子威胁破坏基础设施和谈判)加拿大总理在袭击中被杀,墨西哥总统在大使馆炸弹爆炸中受到致命伤,美国总统失踪——玩家48小时的任务由此展开,主要内容是拯救美国总统詹姆斯·巴兰坦,防止军事技术落入敌手,镇压墨西哥叛乱。按照类似的虚构故事脉络,第2部作品发生在一年后,米切尔的幽灵小队被派往华雷斯城,以清除落入叛军手中的一个核装置。叛军正利用该装置威胁摧毁美国的核防御体系。

"尖峰战士"系列游戏忠实于克兰西的科技惊悚史诗,它包含许多曲折的情节,回顾这些纠缠的故事线索,实际上十分枯燥乏味。更重要的是,纠结于故事的细节不能说明这些游戏的过人之处:展示技术战士和战场战术。这并不是说故事无关紧要;事实上,它们是构成上一章所讨论叙述主体性的必要组成部分。尽管如此,在这个案例里,研究玩家可控行为如何塑造一个富有吸引力的军事电子人物身份还是很有启发意义。

玩家作为相互关联的、网络中心武器系统的高技术决策节点,在"尖峰战士"的后冷战预期战场与敌人交战。游戏的视觉中心是"全能战士系统"界面,它向玩家提供其他全球信息网格设备收集的信息(图3.1)[29]。这款游戏的全能战士系统是美国陆军"未来部队战士"的虚构版本,"未来部队战士"本身是已停止的"未来作战系统项目"(2003—2009年)[30]的主要武器子系统。全能战士系统的主要特点包括拥有先进的通信和网络化光学设备,使幽灵小队成员与他们的指挥官保持联系;还有一个复杂

131

的平视显示器（HUD），它可以实时在现实世界的物体和地形上映射虚拟信息。玩家还可以远程控制一系列支援车辆（无人侦察机、装甲输送车等），提供额外的火力和侦察能力。"汤姆·克兰西"系列游戏理直气壮地吹嘘远程控制机器人和网络化部队的力量，而不像下一章所要探讨的游戏那样，质疑它们的运用。

克兰西式军事幻想中，信息和通信技术尤为重要，因为它们能够使玩家认同游戏中的反恐特工的身份认知（"尖峰战士"系列的斯科特·米切尔、《彩虹六号：维加斯》的洛根·凯勒和《彩虹六号：维加斯2》的毕晓普）。这种认知的核心是平视显示器。这种视觉设备充斥着数字标记和界面，使玩家能够作为一个网络中心武器系统内化敌对环境（图3.2）。在任何任务中，玩家都可能需要收集无人机、队友的摄像头，以及具备穿透性的武器所获的数据。一旦玩家成功地收集了必要的战场情报并部署幽灵小队，他或她便会与敌人展开战斗。[31]

"尖峰战士"系列游戏的科技惊悚叙事和潜在的技术战争观点，以及它们的计算规则和操作，夸张地展示出它们对未来作战人员及其武器效能的信念。克兰西的作品是一种意识形态上的安慰剂，它们假设一个技术支援下的小型班组拥有先进的政治理念，通过适当地运用高技术武器，能够克服相当大的障碍，取得具有挑战性的"压倒性"胜利。[32]小说、电影和游戏中的交火之所以可信，是因为它们与玩家所知的当代军事行动的先进技术的应用产生共鸣。正如乔治·布什的国务卿唐纳德·拉姆斯菲尔德在2003年所言："在21世纪，'超配力量'——部署一支小规模、高技术部队的能力——比'压倒性力量'更为重要。"[33]"汤姆·克兰西"品牌战争游戏之所以引人注目，正是因为它们的游戏模态

第三章 打"好的"(先发制人)战争

图 3.1 国防部试图通过联通作战系统保持信息优势的"全球信息网格"

图 3.2 《幽灵行动：尖峰战士 2》中，周边世界各类元素的实时信息提供给电子士兵

似乎真实地展示了武器系统和特种部队的战场战术。然而，这些游戏具有愉悦性，是因为玩家做出了关键选择——通过平视显示器调整行动，使用游戏中可用的战术——从而实现超水平的军事胜利，玩家变成了训练有素的克兰西式英雄。[34]

对于"汤姆·克兰西"品牌和其他9·11事件后射击游戏的战争愉悦感来说，电子武器系统至关重要。然而，幻想使用强力武器并不是什么新鲜事。文化历史学家布鲁斯·富兰克林撰文指出，美国人自19世纪晚期开始对超级武器的长期痴迷，以及科幻小说在外交政策和国防项目的发展中所起的形成作用，如何塑造了美国人的想象力。关于乔治·布什政府的新保守主义顾问和科幻作家之间的细微差别，富兰克林指出：

> 《新美国世纪》的作者们在描绘太空和网络空间（他们的报告称之为网络战）的战争画面时，变得欣喜若狂。在这一点上，很难将这份战略文件与罗伯特·海因莱因、本·博瓦、杰瑞·波奈尔、纽特·金里奇的极端军国主义和科技狂热科幻小说区分开来。科幻小说已经成为五角大楼21世纪战略愿景的一部分。[35]

这就是"汤姆·克兰西"品牌的文化传播价值。作者的品牌不仅是一个受到认可的市场招牌，它采用已获证明的通用模式并拥有消费者群体（尽管它也是）；它还规定游戏的设计思路，以及虚拟世界的设想和构建规则。克兰西的作品构成一种"特有样式"。从这一点上来看，它在毫不相关的视觉设计和政治想象等方面的影响显而易见——从武装力量电视招募广告到"新美国世纪"智库起草的外交政策研究项目。这一新保守主义智库包括许多布什政府高级官员,包括副总统迪克·切尼、国防部长唐纳德·拉姆斯菲尔德及国防部副部长保罗·沃尔福威茨等,他们支持在伊拉克实施政权更迭。[36]

如果说使用大规模杀伤性武器的幻想在美国文化中并不新鲜,那么这些游戏的创新之处在于,它们将玩家变成了一种难以置信的"智能"武器。玩家不是某种大规模杀伤性武器,而是一种精确毁灭性的武器。这些游戏中,玩家可以精确而具体地使用军事力量,并能够使用极端能力来克服相当大的障碍,从而吹嘘美国的技术例外主义。"汤姆·克兰西"品牌系列游戏中所展示的打击力量是国防生产逻辑的必然产物,在这种逻辑中,"定制式、信息化管理的部队配置"[37]已取代大规模军事存在。"尖峰战士"系列通过游戏体现了长期以来的一种幻想,即下一代技术将把美国人从战争所需的"鲜血和财富"过度损失中解放出来。兰迪·马丁描述了军用技术如何产生一个更精确、更致命的防务士兵:

现在,计算机建模的覆盖范围已经从控制核按钮的决策者扩展到战场上的士兵。这个网络将所有行动转化为可评估结果的信息流,从而整合人与物、机器与陆战队士兵、劳动力与资本。根据乔治·布什在伊拉克占领之初发表的一份声明,这一转型意味着未来军事行动"更少地取决于规模,更多地取决于机动性、快速性和易部署性,更大程度上依赖秘密行动、精确武器和信息技术"。[38]

利用计算机技术的精确干预,可以先发制人地保护一系列全球利益,同时避开"越南综合征"等政治冲击波,从这一角度出发，此类大规模的军事变革是合理的。技术例外主义通常被视作服务于美国政治例外主义。或者说，在21世纪，"我们为何而战"使得"我们如何作战"具有意义。

我们为何而战：在《彩虹六号：维加斯》中探索政治例外主义

> 如果巴基斯坦科学家有百分之一的可能帮助基地组织制造或发展核武器，我们考虑回应时就把它视为一种必然⋯⋯这与分析无关⋯⋯而是我们的反应。
>
> ——美国前副总统迪克·切尼[39]

"尖峰战士"系列游戏将玩家带入未来反恐战士在技术支持下行动的想象体验，而《彩虹六号：维加斯》则以有力的叙述和空间概念展示了9·11事件后，这些类型的士兵及他们的先发制人行动十分必要。"维加斯"系列不同于"尖峰战士"系列，它通过第一人称视角呈现3D模式（当玩家找到掩护时，游戏会切换到第三人称视角），枪战主要发生在室内空间，而不是露天场所。更重要的是，正如标题所示，游戏的重点是在美国本土打击恐怖分子。第一部"维加斯"游戏的封绘艺术这样宣传该作：

> 拉斯维加斯。世界娱乐之都。每天都有成千上万游客前来游玩。成千上万的人称之为家。但在这一天，发生了非常恐怖的事件。拉斯维加斯大道已经成为战场。弗里蒙特街不

再安全。赌场也被一个接一个地炸毁。在这一天,彩虹六号是这个城市最后的希望。[40]

在这一作品中,恐怖分子以平民和国内基础设施为目标,而玩家有机会从恐怖分子手中拯救家园。并且,游戏采用类似于"尖峰战士"未来武器系统的正面框架方式,制造了一个恐怖的"故事地图"。

基于认知地图的概念,游戏学者迈克尔·尼切提出了"故事地图"概念,来解释玩家如何体验虚拟空间[41]。认知地图是对虚构或真实空间特征或维度的心理解释,而尼切的故事地图则解释了当玩家同时体验沉浸式和叙述性元素时,他们如何理解虚拟领域。尼切认为,"与主要为定位而产生的认知地图不同,故事地图不是为了准确理解几何空间,而是用来准确理解戏剧及其场景的空间化;它是戏剧、电影和互动空间的综合导航"。[42]因此,故事地图既不是游戏空间的"客观"呈现,也不是游戏空间的主要内容。相反,故事地图是一个体验性的综合体,它在游戏的架构设计中引导玩家,同时使得连接上下文并推动玩家进行空间探索的故事和其他戏剧性的元素具有意义。

"维加斯"系列拥有一个明确的焦虑性故事地图,它引导玩家在恐惧中前行,前往一个被组织良好、资金充足的恐怖组织蹂躏的美国主要城市。在游戏的近未来故事中,跨国恐怖分子计划摧毁诸如内华达州大坝(胡佛大坝)等国内基础设施(《彩虹六号:维加斯》),并向美国境内走私化学武器(《彩虹六号:维加斯2》)。游戏的恐怖空间展示了一系列未能应对潜在威胁——前副总统迪克·切尼著名的"百分之一主义"最为清晰地阐述了这类威胁——的事件教训或模拟事件。记者罗恩·苏斯金德这样描述这位前副总统对9·11后国家安全的看法：

> 一个无赖国家可能会把一件噩梦般的武器或者几磅浓缩铀交给一个非国家行为体——跨国组织——如果可以确保武器原产国的隐蔽性。为什么不呢？让恐怖分子干一些秘密资助者自己永远也不会干的肮脏勾当，但这也许是他们的梦想：让美国屈服。切尼的回答是：即使这样的事情仅有百分之一的可能，我们也必须按照百分之百的概率去应对。[43]

"维加斯"系列的任务中，可探索民用空间包括市中心街道、华丽的赌场、高档酒店、娱乐和会议中心。玩家对这些空间进行战术搜索，包含人类过往历史中的可怕片段——电话铃声、血溅的隔间墙壁、逃离的平民和惊恐的人质。这些片段产生了一张恐怖的故事地图，它立刻反映战术射击游戏的程序指令和科技惊悚的叙述元素，并控诉任何怀疑快速应对威胁和先发制人必要性的政策。

研究游戏空间和故事地图如何说明游戏模态是困难的，这至少有两方面原因。首先，正如尼切指出的，我们用来解释游戏空间的描述性隐喻并非没有语言障碍。[44] "沙箱" "操场"或"花园"并不是毫无意义的游戏标签，它们更准确地描述了一个空间的体验质量，而不是指游戏内供移动的结构。例如，商业巨制《侠盗猎车手4》（2008年）就是一款"沙箱"动作冒险游戏，玩家可以自由地进行不同的动作：完成基于情节的任务，在城市中驾车造成破坏，或者作为游客和平观光。游戏的合成城市被称为"虚拟沙箱"，它提供了多种游戏选择，并允许玩家相对自由地进行（或不进行）故事活动。描述游戏空间布局的第二个困难是，虚拟世界中，诸多展示性元素共同引导玩家。就像电影和电视中的连续性剪辑一样，"汤姆·克兰西"品牌系列游戏中的叙事空间隐藏着精心布置的技巧。(当然，正是因为这种复杂的层次感，这些游戏才能够被当作印象派故事地图来体验。)

控制克兰西"幽灵行动"系列和"彩虹六号"系列射击游戏的空间结构与竞技场非常相似。这两个系列的游戏都将反恐小组放置在一些潜入点上——"幽灵行动"通常位于露天，而"彩虹六号"则是一个多层的综合建筑——玩家任务是在前往撤离点的途中完成目标。尼切指出，"竞技场的空间布局支持战斗、舞蹈或演讲等需要技术的活动，且通常需要与他人合作或竞争"。[45]玩家对拉斯维加斯的住宅和商业建筑的战术探索将都市变成一系列迷你竞技场，玩家可以在这里反复测试自己的装备和技巧，以对抗敌人。

"尖峰战士"和"维加斯"的竞技场式重复交火将它们与其他更为线性或轨迹构造的军事射击游戏区分开来。例如，"使命召唤"系列游戏提供的环境非常局限，玩家被引导到相对狭窄的路径上。这些引导结构强调了精确射击和快速移动的要求，玩家在这些游戏战争中的体验也因此不同。通过深入研究《彩虹六号：维加斯2》的戏剧性时刻，我们可以清楚地看到，克兰西式故事地图是如何通过将叙事行为与虚拟空间结合起来，从而修成正果。

在《彩虹六号：维加斯2》中，玩家扮演毕晓普[46]，一个彩虹六号的老兵。他在恐怖分子占领拉斯维加斯后重操旧业，奋起反击。玩家带领一个三人小队在城市内外进行一系列的战斗，杀死恐怖分子，拆除炸弹，解救人质。在游戏进行一半时，毕晓普的队伍追踪一枚化学炸弹到霍金斯游乐场，一个大型的综合健身中心。然后，玩家在办公室、体育馆和庭院中杀出一条血路。当毕晓普小队逼近霍金斯体育场时，恐怖分子引爆化学武器，杀死了关在里面尚未谋面的平民。玩家来得太晚，只能看着致命毒气从锁着的门中泄漏出来，并聆听视野外的尖叫。就像上一章描述的《使命召唤4：现代战争》中牺牲式公民认知和游戏麻痹时刻一样，因为空间探索受限，且结局无法改变，这一噩梦场景正是游戏中最具力量的事件之一。[47] 这忠于科技惊悚片中的政治考量，玩家见证了推迟干预的恐怖。

另一个引人注目的场景紧随体育场惨案之后。毕晓普小队在该市一个居民区追捕恐怖分子头目米格尔·卡布雷罗。玩家的队伍在民宅后院快速移动，杀死帮助卡布雷罗逃跑的恐怖分子。这些中产阶级的后院已经变成了战术级战斗的实际战场。毕晓普警告队员："注意火力。不要向房子开火。"（然而，射击房屋不像杀害平民那样受罚。事实上，射击户外烧烤架的丙烷罐来伤害附近的敌人，具有独特的战术优势。）这一关的设计中点缀着一系列的家居用品，包括烤架、自行车、花盆等，而音轨则包含视野外的狗叫和婴儿哭闹的声音。"维加斯"系列故事地图坚持认为，如果想取得胜利，我们必须允许特种部队在他们所在的任何地方完成反恐战争，包括我们的后院和露台。

在《彩虹六号：维加斯2》中，还有一个关卡将反恐战争作为职业游戏展示，并将玩家定位为未来可能的参与者。毕晓普小队在拉斯维加斯国际会议中心追踪恐怖分子时，经过了一个毫无疑问是游戏中最具自我参照意义的地方——一个举办美国竞技游戏联盟（MLG）赛事的展厅。MLG 是一个专业的视频游戏联盟，玩家在其中竞逐现金奖励和专业赞助。在未经训练的人看来，展览厅可能只是一个摆满桌子和电脑的房间。然而，专门的游戏玩家和竞技电子运动爱好者将发现，这些联网电脑是为高速游戏比赛而设计的，而带有 MLG 广告的展览室看起来就像一个正式的比赛场地。《彩虹六号：维加斯 2》的发行商育碧在咨询了美国竞技游戏联盟（MLG）后，制作了这款游戏的多人游戏地图，联盟随后将《彩虹六号：维加斯 2》列为比赛游戏。[48] 总而言之，在这个"镜子大厅"的游戏空间中，现实世界中的竞技玩家扮演的是克兰西世界中的士兵，而这些虚拟角色实际上是在一个展示竞技游戏竞赛的房间中战斗。

就像《使命召唤：现代战争 2》的博物馆奖励关卡一样，会议中心自我参照式的 MLG 房间模糊展示 9·11 后射击游戏的模态特点（图 3.3）。然而，还有别的事情需要说明。MLG 关卡不仅是联盟的植入式广告，它还把玩家当作潜在战士。通过在一个支持这些比赛的房间里设置一场枪战，游戏将这些玩家视作那些可能支持克兰西科技惊悚意识形态的人，因为他们展示了在一系列空间（包括电子竞技游戏室）中实施军事战术的技巧。

"维加斯"系列游戏的故事地图将先发制人的军事干预视作9·11 事件后的必然，并支持诸如切尼"百分之一主义"的干涉主义政策。体育馆、游戏室，甚至我们自己的后院——"维加斯"系列游戏告诉我们，国内任何空间都不可能免受恐怖分子及其大规模杀伤性武器的袭击。相对应地，游戏坚持认为，只要正确运用战术，得到适当技术支持，美国军队可以保卫任何地方。此

图 3.3　主办美国竞技游戏联盟活动的展览厅

外,"维加斯"的游戏模态向狂热玩家传达这样的信息:他们是唯一能够参与未来反恐战争的人,因为他们已经模拟体验过先发制人战争的效用,能够证明美国例外论的优点。

必须先发制人地捍卫社会:作为游戏例外论的克兰西式游戏

> 我们认识到,美国决不能忽视正在积聚的威胁。面对明显的危险预兆,我们不能坐以待毙——坐等冒烟的枪口或者蘑菇云升起。
>
> ——乔治·布什总统,2002 年 10 月 7 日 [49]

如果我们获得关于高价值恐怖分子的行动性情报，而巴基斯坦总统穆沙拉夫不采取行动，那我们就会采取行动。

——奥巴马，2007年8月1日[50]

本章和最后一章中研究的游戏不仅局限于可视化叙述美国发动所谓"先发制人战争"的理由。这些游戏展示如何发动后现代冲突，以及此类行动作为9·11后外交政策理念的逻辑延伸。"尖峰战士"系列和"维加斯"系列游戏展示了先进技术。通过这些技术，训练有素的士兵可以成为技术战士精英，在未来的战场上取得胜利，从而确保美国例外论的政治承诺。虽然角色、设置和机制是维持该系列商业吸引力的关键组成元素，但真正让这些游戏与众不同的是它们补充了克兰西的科技惊悚片类型，让玩家能够延续在他的书和电影中流行的美国例外主义。玩家成为实践军事"例外状态"的技术战士[51]。

克兰西系列游戏的霸权愉悦感与成为"例外的"游戏士兵密切相关。克兰西的战士在武器系统、通信技术和技能设置方面都是例外的，在法律上也属例外。克兰西的射击游戏令人愉悦，因为玩家可以在政府无法正式承认，但赋予有限合法性的"黑行动"任务中使用致命的武器。例如，2011年，美国海军海豹突击队第6分队借助夜色刺杀奥萨马·本·拉登，这一行动具有法律豁免权。然而，"汤姆·克兰西"品牌和类似设计的军事游戏并没有设置游戏难题，去引导人们关注例外论的法律、政治和伦理矛盾状态，而是陶醉于实施超越法律的独断行为来保护国家民主法治的乐趣之中。

然而，例外并不是一种无限制的特权。即使是相当主流的射击游戏也存在文本裂缝,展示出对军事娱乐文化政治观点间接和直接的批评。最近受到批判的是已成为新世纪战争缩影的机器人体系:无人车和无人机。尽管这些远程操纵设备可以有效地实施侦察和清除任务,但它们是例外论的武器,引发诸多法律和伦理方面的担忧——这些担忧在9·11之后的各种战争游戏中屡屡出现。

注　释

1. 布什，《布什的国家安全战略》。
2. 詹姆逊，《政治无意识》，第 9 页。
3. 韦伯，《机会的目标》。
4. 参见麦克坎斯基的《美国例外论和越南遗产》、霍奇森的《美国例外论的神话》。

    美国例外论有着悠久的历史，有一些不同的定义。最普遍的说法是"美国是一个非凡的国家，在人类历史上具有特殊作用；不仅独特，而且优于其他国家……美国例外论的信念形成美国民族认同与美国民族主义的一个核心要素"（麦克坎斯基，《美国例外论》，第 1 页）。此外，美国例外论的论述有两个主导主题：第一个是理想主义的，支持"山巅之城"；而第二个则是由"天定命运"和新世界创造力量指引的更激进、更广阔的国家（出处同上，第 2 页）。

5. 韦伯，《机会的目标》，第 94 页。
6. 出处同上，第 96 页。
7. 霍奇森，《美国例外论的神话》，第 100 页。
8. 托马斯，《回顾清楚而现实的危险》。
9. 这个规则例外之处在于他与红色风暴娱乐公司在 1998 年共同制作了第一款《彩虹六号》游戏。参见《红色风暴娱乐公司的彩虹六号》），第 252 页。
10. 出版巨头选择永久收购所有包含"汤姆·克兰西"名字在内的知识产权，包括所有相关的未来用于电子游戏和辅助产品（包括相关书籍）的电影等商业产品制作。"因为公司预计它会对育碧的运营产生积极影响，年收入至少增加 500 万欧元"。参见特曼的《育碧公司买下汤姆·克兰西名字的知识产权》。
11. 如前言所述，"幽灵行动"系列和"彩虹六号"系列是基于分队的战术射击游戏；《细胞分裂》游戏涉及单独的秘密行动和间谍活动；《终结战争》（2009 年）是即时战略游戏，《鹰击长空》（2009 年）是空袭游戏。也就是说，克兰西的许多作品有着相似的情节和角色拯救美国。作为反恐小组的一员进行近距离作战，游戏体验与进行非单人战争策略游戏不同，或相异于从飞机上投射强力弹药打击地面目标。这些不同的机制和故事构建用户交互模式，并直接塑造这些游戏模态。
12. 吉布森，《完美的战争》。
13. 格里，《后现代战争》；马丁，《冷漠帝国》。
14. 参见：阿奎拉和洛菲迪特，《网络与网络战》；莫里斯，《军事数字化设计》；斯米克,《未来战争,对抗未来》;埃,《极致改造》。

15. 马丁,《冷漠帝国》,第 77 页。20 世纪 90 年代,马丁解释了军事采购和军事事务革命是如何体现"新经济"特征,"然而,军事革命吹嘘要把劳动力从战场上撤走,为大量裁减现役人员提供借口,而不是驱动新经济的外包和裁员。1987 年到 1999 年,陆军裁军 30 多万人,海军超过 20 万,空军近 25 万。20 世纪 90 年代裁撤 6 个师(从 18 个裁到 12 个),并损失一个已知的假想敌。随后,转变计划,使用一支集中的力量进行任何种类的干预"(同上)。

16. 《幽灵行动:尖锋战士》操作手册,第 3 页。

17. 加森提供了一个好的体裁描述:"科技惊悚片通常是一种军事小说,玩家是士兵、水手、飞行员。这种小说通过次要背景起到了展示武器装备和战争的优势和预测发展的效果。实际的战争,可能的战争,或避免的战争,在科技惊悚小说里被描述出来……大多数科技惊悚小说中的危机和解决方案都是机械的。人们可能会犯错误,但情节的重点是武器装备而不是人类的局限。科技惊悚小说中的'好'角色被清晰地刻画出来,在军事小说中,他们站在'正确'的一边,还是超级爱国者。"(加森,《汤姆·克兰西》,第 36 页)

18. 参见吉布森的《完美的战争》。

19. 参见:希克森,《升起的红色风暴》;德尔珈朵,《技术战争刺激和科技恐惧》;希尔,《汤姆·克兰西,独裁的语言》。

    沃尔特·希克森认为克兰西的小说是在鼓吹"国家安全崇拜"。这就假定,美国最好由这样一个行政部门来服务,利用包括颠覆性的、秘密的、有违宪法的等一切必要手段控制外交政策(只要不是明显非法的行动)。(《升起的红色风暴》,605—606 页。)德尔珈朵强调了类似观点,特别是在克兰西的作品中推崇政府权力运用——CIA 让人"消失"的能力,展示其文本的主要力量和快乐——他们通过使东西消失的能力展示物质力量(《技术战争刺激》,127—128 页)。安德鲁·希尔认为克兰西的作品和类似的科技惊悚小说,如电视剧《24 小时》,在打击和预防美国本土恐怖主义的借口下,为政府酷刑和国内独裁主义背书。希尔指出,"在汤姆·克兰西的小说中,读者通过技术语言进入了军队和情报机构的'内部世界';《24 小时》则通过视觉和字面的正式技术战争语言,展现反恐怖战争是高科技信息战争"(《独裁的语言》,第 136 页)。

20. 布坎南,《弗雷德里克·詹姆森》,第 74 页。

21. 温赖特,《适合总统的幻想》,第 7 页。

22. 同上。

23. 巴塞维奇,《新美国军国主义》,第 117 页。

24. 加森,《汤姆·克兰西》,第 8 页。

25. 库珀,《采访汤姆·克兰西》。

26. 马修·希尔发现克兰西笔下的英雄和《24 小时》的杰克·鲍尔有很多相似。

希尔指出，"在汤姆·克兰西的小说和《24小时》中，我们看到两个关于战争的强大神话的汇合：美国的边疆英雄、独立、创新、努力、坚忍、孤立、杀手，等等。关于技术战争，战争的定义是高科技的科学生产流程……这些相辅相成的神话在这些文本中创造了一种技术战争崇拜，那些拥有'正确'知识和'正确'技术，并能'正确'使用他们的人，被提升到'美国文化神圣秩序的守护者'的绝对正确地位"（《独裁的语言》，第140页）。

27. 马丁，《汤姆·克兰西品牌系列游戏的销量超过5500万套》。
28. 《汤姆·克兰西的〈幽灵行动：尖锋战士〉（Xbox 360版）》操作手册，第3页。
29. 图3.1来源：美国联邦政府，全球信息网格运行视图，插图，2008年4月2日，http://commons.wiki-media.org/wiki/File:Gig_ov1.jpg。
30. 2009年，国防部长罗伯特·盖茨叫停1600亿美元的未来战斗系统项目，其技术被重新用于陆军领域的现代化；参见奥斯本的《未来战斗系统停止，项目继续》。盖茨基于两方面的权衡做出这一决定，一方面是推动军事革命为代表的项目，准备未来战争；另一方面是开展今天的战争。这是为改变五角大楼的工作重心而做出务实努力的一部分。参见沙克特曼的《夺回五角大楼》，第116页。
31. "尖峰战士"也通过HUD而不是依靠离散的"过场动画"或者预渲染间隙序列电影来推进剧情，使玩家能从士兵的角度，深深地沉浸在那个世界中。
32. 汤姆逊正确地指出，"在电脑游戏中，英雄故事的发展是从弱者到强者，以及他们对战争的再现。因此，它反映了美国真正军事政策的发展和美国的作战方式"（《从弱者到强者》，第96页）。
33. 同上，第97页。
34. 在角色扮演中玩家身份的研究中，扎克·瓦格纳认为，做出选择是理解玩家与电子游戏及其虚拟角色互动的关键情感组成部分。他点明了玩家在游戏中的两种主要视角——代理人和角色——的关键区别。玩家可以根据外观或功能修改角色，但不能改变代理人（例如游戏《吃豆人》《蛙人》）。克兰西系列游戏的战士：米切尔、凯勒和毕晓普都是角色，因为他们可以装备一系列的武器，并可与不同水平的队友协同。反过来，这些个性化的选择将指导并塑造玩家处理任务和探索游戏空间的方式。参见瓦格纳，《我的角色，我的自我》。
35. 富兰克林，《战争之星》，第219页。
36. 例如，空军的"这不是科幻小说"活动，融合了高仿真计算机生成世界与人类操作员和士兵们的真实镜头，故意混淆现实和虚拟。广告暗示空军目前的作战技术更加先进，比实际情况更接近未来的电子游戏设备。参见：http://www.youtube.com/watch?v=fiB3vrhPDNs&feature=related;http://www.youtube.com/watch?v=RfAHw1kTpvY&feature=channel。
37. 马丁，《冷漠帝国》，第77页。
38. 同上，第76页。

39. 苏斯金德，《百分之一主义》，第 62 页。
40. 《彩虹六号：维加斯》(Xbox 360 版本)
41. 尼切，《电子游戏空间》，227—232 页。
42. 同上，第 230 页。
43. 苏斯金德，《百分之一主义》，第 65 页。
44. 尼切，《电子游戏空间》，第 11 章。
45. 同上，第 183 页。
46. 毕晓普没有明确的名字，因为游戏的开始由玩家选择角色的性别。
47. 这意味着无论玩家玩得多好，人质都无法得救。
48. 德·马托斯，《〈彩虹六号：维加斯 2〉地图升级》。
49. 乔治·布什，《布什警告伊拉克解除武装》。
50. 霍兰德，《奥巴马在巴基斯坦问题上的强硬言论》。
51. 在政治理论中，"例外状态"指的是政治主体在保护公共利益的幌子下，侵犯、无视、超越法制界限的能力。与它的名字相反，例外状态绝非偶然，反而正日趋司空见惯；它是"当代政府的主导范式"（阿甘本，《例外状态》，第 2 页）。对于一个特定政权，例外状态不只关注什么是合法，什么是不合法，也关注法律本身最基本的定义和操作限制问题——例如，行政、立法和司法部门之间的区别——和政府非法或越界行为的明显程度（例如，非常规引渡和拘留，所谓"强化审讯技术"和 2001 年 10 月份生效的美国爱国者法案。意大利政治哲学家乔治·阿甘本指出："例外状态不是独裁……而是一个缺失法律的空间，一个所有法律决定——最重要的，在公共和私人之间的区别——失效的反常社会领域（出处同上，第 50 页）。

第4章

暗夜中的无人机：错位的游戏战争视角

> 萨莎和玛利亚是他们的超级粉丝。但是小伙子们，别乱想。送你们几个字：捕食者无人机。你们永远发现不了它。
>
> ——诺贝尔和平奖获得者贝拉克·奥巴马总统在2010年白宫记者晚宴上针对乔纳森兄弟开的玩笑。[1]

> 发明帆船或者汽船，就是发明了船只残骸。发明火车，就是发明了出轨事故。发明家庭汽车，就是制造了高速公路的堵车。
>
> ——文化评论家和哲学家保罗·威里利欧[2]

引　言

　　这张照片以"形势室"的简单名字广为人知。它由雅虎网络相册白宫官方账号在美国东部时间 2011 年 5 月 2 日公布。很快，它便成为网络平台上浏览量最高的图片。在这个标志性画面中，贝拉克·奥巴马总统正和他的幕僚一起观看无人机现场直播针对奥萨马·本·拉登在巴基斯坦阿布塔巴德秘密住处的夜间突击行动。利亚姆·肯尼迪老道细致地解读了图片，他指出："在'形势室'图像中，全国都目睹了政府如何运用自己的暴力力量。这种国家暴力以震慑的方式实行，通过使用无人机和其他类型的远程'外科手术'打击，高科技侵入别国领土。"[3] 从报纸到有线新闻节目和社交媒体，这张照片在新旧媒体中都广受欢迎——再加上它是美国头号公敌被消灭的部分证据——毫不奇怪它被无数次转载，并迅速成为自己的网络文化基因。[4]

　　这张图片的某个修改版本在游戏博客更受欢迎。修改版中，总统手持游戏手柄，前台笔记本电脑屏幕上是"使命召唤"的游戏画面（图 4.1）。[5] 这类游戏向的修改，以及其他类似的恶搞，都暗示着原始版本的真实性毋庸置疑。问题不在于"形势室"是某种程度上的伪作，而是奥巴马政府公开这一图片是基于清晰算计的惯伎。肯尼迪又指出："这种有关透明度的错觉——它是图片对权力运作标志性渲染的一个重要组成部分——需要加以抵制和揭穿。对于当下，该图像是透明的；但这种想法忽略了它被各种方式呈现或编辑（而不是伪造）的可能。"[6] 当然，这种关切应该适用于任何政府出于公共关系目的而批准公布的图片。对于一个经常吹捧所谓政治透明度的政府来说，这也许特别重要。然而,"形势室"形象的游戏变形版本反映了一个令人不安的事实,即有关军用无人机的争议性使用。布什政府后期以来,这一话题便成为军事游戏制作人的争论焦点,并在奥巴马执政期间显得尤其突出。

这些飞行监视或武器系统有许多名称和缩写,如无人飞行器(UAV)、遥控飞行器(RPV)、遥控驾驶器(RPA)或无人空中系统(UAS),但它们通常被称为"无人机"。各国政府或私营公司使用这类装备达成越来越多的战术和战略目的。例如,他们支援部署在伊拉克和阿富汗的部队行动;"掠夺者"和"收割者"武装无人机能够装备地狱火导弹,可以并且已经杀死也门、索马里和巴基斯坦的恐怖分子嫌疑人;无人机被用来监视贩毒集团的活动,收集有关自然灾害的环境信息;它们还被用来监视美国-

图 4.1 "形势室"照片众多修改版本之一,奥巴马总统拿着游戏手柄,笔记本屏幕上显示"使命召唤"的游戏画面

墨西哥边境的偷渡。正如这些例子所表明的那样，在官方战争剧场和狭小的"安全景观"中，无人机可以得到应用。[7]

无论最后被贴上什么标签，无人机无疑是后现代战争最具象征意义的技术。这不仅因为基于机器人的作战逻辑赋予其高超的远程行动能力，还因为它挑战政治、道德和法律界限。正是这种摇摆不定的紧张关系，同时预示着无人机的巨大优势和误用的可怕后果。游戏化的"形势室"图片说明了这一点。奥巴马玩战争游戏的明显虚构形象，表明了政府不受控制使用先进武器这一令人不安的现实。肯尼迪总结道：

> 换句话说，在执行先发制人暴力原则的军事和政治权力网络中，"形势室"是一个关键节点。它意味着军事化视野的延伸（"总统的眼睛"）超出了大多数公民所能获得的技术（然而，美国游戏、电视和电影的流行文化模仿这种视野）。这是一种全知的地缘政治视角，可以远距离监视、瞄准和摧毁"对手"。这种面向全球、无所不在的监视使得远距离先发制人战争、无人机定点清除，以及其他形式的所谓外科手术打击成为可能。这种情况下，这幅图像展示了美国不受惩罚地扩大暴力的国家力量。在无人机时代，这确实是战争的标志性形象。[8]

在这一章中，我研究了2012年发布的3款视频游戏中无人机和类无人机技术：《使命召唤：黑色行动2》《特殊行动：一线生机》和《无人驾驶》。与前几章不同的是，本章研究的游戏不一定是畅销作品。第一款游戏，《使命召唤：黑色行动2》，无疑轰动一时，在多个游戏平台上发售超过2500万份。第二款游戏，《特殊行动：一线生机》，在多个平台毁誉参半，销售纪录近100万份。最后，《无人驾驶》是一款非商业性的免费独立游戏。[9]我们将《特殊行动：一线生机》《无人驾驶》纳入讨论是因为他们像《使命召唤：黑色行动2》一样，内容明确涉及无人机。这3部作品都表达了对这些机器人系统军事使用的关切。更准确地说，借用大卫·黑斯廷斯·邓恩的准确术语，这3款游戏都以叙事和互动的方式，将无人机作为"颠覆性技术"[10]。无人机作为叙事元素的加入，打破了许多军事娱乐作品中常见的战争神话。例如，它们打破了美国军事技术至高无上的神话（《使命召唤：黑色行动2》）；打破无人机无所不察的神话（《特殊行动：一线生机》）；推翻了高贵战士的神话（《无人驾驶》）。换言之，这些游戏通过营造一种不适感，来破坏传统射击游戏的互动乐趣。这种不适感会引起人们对使用无人机而感到不安的道德影响的关注。

在评估这些游戏如何处理无人机之前，有必要回顾奥巴马总统任期内无人机使用量急剧上升的历史，并同步回顾无人机战争概念化和理论化的关键文献。这一简短的迂回研究将解释奥巴马操纵游戏手柄的形象令人不安的原因。此外，这将证明，就像本文前述研究的军事射击游戏的虚构一样，那些显而易见的虚构画面深入揭示了高端武器技术和不受约束的行政特权动态混合的真相。

奥巴马的机器人反恐战争

英语中，无人机一词来源于其飞行时单调的嗡嗡声。第一次世界大战以来，军队就一直在使用无人机：它最开始被用于防空演习，后来的越南战争中，无人机被用于战场侦察；而后，在 1999 年北约科索沃战争中，无人机首次装备杀伤性弹药。[11] 然而，9·11 事件才真正触发了美国军方延续至今的前所未有的机器人生产和使用热潮：美国军方控制着最大的机器人部队，包括 11000 余架无人机和 12000 余台地面机器人。[12] 新世纪以来自动化技术的广泛应用部分归因于国防部长唐纳德·拉姆斯菲尔德的网络中心"军事革命"，旨在使武装部队更加灵活地应对各种潜在的全球威胁。（有关拉姆斯菲尔德军事革命的更多信息，请参阅第 3 章。）尽管布什政府在战后占领阶段的失败，很大程度上使执政的新保守主义有关"传播民主"和"国家建设"的政策信念丧失信誉，但无人机——作为一种侦察打击装备——在失利战事和领导更迭中幸存下来。据《战争连线》一书作者彼得·W.辛格的说法，无人机之所以经久不衰，是因为这项技术从根本上"颠覆"了作战样式。[13] 辛格指出：

> 无论是长弓、枪、飞机，甚至是原子弹，其引发改变的实质都是新武器及其使用方式改变了战争的速度、距离或破坏力。相比之下，无人系统引入战场不仅改变了我们的作战方式，而且首次改变了最基本层面的战斗主体。它改变了战争的根源，而不是战争的属性。[14]

多个机构和行政部门已完全接受这一转变，无人机的庞大数量便也不足为奇。"2002 年到 2010 年，国防部的无人机数量增加了 40 多倍……在 2012 年政府削减赤字的高峰期，美国纳税人为中央情报局和国土安全部的无人机预算支出 39 亿美元。"[15] 与此同时，空军将无人机飞行时间增加了3100%，无人机全天候巡逻每天可获取近1500小时的移动视频和静止图像。[16]

尽管无人机形状和尺寸各异，但在我们大多数人心目中，它呈现出武装无人机的锐利形状，如MQ-1"捕食者"和MQ-9"收割者"[17]。这些机器主导了公众认知，它们可以支援地面部队作战、监视可疑活动或进行定点清除，因此能最生动地展示美国军事力量。[18]

奥巴马倚重无人机的反恐政策一直难以获得国内支持者和国际盟友的背书。一方面，关闭古巴关塔那摩监狱是优先事项，某种程度上，奥巴马绕开了正常的法律渠道来关闭监狱（尽管在他最初宣布关闭监狱5年后，这项工作的进展仍然困难重重）。另一方面，奥巴马已经实施远超[19]他共和党前任的无人载具项目——诸如中央情报局和联合特种作战司令部（JSOC）等秘密组织使用该武器——而几乎没有法律监督。[20]中情局和联合特种作战司令部通常不说明行动地点，也不公布诸如目标人物、杀伤对象等行动细节。他们只是简单宣称他们不想用信息"资敌"，以此作借口不进行任何解释。[21]

尽管如此，我们还是知道一些数字。例如，2007年，奥巴马就职之前，空军报告说进行了74次无人机打击；2012年，奥巴马第二任期即将开始的时候，这个数字已经跃升到333次。当部队正从伊拉克撤离并重新部署至阿富汗，无人机活动强度也大幅提升：2012年，仅空军平均一个月就组织33次无人机打击，多于阿富汗前十几年战争的任何时期。[22]

尽管中情局局长莱昂·帕内塔和他的前任迈克尔·海登一直对情报机构使用武装无人机的情况守口如瓶，但众所周知，他们严重倚赖这些无人机。帕内塔拒绝透露具体细节,只是说:"非常坦率地讲,这是唯一可以对抗或破坏基地组织领导层的策略。"[23]

很容易理解奥巴马和中情局对武装无人机的情有独钟,因为在 2008 年,20 个"高价值"武装领导人目标中,11 个死于无人机打击。[24] 4 年后,中情局推动其无人机力量的进一步扩张,正如无人机评论家和社会正义运动组织"粉红代码"的共同创始人美狄亚·本杰明指出,"中情局的十年改革,就是从 9·11 前的间谍机构转变为准军事力量"[25]。

当然,中情局并不是唯一一个推动增加军事机器人应用的机构。许多其他政府和军事分支机构也在寻求扩大无人力量,有关生产订单不断增加,基础设施也有所扩展,以适应规模膨胀的机器人部队。正如尼克·图尔斯在《帝国变脸》一书中记述的那样,全球范围内,至少有 60 个基地对美国无人机作战不可或缺。[26] 更多的信息如下:

> 在坎大哈空军基地,无人机作战的新情报设施与专门负责相关行动控制和维护的建筑规模近似。该建筑可容纳 180 人。据估计,这 2 座建筑的总价格高达 500 万美元,将成为空军和中情局作战的一部分,可保障 MQ-1"捕食者"及其更先进、装备更重的后续型 MQ-9"收割者"无人机作战。[27]

这项技术性基础设施得到包括像臭名昭著的黑水保安公司等私人军事承包商在内的商业资源补充。美国调查记者杰里米·斯卡希尔报道说,根据美国军事情报机构内部的消息来源,黑水公司主要为中情局和联合特种作战司令部运行无人机项目。此外,对于无人机袭击造成的大多数平民死亡，黑水公司都难辞其咎。特别是，对于公司及其行动底线，"黑水"不用担心政府的指责；较之于容易成为众矢之的的中情局和特种作战司令部，黑水更不受国会监督。[28]

目前还没有迹象表明美国无人机项目的发展速度正在放缓。这不仅是因为它们作战实践的成功（尽管存在一些问题，但考虑到零伤亡性），还因为相关技术的快速发展。这些无人机的下一个重要的发展阶段可能是自主操作。不久的将来，武装无人机将根据一系列算法参数起飞、飞行、识别目标和击杀人类。"想象一下……"《华盛顿邮报》的彼得·芬恩对此口若悬河，"'空中终结者'，尽量不使用肌肉壮汉，尽量节省时间。"[29]这种相对自主的操作也将有助于计算协调陆上、海上和空中的大量无人机。在大众媒体和防务界，这种未来变革被简称为"蜂群"。彼得·W.辛格将这一创新视为下一代技术发展。他指出："因此，这些群体的自我组织对于整个群体的运作至关重要。蜂群的美妙之处，以及它对无人作战军事思想家具有如此吸引力的原因，在于它通过各个部分遵循极其简单的规则来执行极其复杂的任务。"[30]

无论对错，武装无人机是21世纪早期美国军事实力的杰出象征。更令人不安的是，这些武器系统的广泛使用得到了政策决策的支持，而它的用途、成本和结果却向美国公民和记者隐瞒。当越来越强大并且可以隐身的军事级技术游离于公众监督之外时，这些武器毫无疑问将导致反作用——要么破坏美国对其采取了行动的国家（索马里、利比亚、巴基斯坦、阿富汗、也门）的领土主权；要么使恐怖分子网络重振招募能力；要么是一些国家以某种政治关切为借口，利用美国侵犯另一个国家主权。

无人机作为破坏性技术的理论化

彼得·W. 辛格认为，无人机代表着军事事务的真正革命，因为它改变了"战争的真正执行者"。不仅如此，这种转变在技术、外交和心理上复杂性的二级和三级效应也是同理。这些后果具有不可预见性和革命性。正是由于这些原因，大卫·黑斯廷斯·邓恩将无人机称为"颠覆性技术"，即"触发突然和意想不到的结果，并展示出与先例不一致的潜质"。[31] 无人机不是大规模杀伤性武器，它们是大规模例外武器。它们在技术上和法律上都属"例外"，因为它们在明显违反国际法的情况下实施针对恐怖分子及其同伙的定点清除。这种行为与布什政府制定、在奥巴马任期内扩大的、具有先发制人特点的后9·11战争政策一致。

在无人机领域，新军事技术和古典作战理念实现共鸣。[32] 邓恩认为，无人机真正的新奇之处在于它们十年内改变空中环境的可能方式，且这不仅仅是对美国及其西方盟国而言。[33] 这正是法国哲学家和文化批评家保罗·维利里奥在其大部分作品中提出的观点，即事故只是科学进步的阴暗面。他指出："科学家和技术人员有责任不惜一切代价避免事故发生……事实上，如果没有物质可以在没有事故的情况下存在，没有'它'特定的事故，也就不能开发出技术相应的成果：船舶＝沉船，火车＝火车残骸，飞机＝飞机坠毁。因此，事故是技术进步的隐藏面。"[34]

鉴于无人机固有的破坏性本质，出现事故不可避免，并将以各种形式继续发生。这些武器系统的技术故障很多。例如，美国空军承认，2009年，超过1/3的"捕食者"无人机坠毁，事故主要发生在阿富汗和伊拉克。[35] 此外，无人机也以"暴走"著称，它们可能没有对飞行员的指令做出反应，而是自行其是。这些不接受指挥的装备被击落，或自行坠毁，偶尔也被回收（尽管有时可能在这之前它们已进入限制性空域）。无人机也有信息方面的弱点，从伊拉克叛乱分子的笔记本电脑上发现的黑客病毒和被截获的未加密视频来看，无人机也有不少安全漏洞。[36]

无人机也带来政治挑战，并导致外交失败。例如，迈克尔·J.博伊尔提出这样一个观点：这些装备不仅不能实现持久和平，反而破坏了当地政府的合法性和权力，同时激发更深更广泛的反美情绪，有效地促进了激进组织招募成员。[37]很大一部分问题在于，政府官员、决策者、政治家、军事战略家等对"成功"无人机项目的组成要素持短视看法。博伊尔认为，许多人继续"以局限的有效性观念指导行动，这种观念只关注战术层面，而不考虑无人机作战更广泛的战略成本。美国外交政策制定机构对无人机的立场是，无人机是一种有效的工具，可以最大限度地减少平民伤亡，但这一立场是基于对证据的高度选择性和片面解读。"[38]

最后，美国无人机飞行员在长时间、高度协调的工作轮班后，面临着独特的精神和心理挑战，而这些健康风险尚不完全清楚。导致这一情况的部分原因是军队人员倾向于不要求提供心理健康援助，而无人机飞行员的工作在公众视线中被屏蔽，因此可能尤为尖锐。虽然有关无人驾驶飞机驾驶的主流评论把这项工作比作玩电子游戏，但越来越多的研究表明，操纵员感受到这些互动活动之间的巨大差异。在彼得·阿萨罗有关无人机飞行员主观性的优秀论文中，他指出：

> 一方面，无人机操作员不会像对待电子游戏那样轻率地

对待他们的工作；另一方面，他们确实认识到两者之间的强烈相似性。许多无人机操作员在空闲时间也是电子游戏玩家，他们很容易认识到二者技术接口的某些相似之处。然而，无人机操作人员非常清楚他们行为的真实性，以及通过视频看到这类行为对半个地球之外人们生死造成的影响，他们见证了自己致命性决定的残暴。[39]

同样，玛丽莎·勃兰特对技术决定论的批判者持反对意见。那些人认为屏幕媒介的战争会自动、无可辩驳地融解操作者的个人道德责任感。勃兰特以奥森·斯科特·卡德著名小说《安德的游戏》作为分析视角，来思考关于远程控制战斗的公众辩论。无论是文学还是电影形式，《安德的游戏》都表明，即使军队利用视频游戏美学来创建武器控制界面，单凭屏幕媒介最终也无法模糊战争和游戏之间的界限，从而在心理上保护士兵免受战斗创伤。[40] 沃尔和莫纳汉支持阿萨罗和勃兰特对无人机飞行员个体联系感受的思考，他们认为："人类和无人机之间的互动可能会使得这种远程、技术媒介的攻击重新人格化，其间，飞行员获得了一些创伤和责任的体验。这种现象可能会破坏远程战争的一些非人性化特征，或者至少使那些观看监视器的人，无论是飞行员还是公众，都获得发自内心的体验。"[41] 换言之，操作员承认他们的智能系统和视频游戏中虚拟无人机的模态差异。

杜恩、沃尔、莫纳汉、博伊尔、阿萨罗和勃兰特等无人机学者的研究有力地说明了我们理解与先进机器人复杂关系的方式，以及某些时刻，理解与其矛盾关系的方式。此外，这些评论家致力于揭示大众话语中的差异，这些差异塑造了我们对实施远程控制战争的理解。沃尔和莫纳汉提醒我们,"无人机作为监视和军事装备,为战争和统治的技术政治理论提供了一个棱镜"[42]。这同样适用于展现了这些高科技战争武器的电子游戏。下面我将对3个游戏进行文本和讨论性分析,这些游戏探索了无人机的破坏性潜力。这些游戏与美国领导的反恐战争最初几年中"汤姆·克兰西"品牌系列游戏及其他视频游戏推崇更积极的技术乌托邦式战争愿景不同。具体来说,本章研究了无人机在"使命召唤"中的失控——《使命召唤:黑色行动2》;还有无人机视觉和技术距离在特种作战中带来的道德挑战——《特殊行动:一线生机》;以及无人机如何使操作人员的生活复杂化——《无人驾驶》。具体来说,本章研究《使命召唤:黑色行动2》中的无人机失控情景,《特殊行动:一线生机》中无人机视角和技术距离带来的道义问题,《无人驾驶》中无人机如何将操作员的生命意义变得复杂。[43]

破坏性技术:《使命召唤:黑色行动2》中的无人机失控

> 我们所有人的个人电脑都出过问题,让人头疼,那会带来诸多不便。但如果是一台配备 M-16 的笔记本电脑,那就更令人担忧了。
> ——技术和外交事务记者诺亚·沙特曼[44]

在《战争连线》中,彼得·W. 辛格讲述了一个可怕的故事:在南非军方举行的一次多国演习中,某个清晨,一个"软件故障"折磨着一门 MK5 自动高炮。⁴⁵ 2007 年 10 月 12 日上午 9 点，这门 MK5 发生卡弹；随后一系列"失控"的编程错误导致双管 35 毫米加农炮开始疯狂发射。尽管一名年轻的女军官英勇地试图关闭系统，但在火炮用尽弹药前，仍有 9 名士兵（包括这名军官）被打死，另有 14 名士兵受伤。⁴⁶

在本章讨论的游戏中，《使命召唤：黑色行动 2》最具商业价值，最受欢迎，内容也以机器人技术恣意妄为为特点。然而，与《特殊作战：一线生机》和《无人驾驶》公开批判不同，《使命召唤：黑色行动 2》在评估机器人技术时更加模棱两可。这种文本上的模糊来自单人战役中的两种游戏模式：一种是以被劫持的军用无人机为特征的错位叙述式战役；另一种是"打击力量"模式，该模式赋予玩家广阔的战场视野与严格控制无人机、自动化武器和人类士兵等综合力量的权力。单人战役中，机器人作恶多端的行径和打击力量任务中的赛博格军队战术管理展示了两个截然不同的故事。然而，当综合考量时，《使命召唤：黑色行动 2》的游戏模式就计算机控制战争机器的使用/滥用提出了严肃问题。

《使命召唤：黑色行动 2》的政治矛盾性较好地体现在其两位首席顾问——政治科学家和 21 世纪战争作家彼得·W. 辛格、保守派政治评论员和退役海军陆战队中校奥利弗·诺斯的贡献上。⁴⁷ 辛格主要负责游戏的未来战争部分（2025 年的故事），而诺斯则负责 20 世纪 80 年代的情节。这些内容专家（下一章中更为详细地探讨了这个独特的制作位置）很有价值，因为他们为大型媒体项目提供了可信度和真实感。辛格和诺斯也是游戏多部宣传系列小纪录片的主要发言人。辛格在未来军事技术方面的专长，以及诺斯在秘密行动和非法军火交易方面的争议经历（委婉地说），为游戏玩家提供了《使命召唤：黑色行动2》中无人机的矛盾性理解框架（其忠诚性和叛逆性）。辛格的观点是批判性的，认为我们应该谨慎地进入自动战争领域，而诺斯的观点则是一种偏执性的"爱国主义"，不管它的技术挑战和潜在的反作用力如何，美国需要赢得机器人军备竞赛。

像其系列的前作一样，《使命召唤：黑色行动2》的故事也包含复杂的情节，有多条故事线——20世纪80年代的美国代理战争，21世纪20年代的未来战争，以及多个可玩的角色。然而，《使命召唤：黑色行动2》是该系列中第一款拥有分支情节的游戏，这意味着玩家的叙述体验某种程度上是由游戏中的作为（或不作为），以及任务的成功与否所塑造的。这种设计选择，加上将相隔40年的战争联系在一起的动态故事情节，强调过去的军事行动有着不可预见和无法控制的后果。这一点被游戏中的父子二人具象化。在20世纪80年代的秘密行动中，玩家扮演海军陆战队上尉和中情局特工亚历克斯·梅森；在2025年的未来主义战役中，玩家扮演他的儿子代号"部门"（section）的戴维·梅森中校。未来故事的情节中，游戏中的恐怖分子、恶棍、"科迪斯死亡"民粹主义运动领袖劳尔·梅内德斯控制了美国庞大的无人机部队，攻击洛杉矶20国集团峰会上的政治家和外交官。梅内德斯对世界领导人和全球经济的攻击是针对美国20世纪80年代代理战争的报复。具体来说，梅内德斯夺取美国无人机舰队控制权，与美国在阿富汗从军事上支持圣战者（当玩家与俄罗斯人作战时），以及财政上支持巴拿马独裁者曼努埃尔·诺里加（在中情局一次拙劣的任务中，梅内德斯的妹妹被杀）有关。[48]玩家在过去和未来战争之间的跳跃展示父亲的政治罪行如何降临到儿子身上。也就是说,《黑色行动2》强调,恐怖分子不是诞生于政治真空,而部分是美国外交政策决定的产物。

在叙事战役的尾声,当戴维·梅森准备把被俘的梅内德斯带到美海军奥巴马号军舰上时,布里格斯上将和国防部长戴维·彼得雷乌斯之间进行了一次简短但具说服力的交流,将游戏虚构的攻击与9·11联系起来:

> 布里格斯上将:我有1000架无人机处于待命状态,随时准备按我的命令出动。如果俄罗斯(或战略防御联盟)有任何聪明的想法,请不要搞错,彼得雷乌斯部长,你的军队已经准备好了。
>
> 彼得雷乌斯部长:上一个3级战备的命令是拉姆斯菲尔德部长25年前下达的。
>
> 布里格斯上将:我知道。那天我也飞了一个架次。

当然,这些角色并没有意识到,梅内德斯故意让自己被抓获,从而来控制机器人部队。除了在以奥巴马总统命名的航空母舰上夺取无人机部队控制权的彩蛋之外,恐怖分子其实很早就利用不对称手段,以敌人的技术优势来对付敌人自身。邓恩指出:

> 9·11袭击最重要的启示是,破坏者愿意进行创造性思考,采用完全非常规的战术,实现战略突袭、打击和破坏。他们还倾向于攻击五角大楼或世贸中心等象征性目标,部分原因是这些地方拥有防御,并在以前受到过攻击。通过攻击相同目标,他们试图展示自己攻无不克、行动不受任何限制。49

美国人在政治和技术上的狂妄自大，使得梅内德斯有机可乘，他针对无人机部队发动黑客攻击，并随后袭击洛杉矶举行的20国集团领导人峰会（图4.2）。

这种反乌托邦故事情节的反面，是"打击力量"任务中对无人机正面的描述。这两种游戏模式的关键区别在于视角和控制。玩家被赋予了行动的空中视角和控制多个军事装备的能力，而不是通过一个单一的第一人称视角来观察战场。此外，玩家可以指派机器人和人类作战人员执行特定任务，或者可以立即控制任何一个单位——有效地"操纵"无人驾驶装备。通过有机融合第一人称视角亲密性与空中视角移除（有效结合第一人称射击与即时战略游戏的界面和视角），打击力量模式使有效管理多个个体机器人的控制感觉更为愉悦。这种模式嵌入了多种无人装备主体——固定式火炮、地面无人机、赛博格士兵，将先进军事硬件的视角具象化为功能完善的技术。事实上，无人机控制产生的游戏乐趣是《使命召唤：黑色行动2》游戏模式的核心元素，它们

图 4.2 《使命召唤：黑色行动 2》中，洛杉矶遭受无人机袭击

激发了动视公司的营销努力。这款游戏的限量豪华版（标价180美元）最吸引人的产品是一款小型四轮无人机"蜻蜓"。这个玩具的加入凸显了遥控无人机的乐趣，而游戏的故事提醒玩家，这一快速扩散的技术可能带来恐怖后果。

随着无人机越来越受欢迎，更廉价、更易使用，政府和恐怖分子滥用无人机的可能性也在增加。美狄亚·本杰明讲述了一个美国东北大学研究生的故事，他因密谋用装有炸药的无人机袭击美国国会大厦和五角大楼而被捕，这架无人机可将国会大厦穹顶"化为灰烬"。[50] 无人机的批评者们一直明智地提醒美国公民及政治家，业余爱好者的玩具和恐怖武器之间只有毫厘之差。邓恩提出了以下观点：

> 无人机具有许多优点，当结合在一起时，可能成为21世纪恐怖袭击的理想手段：它们可以匿名和远程操作；操作人员的风险很小或没有风险；它们便宜，容易获得；可以简单和安全地掌握；可以单独使用或大量使用（考虑到可用性和成本），以达到毁灭性的效果。[51]

然而，无人机不仅仅存在潜在误用的问题。它们的凝视模式也会传达客观性的错觉。

破坏性视觉：《特殊行动：一线生机》中"无人机视角"的道德问题

> 人们坐在遥远国家的空调指挥室里，把宝押在无人机光学系统或蓝军跟踪系统的符号上，永远干不成事儿。你必须"进入战场"去打仗。扔完所有制导炸弹，无人机都已着陆，战争还得人去打。你不可能在遥远的柚木板房间里吃着牛角面包、喝着拿铁打赢战争。战争是在泥泞、闲聊、交谈和相互理解中完成的。
>
> ——一位不知名的美国陆军军官[52]

游戏评论家和粉丝高度评价耶格尔游戏开发工作室制作并由2K Games发行的《特殊行动：一线生机》，认为该游戏拥有巧妙的"诱饵和开关"设计和叙事情节。[53]从表面上看，感觉这个游戏就像是普通第三人称军事射击游戏。在任务中，玩家扮演美国陆军上尉马丁·沃克，他必须找到第33营（也被称为"被诅咒的第33营"）的士兵，这些士兵在一场几乎吞没迪拜城的沙尘暴之后消失了。沃克上尉和其他三角洲部队成员亚当斯中尉和卢戈中士一起，穿越迪拜的沙尘暴废墟寻找生还者的踪迹与被诅咒的第33营指挥官约翰·康拉德上校。这款游戏主要的掩护和火力作战系统非常传统，与商业对手相比，它甚至显得过时。游戏的故事设置也很普通，同大卖的"光晕"系列、"战争齿轮"系列、"使命召唤"系列相比甚至有点平庸。那么，这个游戏和市场上其他军事射击游戏有什么不同？

粗浅的答案是，游戏逐步引入了叙事的不确定性和与射击游戏无关的游戏玩法。例如，沃克越来越受到幻觉的困扰，这些幻觉模糊了他的判断；玩家被迫与美国大兵交战并杀死他们；小队屠杀毫无防备的平民；甚至游戏的载入界面也用愤世嫉俗的问题和反讽来嘲弄玩家，包括"你觉得自己像个英雄吗？""自由就是你对自己所做的一切"。当通关整个个人战役时，感受与第一印象明显不同，这个游戏并不是它表面上看起来的那样。事实上，《特种行动》是一个重要的里程碑，它可能是业界第一个大型反战游戏，挑战传统射击游戏的基本乐趣。[54]

在这部充满非凡时刻的游戏中，最具影响力的情节在其第8章——"门"——中展开。这一关有时被游戏媒体简单地称之为"白磷"。这部分着重展示"临床"空中监视和战场地面现实之间的鸿沟。在这一关卡里，我们的英雄们必须消灭压倒性的力量，来解放平民人质。沃克和他的连队选择使用白磷迫击炮弹攻击对手，美军在越南和伊拉克费卢杰使用过类似的燃烧武器（所谓的针对叛乱分子的"震慑烘烤"行动），白磷通常通过有毒烟雾，或造成可怕的二级和三级烧伤而致人死命。

沃克抓起附近的笔记本电脑时，借助空中监控摄像头，玩家可以鸟瞰战场行动（图4.3）。然后，玩家通过"点击"杂乱的黑白目标及其大型军用车辆，进行迫击炮瞄准。可以预料，这类行动冷酷而精确，让人联想到维基解密、YouTube和其他社交媒体网站上发布的战斗视频。

根据沃尔和莫纳汉的研究，这种独特的武器视觉形式被称为"无人机凝视"。这些学者指出，无人机凝视的"重点在于'精确'监视和攻击目标同时，使操作员和己方人员免受直接伤害。

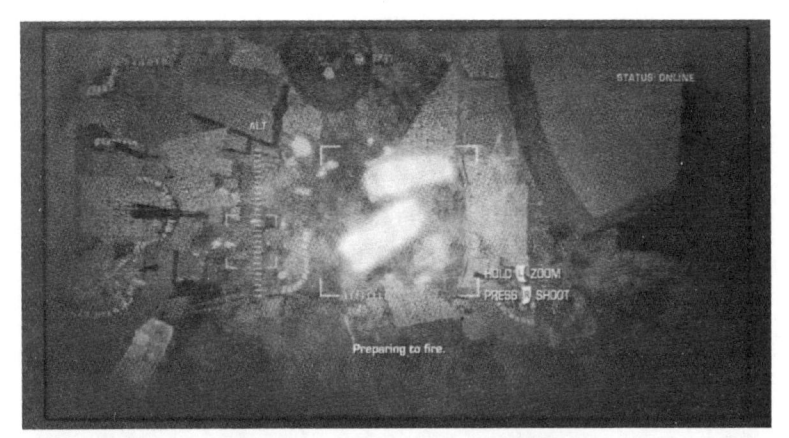

图 4.3 《特殊行动：一线生机》中，沃克上尉的无人机视角

无人机凝视进一步从政治、文化和地理环境中提取目标，减少可能阻碍行动或引入道德模糊性的变化、差异和噪声"[55]。当玩家从天空播撒死亡时，唯一可见的人类是偶尔会被笔记本电脑屏幕反射出脸部的沃克上尉，而人类敌人被简单地描绘成一个在二维平面上奔跑的黑白色块。[56] 毫无疑问，这些游戏图像也类似于世界各地行动中心中，无数无人机传输的远程、扁平视角。

根据沃尔和莫纳汉的观点，无人机凝视不仅会使视角变平，还将"身份折叠成一组种族化信息，用于遥控控制和打击过程。地面的个体变成了被跟踪、监视、抓捕和杀死的事物，而操纵员和网络上的其他盟友保持着差异性和临近性。这种关系如果不是物理上的，至少也是文化上的"[57]。然而，《特殊行动：一线生机》中的炮击情节真正引人注目的不是攻击本身，而是后果。

玩家必须穿越燃烧的战场，亲眼目睹自己行动的后果，而不是简单地进入下一场交战（图 4.4）。少数幸存的士兵痛苦尖叫，许多人乞求死亡。游戏允许玩家杀死伤者或放任他们不管。《特殊

图 4.4 《特殊行动：一线生机》中，沃克上尉的地面视角

行动：一线生机》处理远程炮击和《使命召唤 4：现代战争》的关键差异是：后者从较为安全的 AC-130 炮艇机发射炮弹（其他游戏实际上也一样）；而无人机操作员必须亲眼目睹他或她的行动所造成的后果。从笔记本电脑上浏览类似游戏的界面，到参观自己亲手缔造的地狱般坟场，这种严酷转变反映了游戏从无人机控制的文本模态演化到其现实性暴力效果的重要设计（图 4.5）。

沃克的连队发现，他们试图拯救的平民被白磷弹活活烧死。而被玩家攻击的士兵实际上试图保护平民不受沃克连队的伤害（进一步说，不受玩家伤害）。《特殊行动：一线生机》的主要制作人沃尔特·威廉姆斯谈到了这一设计：

> 我们想让玩家陷入同样的境地，甚至痛恨作为设计者的我们，从很多方面痛恨游戏欺骗他们，欺骗了他们的体验，强迫他们做这件事……他们必须在这一刻之后决定是否继

续玩这个游戏,或者他们是否会生气地放下控制器说:"不,这对我来说太多了,我受够了。这个操蛋的游戏。"[58]

很明显,玩家不使用白磷弹就无法完成"门"这一章。事实上,在这一点上,游戏的强迫性并不特别显著——大多数游戏要求玩家完成特定的任务,以推动关卡和故事的发展。值得注意的是,《特殊行动:一线生机》是如此大张旗鼓地炫耀其令人讨厌的设计。

可怕的是,不难想象这种虚拟场景也发生在现实世界中。无人机凝视从根本上消除了地域性差异,使所有被无人机盯着的人——女人、儿童、老人——都变成了潜在的武装分子,从而成为潜在的打击目标。正如本杰明在《无人机战争》中所报道的:

> 据调查新闻局称,2004 年至 2012 年,中情局在巴基斯

图 4.5 《特殊行动:一线生机》中,导致平民死亡的附带伤害

坦发起350多次无人机打击，其中2010年为峰值，实施118次，共造成2600至3400人死亡。据《纽约时报》报道，中情局如此杀戮成性，以至美国国务院官员开玩笑说，当它看到"3个打扑克的家伙"时，就认为这是一个恐怖分子训练营，并派出无人机攻击。[59]

应该补充的是，奥巴马政府令人质疑的无人机伤亡计算方式，使得这些数字变得复杂。《纽约时报》的一份报告指出，根据几位政府官员的说法，这种计算方法"除非有明确的情报证明他们是无辜的，否则便将打击区域所有适合服役男性都算作战斗人员"[60]。这种含糊的数学是基于反恐官员不相信无辜的人会与基地组织成员联系。在弗吉尼亚州的兰利空军基地，分析员病态地把从阿富汗传回的无人机信息称为"死亡电视"。[61]这个恶魔绰号产生的部分原因是空军的"双点射"战法——向每个目标发射两枚"地狱火"导弹。这种策略极大地增加了额外"附带损害"的可能性，那些为救助伤者而奔波的人往往被第二枚导弹炸死。总部设在英国的新闻调查局报告说，至少有50名平民在运用这类"双点射"射击战术的打击中丧生。[62]与此同时，奥巴马政府的计算逻辑解释了为什么尽管同期"双点射"无人机打击数量有所增加，但上报的间接死亡人数却出现下降。

一篇总结支持和反对无人机打击伦理立场文章中，杰·C.加里奥特简短而优雅地指出，有两个很好的他所谓"不对称反对"理由反驳使用武装无人机。首先，无人机战争几乎肯定不是最后的手段，因为很多打击属于先发制人。其次，发动无人机攻击丧失了将其作为外交手段的能力。加里奥特接着指出："这并不是说，使用无人机在原则上是错误的……关键是，遥控杀人确实存在严重令人不安的道德问题。"[63] 很明显，这也是《特殊行动：一线生机》测试人员所关注的。据沃尔特·威廉姆斯称：

> 人们正重点测试〔那个场景〕……他们暂停游戏，离开房间……有些人玩过了，等待结束，他们对这一切的发生感到某种程度的不安。我们让他们体验这个特殊的时刻。它在情感上影响着人们。[64]

军事射击游戏模态的转变，包括在《使命召唤：黑色行动2》的打击力量任务中控制机器人与故事战役中的无人机混乱之间的摇摆，《特殊行动：一线生机》中通过"无人机凝视"所见与在地面上目击者所看到的场景之间差异，导致了明显的游戏矛盾心理。这种模态可以消除后现代战争的不和谐性。此外，至少一个视频游戏，可以解释美国理想战士神话和无人机飞行员高度重复、偶尔致命的办公室现实之间的不连续性。

破坏性身份：《无人驾驶》中无人机操纵员平庸的主观性

对于军方来说，明显的好处是，鉴于他们所有的时间都在网上玩游戏，年轻的士兵发现很容易适应使用无人系统，因此新兵已经接受了部分训练。电子游戏一代很快就能学会……典型的年轻派克博特机器人操作员只需要大约一天半的培训，就可以掌握基础知识。这就像玩游戏一样，他们只需要几周时间，就可以完成所有动作并达到专家级别。

——irobot 公司前首席战略官乔·戴尔[65]

除了斯坦利的《侵略者!》，以及绪言提及的《9月12日》等反游戏作品，《无人驾驶》和本书中其他任何游戏都不一样。尽管它不是一个射击游戏，但《无人驾驶》包含了无人机和霸权的游戏战争乐趣，因此值得略微偏离正题去研究它。[66]《无人驾驶》是一款基于 Flash 的浏览器游戏，由保罗·佩代尔奇尼的激进视频游戏项目茉莉工业开发。佩代尔奇尼目前在卡内基梅隆大学教授游戏设计，他和他的合作者以制作在线"游戏"（注意引言）和互动体验闻名，理念与主流游戏行业的宗旨直接对立。[67]该公司以制作一系列挑衅和争议性作品而著称：《麦当劳的电子游戏》，有关快餐业的运作；《行动：恋童癖》，关于天主教会性虐待案件的游戏；《信仰斗士》，一个二维街头格斗游戏，不同信仰的神互相攻击；《自由文化》，关于版权法和自由文化之间的斗争；以及《最佳修正案》，一个在桑迪胡克小学枪击案后制作的游戏，国家步枪协会声称反击武装"坏人"唯一合理的行动是武装"好人"，这部游戏是对该论调的回应。《无人驾驶》在茉莉工业的经典左派作品中，着重描述了居住在美国西部的无人机操作员的单调生活。这一作品比茉莉工业之前的作品更受好评，并赢得了2012年"印第安人"（一个独立游戏的国际盛会）评委会奖。[68]

在《无人驾驶》游戏中，玩家扮演一个金发、方下巴的无人机飞行员，他同时也是丈夫和父亲。这款游戏是由一系列的小游戏组成的，以分屏小插曲的形式呈现。《无人驾驶》关卡中的"行动"与精彩无关：玩家必须刮脸，开车去工作，远程跟踪一个可疑的武装分子，打电话给妻子，和儿子玩一些军事射击游戏。还有一些迷你游戏发生在主人公睡觉的时候：逃离愤怒的中东人，然后数绵羊。游戏包含不同的对话线索，不同的故事路径，触发多种玩法。《无人驾驶》通过关注主人公办公室单调的工作和日常活动，破坏了这位高贵战士的形象（图 4.6）。就像《特殊行动：一线生机》一样，这个游戏不仅批判战争机器，而且批判电子游戏舞台歌颂某些战斗活动的方式。

　　《无人驾驶》的分屏视觉设计及其缓慢、蹒跚的节奏巧妙地表达了关于无人机操作员的广泛争论中的一个关键焦点：积极的、以技术为中心的"英雄神话"与远程作战的"反英雄神话"。许多无人机学者，特别是阿萨罗、邓恩、沃尔、莫纳汉，都注意到了这些相互矛盾的观点是如何规划有关无人机操纵员媒介劳动的理解方式。这种争议很大程度上是由于先进的机器人技术对传统的作战概念提出根本性的挑战。正如邓恩所说："矛盾的两面是，当英雄主义和自我牺牲因阿富汗和伊拉克战争而成为公共

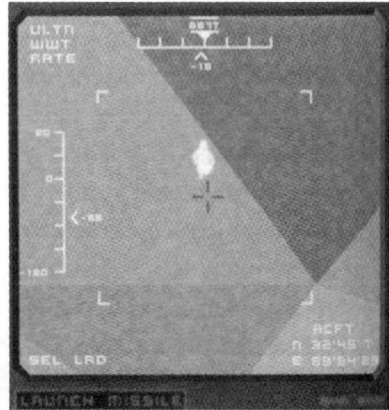

图 4.6　在《无人驾驶》中努力工作的无名无人机操作员

演讲中的突出主题时，无人机将战争变成这些价值的对立面。它们代表了后现代战争和后英雄战争。"[69] 这是因为机器人，尤其是遥控无人机，模糊了许多大众想象的美国战争中至关重要的因素。沃尔和莫纳汉如此评论这些矛盾："其中一些模糊的身份包括叛乱分子、平民、非法移民的罪犯、远程控制的飞行员和前线士兵。军事无人机的使用不仅破坏了作战地域和边境地区个体身份及象征，而且概念分类也受到了根本区别的同质化，因为作战区域从实体上被划分为'我们'和'他们'，或者'文明人'和'野蛮人'。"[70]

最后一点，可能是最突出的一点，当人们思考成为一个高贵的作战人员或无人机飞行员的身份意义时，结论可以是同一或相互排斥。对无人机的支持者来说，军事机器人技术以较低的成本拯救了（士兵的）生命，并允许这些战士快速而合乎道德地行动。同时，反对者们通常提出3种反对意见：使用无人装备对付无法进行类似反击的敌人不道德且不公平（类似于盖洛特的"不对称反击"）；物理距离有助于形成情感和同情心；无人机的游戏式界面创造了"快乐击发"的操纵者。[71] 有趣的是，《无人驾驶》处理所有这3类批评，同时也批评支持无人机的军事游戏。

《无人驾驶》取景于一个无人机飞行员的工作日生活场景，并穿插两个睡梦形式的故事支线。首先，玩家必须逃离愤怒的中东村民——一个老人、一个女人和一个孩子。如果玩家成功地避开他们，他会变成一架无人机，在醒来前逃走。第二次，飞行员试图通过数绵羊入睡。在这个迷你游戏中，玩家必须在正确的时间点击奔跑的羊，这样它们就可以跳过围栏，跳跃失败会导致这只羊被炸成像素。在这两款睡梦迷你游戏中，玩家必须应对工作相关的心魔，要么逃避行为的道德罪责，要么在正确的时间按下按钮（错误操作会导致无辜羊的死亡）。

《无人驾驶》认为，相较于军事指挥结构和战争杀戮技术，无人机的人类驾驶员并不那么重要。因此，正如勃兰特所言，在深刻认识操作员及其工作方面，该游戏与《安德的游戏》地位相似。勃兰特认为："虽然批评家们担心通过屏幕和操纵杆进行战争会导致'游戏站'式的杀戮心理，但《安德的游戏》提出一种远程控制战争理论，即杀戮行为的技术变化本身不会造成情感疏离或消解杀戮者的道德负罪感。"[72]《无人驾驶》中，最能体现无人机战争不对称性的莫过于父子在电子游戏中的关系。事实上，它告诉我们，玩家在玩一个老套的军事射击游戏时，唯一一次受到枪击威胁。在这个虚拟射击游戏中，玩家"打地鼠"式地向目标开火；然而，与玩家赖以为生的无人机操作相反，这里的目标可以反击。而且，玩家在这个迷你游戏中的士兵角色会受到伤害并死亡。父亲和儿子讨论父亲的工作和游戏之间的差异，包括《无人驾驶》中第一人称射击型迷你游戏的对等交锋和无人机行动不对称性的差异。

针对无人机战争的第二个常见批评，是猎手和猎物之间巨大的物理距离导致情感疏离。《无人驾驶》的双画面设计，一边是游戏操作，另一边是对话，使玩家从一边转到另一边，从而增强一种普遍的分离感。此外，游戏中所有的人际关系都承载在某种媒介上：主角和他同事肩并肩地坐在一起，盯着同一组监视器；抽烟休息的时候，和妻子在电话上聊天；和他儿子在沙发上玩电子游戏。即使是主人公独自一人，也会受到其他媒介影响，例如他刮胡子时镜子里自己的形象，或者在开车去上班时回忆起一首歌的歌词。佩代尔奇尼这么描述他的游戏主题：

> 是的，分裂是贯穿整个《无人驾驶》的主题。它嵌入在分屏和双重游戏中，反映了主人公精神分裂的内心世界和现实生活：父亲和儿子难以相处的关系，主人公与妻子潜在的矛盾，甚至一些关于战场转型和与敌人关系变化的对话也有所暗示。[73]

然而，因错失与他人联系的所有机会，游戏充满争议，并需要多个场景。在一个无情批判军事化媒介的游戏中，《无人驾驶》有效地激发我们培养飞行员人性的意愿。

最后，《无人驾驶》包含普遍批评，即无人机操作通过将类似游戏的界面集成到遥控和观察技术中，使飞行员拥有"击发的快感"。许多射击游戏借用实际武器界面的视觉设计来真实讲述虚构的战争故事；即使像洛克希德·马丁和雷声这样的国防承包商，也利用流行的视频游戏控制器，像玩家一样提高已拥有较多飞行小时数的无人机飞行员的能力。《无人驾驶》通过常见的游戏设计惯例构建迷你游戏，通过奖励玩家游戏成就奖章，实现对这种双向技术流和设计手法的互文性批判。佩代尔奇尼再次指出："在某种程度上，《无人驾驶》关乎游戏文化，它把生活看作一个电子游戏；所以我试图在游戏的不同部分中创作不同类型的游戏。游戏有模拟的第一人称射击游戏，一个类似于任天堂 F1 赛车的模拟驾驶游戏……我还想要一个类似《吉他英雄》的音乐游戏。"[74] 玩家也会因完成游戏中的平凡任务而获得虚拟奖励。例如：玩家在思考问题做出正确选择时获得"杰出思考"奖章；剃干净胡须可获得"优秀剃须"奖章;安全地开车上班则获得"驾驶操作"奖章;如果主角能与儿子开展一次有意义的对话,则可获得"荣誉父亲"奖章。这些荒谬的成就使得每一关的通关灯光效果都成为流行设计惯例,并促使人们将日常生活"游戏化"。

《无人驾驶》无休止地灌输使人们对其主题的存在性解读始终处于思想前沿。问题不仅仅是"把人从装备上移开意味着什么",还包括"装备的无人操作性是否会使无人机凝视的目标和控制无人机的人失去人性"。无论心理健康专业人员如何评估无人机操作员面临的心理风险,这些军事人员的压力只会随着此类行动范围和规模的扩大而增加。[75]《无人驾驶》所表达的观点虽然是负面的,但给出了有益的提醒——在关于远程控制战争政治效力的辩论中,人类往往是第一个受害者。佩代尔奇尼认为,他的游戏是一种"即使略微虚构,也是连接日常战争现实的尝试,这种现实被小心翼翼地从我们生活中移开。我们生活在被军国主义娱乐淹没的悖论中,几乎不知道发生过什么,例如,美国在也门和索马里频繁开展的秘密行动"。[76]

结　论

现代军事射击游戏通常会利用多层媒介和辅助措施,使虚拟战斗变得愉快。让玩家在战斗和情报收集场景中控制无人机尤为明显。"使命召唤""战地""幽灵侦察"等系列作品所包含的武器系统使玩家在单人战役中占据相当优势,并可在多人游戏中战胜扮演对手的其他玩家。但是,正如本章一直论述的那样,控制无人机收集战场情报或从安全区域消灭敌人并不总能拥有无负罪感的游戏乐趣。

在流行的科幻电影("终结者"系列、《战争游戏》、《变形金刚》、《银翼杀手》及"黑客帝国"三部曲)、电视节目(《太空堡垒卡拉狄加》)和电子游戏[《杀出重围了:人类革命》(2011年)、《质量效应》(2007年)、《潜龙谍影》(1987年)、《无主之地》(2009年)]中,技术终将摆脱其主人控制仅是令人信服的反乌托邦故事。然而,有关无人机使用的普遍担忧已不再是科幻小说的内容,而是客观事实。无人机本身是破坏性的技术,恐怖分子可以对其进行改造和使用,它们也经常不能胜任客观的空中观察任务,而且也使得它们的操作员难以成为勇敢和高尚的美国战争神话。可以想象,流行文化和电子游戏中都会重现这些问题。无人机同样仍然是真正的外交绊脚石。根据皮尤研究中心的报告:

> 人们普遍认为,美国单方行动并不考虑其他国家的利益。在以穆斯林为主的国家,美国的反恐努力广受质疑。几乎所有国家都有相当多的人抨击奥巴马政府反恐政策的一个主要组成部分:无人机打击。20个国家中的17个国家,超过一半的受访者不赞成美国在巴基斯坦、也门和索马里等国针对极端主义头目和组织发动无人机攻击。[77]

随着国内无人机使用量的增加和军用民用界限的进一步模糊,这种普遍性反对浪潮将变得更加明显。2013年2月,奥巴马总统签署了《联邦航空管理局现代化和改革法案》,要求在2015年9月之前将无人机并入国内领空(在无人机制造商和相关商业利益集团的大力游说之后)。[78] 此外,据行业分析师称,全球军用无人机开支可能会从 2013 年的 56 亿美元增加到 2018 年的 75 亿美元;未来十年,无人机相关累计开支可能高达 890 亿美元。[79]

无人机破坏了使用国的计划和政策,就像它们可以破坏玩家的霸权式游戏战争乐趣一样。下一章,我们将继续沿着这一线索进行研究,重点是国际冲突期间,营销人员向公众推销玩游戏战争时所面临的挑战;以及为尽量减少可能给他们的产品带来不良效应的负面联系,这些公司所使用的策略。

注　释

1. 本杰明和曼西亚斯，《你听过有关捕食者无人机轰炸的笑话吗？》。
2. 威里利欧，《最初的事故》，第10页。
3. 肯尼迪，《所见即所信》，第265页。
4. "形势室"备忘录的历史，请参阅 http://knowyourmeme.com/memes/the-situation-room。以及布拉德·金，"形势室"，knowyourmeme.com。
5. 图4.1来源：塞西里斯，《奥巴马形势室——猎杀本拉登》收录图片（形势室备忘录）http://i716.photobucket.com/albums/ww169/cytherians/fringe/Obama_Situation-Room_Observer-800.jpg。
6. 肯尼迪，《所见即所信》，第268页。
7. 参见古斯特登的《炸弹民族》、沃尔和莫纳汉的《来自远方的监视和暴力》。
8. 肯尼迪，《所见即所信》，270—271页。
9. 有关《无人驾驶》被玩或者下载的次数，尚无没公开记录可以查阅。
10. 邓恩，《无人机》，第1237页。
11. 本杰明，《无人机战争》，第13页。
12. 霍洛维茨，《缩小的机器人技术差距》，第63页。
13. 辛格，《遥控战争》。
14. 同上，第194页。
15. 本杰明，《无人机战争》，第17页。
16. 巴米勒和尚卡尔，《随无人机演化的战争》。
17. 如果需要了解美国人想象中大规模军事武器的地位，请参阅富兰克林的《战争明星》，这本著作按历史脉络给出了精彩叙述。
18. 根据富兰克林的观点，武装无人机有3项主要任务，参见《无人机战争》，第18页。
19. 与大众普遍接受的观点和有线新闻专家的解读相反，实际上，奥巴马政府以低调但坚定的姿态扩大了始于布什政府的全球反恐战争。美国在巴基斯坦部署的无人机，为奥巴马机器人战争应急理论提供了最好的案例研究。正如尼克·特尔西所指出，"从布什政府领导下的有限规模越境特种部队突袭支援下的高度机密无人机暗杀行动，美国在巴基斯坦的行动已经扩展到几乎全面的机器人战争，并辅以直升机越境攻击、中情局资助的阿富汗傀儡'刺杀小组'行动，以及精锐特种作战部队执行的地面任务。杀死奥萨马·本·拉登的海豹突击行动也是如此"（《帝国变脸》，3—4页）。

20. 本杰明写道："JSOC（联合特种作战司令部）成立于1980年，专门从事秘密的小规模作战。自9·11以来，其主要任务是在全世界范围内发现和摧毁恐怖分子和恐怖组织。它被认为是负责指挥杀死奥萨马·本·拉登的机构。除了派遣秘密部队，它还有一个无人机打击小组，在承包商的帮助下运作。它在也门和索马里实施致命打击，但和中情局一样，它拒绝透露其反恐行动的任何细节。"（《无人机战争》，第62页。）
21. 同上，第61页。
22. 同上，第57页。
23. 本森，《美国在巴基斯坦的空袭被认为"十分有效"》。
24. 辛格，《遥控战争》，第221页。
25. 本杰明，《无人机战争》，第203页。
26. 尼克·特尔西，《帝国变脸》，第22页。
27. 特尔西，《阿富汗的囚禁、无人机和秘密行动》。
28. 本杰明，《无人机战争》，63—64页。
29. 芬恩，《无人机的未来》。
30. 辛格，《遥控战争》，第231页。
31. 邓恩，《无人机》，第1238页。
32. 无人机显然是我们军民科技史上的一个里程碑。但是，经过很长的时间，我们才将它的军事和民用用途联系起来，用于战略规划、空间地图绘制和地理位置目的。同样，跨学科的评论文献也在不断增多，包括媒体、地理、技术史和监视研究，这些文献追踪这些变化，研究它们如何改变我们对世界的理解，以及社会和政治力量是如何综合作用，使这些有影响力的技术成为现实。有关中情局将著名的U-2间谍飞机改装为新侦察设备（以及当今无人机的重要前身）的脉络研究，请参阅辛斯曼的《隐身装备》。有关商业目标定位技术和GPS系统如何使美国公民消费者身份变得军事化，请参阅卡普曼的《精确目标》。有关美国军方如何在1991年海湾战争期间通过精心部署成像卫星、抵近拍照和图像判读来证明美国的战场控制，见哈里斯的《全知之眼》，第101页。
33. 邓恩，《无人机》，第1239页。
34. 维利里奥，《至恶之国的政治》，第92页。
35. 本杰明，《无人机战争》，第22页。
36. 同上，第24页。
37. 博伊尔，《无人机战争的后果和代价》，第1页。
38. 同上，第4页。
39. 阿萨罗，《监视和官僚主义杀人的劳动》，第220页。
40. 勃兰特，《机器人机构和个人创伤》。
41. 沃尔和莫纳汉，《来自远方的监视和暴力》。

42. 同上，第 250 页。
43. 值得注意的是，游戏评论家罗伯特·拉斯在他的"英特尔批判"系列中挑选了这些相同的游戏作为研究对象。参见拉斯的《杀手机器人和附带伤害》。
44. 引自辛格的《遥控战争》，第 197 页。
45. 同上，第 196 页。
46. 如果想要了解这一恐怖故事的更多细节，参见霍斯肯等的《陆军恐怖事件中 9 人死亡》，沙特曼的《机器人火炮杀死 9 人，杀伤 14 人》。
47. 奥利弗·诺斯并不是首个出现在"黑色行动"系列中的争议性历史人物。首部作品《使命召唤：黑色行动》（2010 年）中包含罗伯特·麦克纳马拉，肯尼迪和杰克逊政府期间的前国防部长。
48. 玩家在《满洲候选人》中就预见了机器人部队的失控——比如控制亚历克斯·梅森的战斗。梅森是一名特种部队特工，被苏联折磨并"重新编程"。在这些情况下，玩家必须疯狂地摁按钮，以防止杀死一个被苏联洗脑的预先编程目标。
49. 邓恩，《无人机》，第 1243 页。
50. 本杰明，《无人机战争》，81—82 页。
51. 邓恩，《无人机》，第 1244 页。
52. 辛格，《遥控战争》，第 215 页。
53. 更多有关《特种行动：一线生机》的研究细节，参见佩恩的《战争比特》。
54. 另有一个商业化破墙军事主题游戏是《合金装备 2：自由之子》（2001 年）。尽管它更像是一部潜入类游戏而不是射击游戏。参见希金斯的《现在就关掉游戏机！》。
55. 沃尔和莫纳汉，《来自远方的监视和暴力》，第 250 页。
56. 这一关卡与 2007 年《使命召唤 4：现代战争》（第 1 章和第 2 章中讨论的游戏之一）中的"来自空中的死神"关卡非常相似。
57. 沃尔和莫纳汉，《来自远方的监视和暴力》，第 251 页。
58. 克雷皮克，《这都是你的错》。
59. 本杰明，《无人机战争》，第 61 页。
60. 贝克和谢恩，《秘密杀戮名单是奥巴马原则和意志的试金石》，第 3 页。
61. 特尔西，《帝国变脸》，第 25 页。
62. 本杰明，《无人机战争》，第 26 页。
63. 加里奥特，《接近全能》，第 355 页。
64. 皮茨，《别当英雄》。
65. 辛格，《遥控战争》，第 365 页。
66. 想玩茉莉工业的游戏，访问 www.molleindustria.org。
67. 佩德奇尼的游戏制作灵感受到辛格《遥控战争》的启发。然而，这部游戏的制作更多出于个人和职业的原因。佩德奇尼在接受美国热门科技博客网站采访时说:"我刚刚正式成为美国纳税人,我开始觉得自己与这些遥远事件有着更直接的联系。更不用说,我的雇主卡内基梅隆大学从国防部获得了大量资金用于机器人研究。"参见奥兰德的《〈无人驾驶〉展示了现代战争心理学角度的细微差别》。

68. 独立游戏评论,《Indiecade 2012 年独立游戏奖得主》。
69. 邓恩,《无人机》,第 1238 页。
70. 沃尔和莫纳汉,《来自远方的监视和暴力》,250—251 页。
71. 阿萨洛,《监视和官僚主义杀人的劳动》,第 200 页。
72. 布兰特,《机器人机构和个人创伤》,第 17 段。
73. 奥兰德,《〈无人驾驶〉展示了细微的心理学角度》,第 9 段。
74. 同上,第 14 段。
75. 例如,新的"蛇发女妖凝视"技术,可提供一个指数范围的目标区域视野——假设达到整个城市——同样也将要求分析师大量增加,以解析数据源。处理单个无人机来源的数据需要 19 名专家,"蛇发女妖凝视"将需要 2000 多名经过培训的专业人员。
76. 奥兰德,《〈无人驾驶〉展示了细微的心理学角度》,第 10 段。
77. 皮尤调查:全球民意调查《全球对奥巴马的看法一落千丈》。
78. 邓恩,《无人机》,第 1240 页。
79. 霍洛维茨,《不断拉近的机器人差距》,第 64 页。

第 5 章

军事现实主义的市场化：游戏战争运行模态的销售

引 言

本章研究电子游戏销售商在兜售游戏战争的霸权乐趣时所使用的策略。营销资料是评论媒体调查的重要部分，这些文本向主要的潜在玩家和消费者介绍应该如何理解这些游戏，以及为什么应该花钱购买它们（游戏开发商的主要意图）。现代的视频战争游戏通常号称为玩家提供不断提高的视觉和听觉真实性及精确计算的仿真性。然而，由于"模拟热"——一种与媒体模态有关的道德恐慌——潜藏在所有游戏中，特别是以暴力为模拟对象的游戏。因此，军事射击游戏通常会进行包装，以可接受的技术或美学属性为卖点，避免激发人们的批判性思考，反思它们无法在一个包含世界冲突的现实社会成为典范。

有关军事干预的商业视频游戏很少出售，因为它们能够促使玩家批判性地思考战斗场景是如何为他们的享受而设计。回想一下，上一章研究的游戏是这个商业和设计真理的例外；《无人驾驶》是一个非商业性的艺术游戏，《特种行动：一线生机》和《使命召唤：黑色行动 2》包含不断变化的游戏模态，分别吸引人们对游戏结构和无人战争机器造成问题的关注。相反，在玩战争游戏时，人们只应该考虑有关战斗的因素。

《使命召唤 4：现代战争》的关键营销类文本——其开发团队的采访、新闻评论和在线视频广告——都展示着 2007 年最畅销的军事射击游戏是如何完美地理解"军事现实主义"。[1] 这些营销类文本不仅制造炒作话题，推动销售工作，而且同样重要的是，它们还暗示该作品区别其他作品，通过特别的文本解读，以避免将"使命召唤"的战争剧与屏幕上的战争行动和伊拉克及阿富汗的暴力事件联系起来。电视广告造势中的故事将使这些关于愉悦、展示、模态和玩法的卖点置于更合适的聚光灯下。

"僵局"和模拟热

2005 年 5 月 12 日，随着 Xbox 360 游戏机的发布，微软推出了一系列"跳入"主题电视和互联网广告，邀请观众加入他们最新的在线游戏体验。"跳入"之所以引人注目，至少有两个原因：广告没有展示游戏画面；它们展示了现实世界中不同群体的人一起娱乐。这些广告中描绘的玩家包括女性、中年人、有色人种以及与传统观念上与视频游戏无关的人群。然而，可以肯定的是玩家中明显没有白人青少年。广告展示了城市空间中的公众活动。在一个广告中，孩子和成年人在城市里玩水球游戏；在另一个广告中，路人不可思议地"跳"进荷兰双跳绳游戏；第三个快节奏广告中，两组年轻人将他们的"警察和强盗"游戏从公寓玩到楼下繁忙的城市街道；又一个广告中，热气球把沙发、电视、Xbox 360 和游戏送到停车场，把旁观者变成了一群游戏玩家。[2] 这些实况广告鼓励各个年龄段的玩家拿起游戏手柄，加入各种各样的在线游戏。事实上，美国广告联合会主办的 2006 年艾迪奖（ADDY Award）颁奖晚会上，"跳绳"因其广告中包含多元文化，获得了"国家最佳表演奖"和"马赛克奖"。李奥贝纳全球广告公司首席创意总监马克·图索尔称赞这一点，他说："这种特殊的荷兰双跳绳隐喻性地抓住新一代 Xbox 360 的娱乐性和社交性。"[3]

然而，"跳入"运动并非完全成功。这一备受赞誉的多元文化"跳绳"广告由麦肯广告制作。该公司还制作了一个名为"僵局"的广告，微软选择不将其在美国播出。预计到可能的国内反应，微软选择在欧洲短暂播放"僵局"。我们只需简要描述一下广告内容，就可以说明微软令人理解的犹豫。

"僵局"的场景是在一个拥挤的火车终点站。[4] 两个年轻人擦肩而过，目光相遇并互相凝视。他们继续盯着对方看。突然，一名男子用食指指着另一名男子的脸，比出一把手枪的形状（图 5.1）。另一个人很快做出了同样的反应。站在附近的另一个人也一样。这一行动迅速增加，就像病毒一样通过车站传播，流动人群变成了一群固定的、比出手枪形状的"暴徒"。终点站处于停滞状态——僵局。镜头在紧张的面孔和僵硬的手臂之间猛烈地切换。突然间，最初对峙中的男人喊出："砰！"火车站爆发出一阵由嘴发出的枪声。人们埋头寻找掩护，躲在桌子后面，然后在被"射中"后倒下。镜头结束时，和其他作品一样，该广告要求观众

游戏战争

图 5.1 微软"僵局"广告中，旅行者互相指着对方

"跳入"。

我们只能推测美国电视观众会如何看待这则广告，并可以更容易地推测它没有在美国播出的原因。这则广告描述一个大规模的刺客游戏（也被称为"逮到你"或"杀手"），激进地将游戏媒介的乐趣与现实世界中的暴力联系在一起。也就是说，以杀戮和死亡为游戏内容可无意地唤起人们联想，将 Xbox 游戏媒体体验与一个道德恐慌主题联系在一起，该主题自 20 世纪 70 年代诞生以来就一直困扰着游戏业。这种时常出现但并无实际根据的担忧认为，视频游戏是一系列暴力行为的主要驱动力，导致青少年或年轻人无法或不愿区分是非。1999 年 4 月 20 日，哥伦比亚高中发生的枪击案是最著名的恶性犯罪案件之一，被认为相当程度上应归咎于暴力游戏造成。[5] 显然，微软不想把自己的产品或服务与这些争议联系在一起，因此在美国微软将"僵局"广告束之高阁。然而，微软对这个广告持强硬态度的深层次原因可能是因为

190

这个广告——用某个术语来说——可能引起模拟热。

电子游戏设计师和学者伊恩·博格斯特创造了"模拟热"这个术语,他将其定义为"因游戏的单元操作展示与玩家对展示内容的主观理解相互作用而引起的神经不适"。[6]任何模拟计算或视频游戏都必须模拟某些特定过程,且过程的展示方式与用户解读该过程的方式存在潜在冲突,因此游戏操作可能会使玩家产生焦虑状态。或者,将该思想直接与本书的关注点联系起来:模拟热是令人不安的游戏模态偏差。这是游戏的文本机器功能与其想象中(或不是)玩家的现观念之间的不一致。[7]当然,正如上一章所述,游戏并不总是需要产生舒适的媒体体验。然而,电子游戏几乎总是努力保持组织设计逻辑上一致和连贯。从所处环境的角度理解视频游戏与现实的关系,可以解释上述一改连贯性的原因。例如,模拟飞行游戏以纽约为背景,飞机可毫不费力地穿过建筑物,这可能会产生焦虑状态。这种模拟不仅不符合用户对客观世界的理解,而且还可能重燃类似9·11袭击的想法。

模拟热并不是一种局限于电子游戏的存在性疾病,它也影响着非媒介游戏。博格斯特认为:

> 游戏不是绝对孤立地处于世界之外,而是提供了一条双向通路,玩家和他们的思想可以通过这条道路进出游戏,在两个方向带走和留下思想残余。魔圈中有一个缺口,玩家通过这个缺口进入和离开游戏空间。如果魔圈真的是某种与世隔绝的对立面,那玩家就永远不可能进入它。[8]

因此,"僵局"广告中对一个自发杀手游戏的展示,证明了模拟热在所有物理和虚拟游戏中都有崭露头角的潜力；考虑到9·11后，广告在公共空间中对暴力的轻佻展示，这一点尤其值得忧虑。根据博格斯特的说法，"模拟热的概念暗示严肃性回归游戏业，并暗示游戏不仅干扰和转移人们认知，更帮助我们揭露和探索复杂的人类环境"[9]。"僵局"的案例同样表明，模拟热和道德恐慌是游戏营销人员的重点考虑因素，有害的游戏联想，可以暴露媒介在展示性方面的局限性，潜在地损害销售。所有游戏，无论是媒介的还是其他的，都必须与玩家的现实生活有联系——不论是否完整或者连贯。正是这种与玩家生活的必要联系不断地试图打破魔圈的诱惑咒语。因此，当游戏过程与相似世俗行为的理解不符时，这些不和谐的时刻就可能促使玩家思考现实的困难或复杂，以及游戏反映现实的偏差性。

视频游戏是媒介游戏，迫使玩家考虑实际射击和实际死亡。但游戏中，暴力的展示奇妙而荒谬，一个人可以射击自己的朋友，也可以被射击。夺取他人生命需要深刻的个人反省——这种行为肯定不属于商业射击游戏的典型覆盖范围。射击游戏的营销人员必须警惕这一潜在情况，避免产品被视为给观众带来不快而复杂感觉的东西，最终导致利润微薄。"僵局"广告通过描绘一个人人都是武装敌人的场景，在9·11事件后迫使人们考虑偏执和暴力。

社会现实主义 vs 技术"现实性"

在军事主题游戏中，模拟热引人注目地强调，军事现实主义不是军事现实。前者是一个美学的、松散的范畴，后者是一个实际的状态。正如亚历山大·盖洛韦指出，近现实主义数码展示不应与存在的现实主义相混淆。此外，电子游戏研究应谨慎地将现实主义游戏定义为"批判性地反映日常生活的细节，充满挣扎、个人命运和不公正性"。[10]本章采用了加洛韦的有用术语"现实性"，将其作为视觉和听觉的"衡量标准"。[11]商业军事电子游戏使用技术和展示的现实性来传递内心的情感体验。然而，这些设计属性并不能将它们转化为现实文本，因为这些游戏往往无法复原士兵的生活经历（同样，《无人驾驶》和《特种行动》等游戏也很少例外）。对于一个真实存在的游戏来说，游戏内容和玩家的主观环境必须有一致性（加洛韦称之为"一致性要求"），或者"某种将玩家的社会现实转化为游戏环境，并能反向确认的内容保真度"[12]。加洛韦通过两个例子阐述他的论点，即反以色列占领的作战游戏《废墟之下》（2001年）和《特殊部队：一线生机》（2003年），这两部游戏分别由叙利亚公司达尔菲克和黎巴嫩政治集团真主党出品。与西方生产的大多数军事游戏不同，这些游戏是现实主义作品，巴勒斯坦玩家可以通过面前的屏幕进行政治斗争。对于加洛韦来说，较之于高清晰度的场面忠实还原，现实主义都更依赖于语境一致性的投入感。也就是说，尽管设计中规中矩，这些巴勒斯坦第一人称射击游戏并不是现实主义文本，它们批判第一人称射击游戏。相反，考虑到这些游戏的内容和玩家群体之间存在强烈且意义重大的联系，可以将其归类于现实主义游戏。（加洛韦几乎肯定会将《无人驾驶》视为一种社会现实主义游戏。）

目前审视的营销材料采取了相反的策略：只争论文本的真实性。事实上，宣扬有关过去、现在或未来战争的游戏乐趣，是高度限定文本现实性的乐趣。大多数射击游戏很少包含可将玩家与现实战斗关联的元素。商业军事射击游戏的营销主要是为了打破文本真实性和"真实性"理解之间的鸿沟，通过特定游戏对技术细节的关注提供所有必要的展示和模拟性真实，使得任何潜在买家都能获得沉浸式体验。因此，9·11事件后的军事射击游戏市场营销活动，主要是兜售军事现实性的特定元素：复杂的敌方人工智能、造型和行动模拟真实事物的军事武器和装备，以及在仿真战场上展开历史或者"新闻头条"上的战斗。无论玩家的个人游戏内容怎样，游戏产业都承诺致力于向玩家和潜在的消费者提供近乎真实的战斗体验。与此不同的是，军事现实主义的本意是告诉人们关于战争所有需要和人们想要知道的事情，在可能危及其游戏乐趣的语境模态上，赋予一种受限定的游戏内容模态。

9·11事件后军事射击游戏的军事现实主义广告修辞充斥各种营销材料。本章研究3种类文本——游戏制作人员访谈、新闻评论和病毒式广告宣传——在《使命召唤4：现代战争》中如何理想化地阐释军事现实主义。这一"使命召唤"作品提供了一个有价值的案例研究，它在游戏平台和在线游戏服务中极受欢迎；而且正如第2章所述，它是21世纪第1部邀请玩家与9·11后的全球恐怖分子作战的游戏。[13] 除了为游戏带来刺激感并推动销售之外，《使命召唤4：现代战争》的营销类文本特别推荐了其他阅读材料，避免让游戏战争乐趣受到模拟热威胁。

视频游戏类文本的政治经济用途

在《视频游戏的意义》一书中，史蒂芬·琼斯提供了首个持续分析游戏类文本的媒体研究。基于杰拉德·热内特的"类文本"概念，或"围绕文本的多层框架系统，有助于确定文本接受"，琼斯巧妙地证明，玩家对视频游戏的理解不仅源于内部故事和游戏设计，也同样源于作品出版和营销的外部物质条件。[14]这包括营销工作、粉丝评论、公测、游戏修改，以及围绕游戏作品的其他相关短期工作；这些元素强调意义创造总是"复杂接受历史"的结果。[15]琼斯并不是第一个认识到热内特概念的效用或利用类文本的力量来塑造中心文本解读方式的学者。电视学者乔纳森·格雷评估营销炒作和新闻评论在媒体消费者染指广告所涉商品之前开启创造意义的过程。[16]格雷认为：

> 换言之，类文本引导我们进入文本，构建各种意义和解读策略，并提出方法，协助我们在文本中有所发现。当被视为类文本时，炒作和协同就具有固有的文本性和解释性……为随之而来的文本创造意义结构。[17]

正如格雷随后对类文本的调侃，称它是"（文本之前）开始的文本"。[18]此外，鉴于类文本包括官方推出的预告片、狂热粉丝的艺术作品和第三方活动人物，它们有可能基于不同区域的关闭或者开放阅读和解释策略。

类文本营销对于文化生产商来说特别有价值，它们有助于缓解新媒体行业特有的商业风险。高度集中和寡头垄断的电子游戏行业尤其如此；据估计，只有不到3%的游戏能盈利。[19]电子游戏必须依靠别出心裁的宣传来吸引消费者，花费50到60美元购买新的游戏。游戏行业的制作商不能像电视行业那样，主要依靠广告收入，也不能像移动运营商那样依靠"套餐"费用，也不能指望周边产品能使他们的游戏获利。随着时间的推移，好莱坞的一些电影也是如此。[20] 这些行业的特定压力形成了一个更为保守的生产环境；在这种环境中，设计选择往往符合久经考验的通用公式，吸引可靠的玩家人口群体。类似体育和角色扮演游戏，军事射击游戏是游戏机和个人电脑游戏的一个基本品类，这些游戏在年轻男性"硬核"消费者群中很受欢迎。

史蒂芬·克莱恩和同事强调制作《使命召唤4：现代战争》等游戏的压力，他说：

> 软件开发是一项具有风险的业务。大多数产品失败了。开拓性的游戏可以创造新的文化基础。每一个成功案例背后都有更多的失败案例，而公司和事业也往往随着失败而崩溃。这就产生强烈的刺激，促使开发商墨守成规，依靠已获成功的策略。游戏开发者是从游戏玩家的队伍中招募而来的事实也强化了这一重复模式。这种无性繁殖使游戏文化射击、作战和战斗主题一旦确立、重复和扩散，便具有进行简单地自我复制的强烈倾向。[21]

尽管任天堂 Wii 游戏机上的《模拟人生》（2000 年）、《摇滚乐队》（2007 年）、《Wii 运动》（2006 年）等家庭友好型系列产品、以及乐高品牌游戏、手机游戏最近取得成功，吸引了更多不同类型的受众，但游戏行业仍对其核心用户产品的生产和销售业绩感到满意。

主要的广告活动往往与其对应产品具有同质、安全和一维性。两类产品都取之于斯，用之于斯；像微软"跳入"广告仍然是行业的异端。在《数字游戏的商业和文化》中，阿芙拉·科尔将主宰游戏杂志、网站和粉丝论坛的快餐式评论描述为"霸道的异性恋大男子主义"。[22] 与此类似，克莱恩及其合作者认为游戏制作长期以来都是由"军事化的阳刚之气"所主导，这种情况在不同类型和平台的游戏中很明显。[23] 他们指出：

> 这种〔产品〕包含复杂的混合成分，从射击和战斗技能到毁灭性魔法咒语，从战略和战术战争游戏、间谍活动到场景探索，最终形成征服异域文明的能力。这些元素分散在"射击""动作""策略""角色扮演"等各种各样的游戏类型中，并且经常结合为"元类型"——"角色扮演加策略""运动加射击"。但综合起来，它们构成一个共同的符号学联系，围绕着战争、征服和战斗，从主题上统一，诸如《神话Ⅱ：勾魂使者》《幕府将军》《特殊行动：一线生机》等不同类型的游戏。[24]

科尔的"霸道的异性恋大男子主义"和克莱恩及其合作者的"军事化的阳刚之气"准确描述了整个游戏行业文本和类文本中暴力和性别歧视的流行趋势，并解释了经济需求如何限定设计试验。然而，本章超越了这些有益但略显宽泛的叙述，而旨在阐释后9·11市场中，兜售军事现实主义的具体营销策略。

视频游戏营销为玩家提供获得愉悦游戏体验的方式，它是生产者和消费者之间初步的文本交互界面。正是存在大量的专业（游戏）网站和粉丝网站，玩家在玩相关游戏之前，通常可以浏览早期的游戏画面、制作人员的高级访谈,以及游戏评论家的新闻预览。克莱恩和他的同事们强调这类先期类文本所扮演的关键性话语和经济角色:

> 营销人员和设计师这样的文化中介个体与游戏消费者"对话""谈判"似乎有悖常理。然而,从资本角度来看,向消费者开放渠道,回应批评,适应他们的想法和兴趣,并将这些信息转化为产品却很有意义。我们称这种中介营销关系为一种谈判,承认文化产业已处于受众和市场分工研究的前沿,已形成一种受众监控的自我反射回路,敏锐地认识和响应不断变化的偏好、品位和亚文化。[25]

如果有足够的时间和资源,早期的玩家反馈可能会被纳入游戏设计。或者说,营销材料可能会解决或抢先处理游戏测试或在线论坛反馈中收集的突出问题。这种生产者和消费者之间的重要相互作用强调一个事实,即生产和消费并非单一类别,而是以辩证关系的形式存在,并通过一个多孔的技术社会膜相连,使类文本在生产者和消费者之间双向移动。

在视频游戏文化中,我们可以举出许多这样富有成效的前后动态案例。例如,《半条命:反恐精英》(1999年)仍然是最著名的计算机游戏改进故事之一。它最初是《半条命》(1998年)的一个社区开发版本;《半条命:反恐精英》下载量大增后,《半条命》的发行商雪乐山公司购买了该作品,包装之后发售。游戏的开发工作室威望迪软件公司亦被聘请为该版本设计师。基于《光晕》游戏的机器兵系列《红蓝大战》是另一个非官方粉丝制作的类文本游戏例子，该游戏的营销人员后来参与合作宣传"光晕3"（2007年）[26]。还有一个公司回应游戏社区的例子是《使命召唤4：现代战争》引入"NoM4D"的控制方案。兰迪·"NoM4D"·菲茨杰拉德是一个狂热的玩家，在游戏大联盟的竞赛中脱颖而出。菲茨杰拉德自出生以来就患有罕见的肌肉和关节紊乱性关节挛缩症，并从颈部以下瘫痪。[27]在一个改进的控制器帮助下，菲茨杰拉德可以用嘴玩电子游戏。游戏开发者无限守护公司满足了菲茨杰拉德的要求，在游戏中编制一个控制方案，以满足他的身体需求。

设置"NoM4D"游戏控制器表明，保持与粉丝社区紧密联系对视频游戏制作人有极大价值；而《半条命：反恐精英》和《红蓝大战》的例子说明，流行的粉丝类文本是如何以自己的权利创造有价值的（并且可能是赚钱的）作品。这些案例不仅仅是装门面的简单修饰。用户制作的粉丝类文本和营销人员制作的广告类文本打开了沟通关切的渠道，以交流每个群体重视的问题；随着时间的推移，可能达成经济或社区建设的相关目标。然而，官方出版商主导的游戏营销仍具有价值，正是它在游戏产品上架之前传播，是公众评估游戏体验的第一个来源。格雷认为：

> 广告和炒作不能仅要求我们消费：他们必须用文本来支撑它，为所涉产品或文本创造某种形式的脚本和意义，给我们一些定制式的感觉。然而，如果这样的话，我们所消费的炒作将框定我们与文本之间的互动；这种炒作将不仅指向我们手头的文本，而且已经开始创造文本意义，将其作为解读的第一步。[28]

《使命召唤4：现代战争》的人员访谈、新闻评论和病毒式广告通过预测潜在玩家根据宣传的军事现实主义美学对游戏外观和操作的期待来构建刺激点，同时也试图避免包含诸如影响"僵局"广告的模拟热之类潜在的外部争议点。

《使命召唤4：现代战争》：让软弱的玩家自我埋葬

游戏开发商在游戏零售发布前的若干月至若干个星期内，向游戏网站和杂志提供高级报道，并"披露"正在开发的产品，这是游戏开发商的标准做法。这样的技术策略可以在游戏评论家和消费者用专栏和金钱做出判断之前，引起轰动、产生兴趣，并允许开发者夸耀他们产品的优点。《使命召唤4：现代战争》的营销努力早在2007年11月5日北美发售之前就已开始，因为它是该系列第一部非二战设定背景的游戏，这一设定在前续作品中十分流行。在游戏网站、杂志和有线电视节目进行的大量采访中，无限守护公司的游戏开发人员宣告游戏的军事现实主义美学，并向玩家许诺，《使命召唤4：现代战争》仍将忠实于该系列前期成功的设计。

在一系列采访中，无限守护工作室的负责人之一格兰特·科利尔谈论即将出品的游戏的很多方面，特别是花费大量时间来描述《使命召唤4：现代战争》的近现实世界背景和政治故事。科利尔努力在游戏的虚构内容和当代战争的生动现实之间取得平衡。例如，他强调游戏并非"关于伊拉克战争……（相反，《使命召唤4：现代战争》）是一场全球性冲突"，而"游戏玩家需要在一个虚构的环境中追捕一个虚构的恶棍"。[29]科利尔还拒绝将游戏描述为"战术射击游戏",这通常意味着慢节奏,并需要遵守严格的程序要求(例如,第3章讨论的"汤姆·克兰西"品牌的"彩虹六号"系列和"幽灵行动"系列产品是典型的战术射击游戏)。他把《使命召唤4》描绘成一个与前几部同类型,以战斗为导向的动作游戏。他说:"这将是一个动作满满的现代游戏,快速重新部署部队……玩家在多个地点经历多种类型的冲突。这是涵盖从士兵到卫星,包罗万象的战场。"[30]在科利尔马上就会谈到的"使命召唤"系列军事顾问汉克·凯西的共同采访中,凯西代表一名俄罗斯记者问科利尔:即便他们"不再是共产党人了","为什么俄罗斯人"仍然"是坏人。[31]科利尔对游戏玩家的负面反馈轻描淡写,说这种情节选择确实激怒一些在网站论坛上的博主;但需要明确的是,游戏虚构了一个俄罗斯分离主义团体。根据科利尔的说法,它并不对俄罗斯公民或俄罗斯军方持消极立场。在这些宣传视频中,科利尔利用他对游戏设计的简介和作为资深制作人的权威,来塑造游戏玩家和评论家的期望,基本上让潜在消费者放心,即使无限守护公司产品和它的忠实玩家进入21世纪,该品牌著名的游戏战争风格仍然牢固。

叙述完作品中敌人的虚构性及交火所在中东城市的非特定性,科利尔认为游戏的基本军事现实性是基于制作团队对战斗战术、装备和对话等细节的关注,以及游戏复杂的视觉和音频设计。在一个特别引人注目的宣传视频中,科利尔记述了无限守护公司的研发过程,描述制作团队如何在加利福尼亚州棕榈树地区的"陆战队空地战斗中心"进行一次教学实地考察。这段视频显示,海军陆战队在一个模拟城市里训练,同时游戏的开发人员正在做笔记、记录音频和视频数据。然后,这段视频在录制的实况动作练习和在个人电脑显示器上展示的游戏开发过程之间切换，以证明这两个世界之间的真实性。科利尔强调说："我们的团队坚持不懈地尽可能还原真实。"[32]

这段宣传视频的最后一部分显示一队海军陆战队成员访问无限守护工作室，试玩游戏的测试版。据科利尔讲述，来访的海军陆战队员在最初的几局被轻而易举击败。然而，一旦他们开始沟通和协调他们的攻击战术，他们很容易战胜担任敌方的测试团队。不管它是否真实，最后一件轶事表明，尽管《使命召唤4：现代战争》并非国防部门所有、无限守护公司开发的游戏，但由于武装部队的慷慨投入，它仍然具有高度的军事现实性，甚至已经被一群货真价实的士兵测试过。

军事顾问和主题专家在战争娱乐，特别是在视频游戏的发展中发挥着关键作用。作为生产团队的成员，他们确保军事术语和条令能够准确地用数码形式展示[33]，他们同样在市场营销中发挥重要作用。《使命召唤4：现代战争》的军事顾问汉克·凯西就是一个很好的例子。正如科利尔和其他无限守护公司的开发人员一样，凯西也在《使命召唤4：现代战争》发售前后公布的众多宣传视频露面。凯西作为陆军步兵服役数十年，曾在西点军校教授历史。2003年，第一部《使命召唤》游戏创作时，他开始与无限守护公司合作。凯西谈到这款游戏长达两年的开发周期，以及设计团队细致的数据收集方法，为营销材料的真实性声明提供依据。在一次更加有趣的采访中，凯西说："游戏已经接近了一个相当的强度，实力较弱的玩家会埋了自己。它很棒，很有感觉。"[34] 他接着称赞道：

有人问我：“你能用这个游戏作为演习工具吗？”事实上，我说：“当然可以，但这并非游戏本意。”开发人员并不想制作任何可以被陆军部或者类似部门利用的东西。但他们制作的游戏如此真实……所有的物理原理都完全正确，武器完全正确，弹道学正确，坦率地说——如果你派遣一支突击队去对付奥萨马·本·拉登……你可以进行一次逼真的彩排。耳机对耳机，人对人。真刀真枪的实战依然必要……但是，指挥、人员协调、突发事件演练——《使命召唤 4：现代战争》有一个巨大的引擎去模拟这些。再次强调，这并非有意为之。只是〔无限守护公司〕使游戏如此接近真实。[35]

鉴于作为顾问的局外人身份，以及他个人的军事经验，凯西的褒奖更加引人注目——奥利弗·诺斯和彼得·W. 辛格一起推广《使命召唤：黑色行动 2》时，再次采用的宣传策略。

凯西的采访中，另一个值得注意的内容是他相信"使命召唤"系列游戏很好地纪念了军人们的牺牲。起初，他不愿意为一家视频游戏公司工作，直到看到他们"致力"于创造真实的军事历史。凯西最初也为第一部《使命召唤》游戏所吸引，因为第二次世界大战的主题"有关那代创造奇迹的人，富有教育意义"[36]。他认为，《使命召唤 4：现代战争》采用同样的方式描述现代军人，他说：“我喜欢玩这些游戏，我认为它们是对真正在前线奋战之人的一种致敬。”这一论点通过暗示玩家购买和使用游戏实际上是一种对士兵致敬的方式，放大了所谓的军事现实主义。现在，这是一个相当标准的当代军事射击游戏营销策略。[37]

这些宣传性访谈将军事现实性的技术要素与游戏战争所带来

的体验性快感联系起来，同时也包含了基于模拟的焦虑，这种焦虑可能是由于玩家对进行现代作战认知和《使命召唤 4：现代战争》建模不一致所导致。营销材料一般都承诺未来的某种奖励，而新闻评论完全是另一种辅助手段，不需要做出这样的承诺。《使命召唤 4：现代战争》的访谈虽然大部分都很正面，却暗指模拟热的焦虑，而这一症状在开发者的访谈中基本上被忽略。

"（在《使命召唤 4：现代战争》中）一些时刻太过真实和痛苦而无法承受"

如果《使命召唤 4：现代战争》的人员访谈是旁证，说明游戏开发商在游戏制作阶段对军事现实主义的追求，那么媒体评论是官方游戏试玩专家对设计师执行工艺方式的佐证。《使命召唤 4：现代战争》在 metacritic.com 上获得了 Xbox 360 和 PS3 游戏机 94 分的高总分，在这两个平台的最佳游戏排序中名列榜首。但专业的评论家们所做的远远不仅是根据内部评估打分排名。新闻评论通常在游戏发布日期前就已写好，但通常在游戏上市后发布，汇入市场中其他影响玩家理解游戏的信息洪流（并不提及玩家是否应该消费）。此外，作为经验丰富的精英玩家，游戏评论家对解读游戏内容和体验提出建议。本部分内容研究《使命召唤 4：现代战争》2007 年 11 月发布后几天内出现的正面评论如何提供策略，帮助玩家来理解游戏的军事现实主义游戏乐趣，以及游戏玩家如何克服游戏的负面情感元素，赞赏模拟暴力的技术复杂性。

针对无限守护公司将其作品主题从第二次世界大战战场转移

到现代战争的决定,有关《使命召唤4:现代战争》的评论几乎对此一致感到满意。游戏相关的武装冲突更加贴近时代,也使游戏与玩家的社会经历关联度更高(增加其社会现实主义和情境模态)。gamespot.com 网站前任编辑杰夫·格斯特曼认为,"通过将游戏叙事变成一个似乎相当合理的虚构故事,游戏开发者制作了一部更厚重的作品"[38]。"厚重"可能意味着游戏对那些可能认识士兵、曾经服役或正在服役的玩家更具个人影响。

除了游戏世界中虚构但可怕的恐怖情节外,较之于《使命召唤3》(2006 年),这款游戏在图形化和游戏性等方面明显改进。并不奇怪,评论家们最愿意赞扬游戏的技术成就。例如,希拉里·戈尔茨坦在为 IGN 网站撰写的评论中写道:

> 这是一部真正的精彩游戏。运行几乎完美,偶尔才会几帧卡顿。游戏提供丰富的细节,很棒的纹理,出色的盟友动作画面,震撼的碎片效果,还有星辰照明。音效同样令人印象深刻。战斗十分嘈杂。友军的呐喊,敌人的诅咒,手榴弹落在你脚边不祥的叮当声,都创造了一种身临其境的体验。你很可能在战斗中迷失自我,被视觉和声音所吸引。这是一部技术精湛的作品,不会让人失望。[39]

Gamedaily.com 网站的克里斯·布法在评论中也持相似观点:

> 玩《使命召唤4:现代战争》是一个品味它的过程。它不仅提供优秀的游戏体验,而且视觉和听觉效果都很华丽。处决平民和建筑物倒塌的震撼场景深深地印在任何关注每日

新闻的人心中。士兵们清理房间的战术和安然空袭恐怖分子的任务让人想到"探索"频道的节目。我们发现自己为游戏细节而惊叹折服,游戏人物是如何像真人一样移动,武器的外观和声音完全像现实生活中的实体,痛苦、愤怒和喜悦的尖叫效果也栩栩如生。[40]

然而,最直白的游戏评论或许是IGN-澳大利亚网站制作的一个视频特辑,它将《使命召唤4:现代战争》的模拟枪声与拉斯维加斯一家枪械店对应的真枪进行比较。[41]在这段视频中,IGN记者试用了很多手枪和突击步枪,而视频在实况演示和游戏交火之间交替进行。主持人解释了每种武器的优缺点(精度、威力、后坐力等方面),以及无限守护公司如何将这些武器实现数字化虚拟。

这段视频直观比较现实和虚拟世界中的武器区别,认为现实和虚拟之间存在着无懈可击的一致性和逼真性。实际上,军事现实主义营销的这种比较忽略了玩家有关游戏虚拟士兵体验的理解方式,以及这种方式对他们理解真实士兵的影响。换句话说,这就是加洛韦所强调的文本和社会现实性之间的关键区别;它也是第1章中介绍的文本和文脉模态模式之间的经验鸿沟。营销类文本更注重宣传游戏对现代战争战场及其装备的展示性,而不是向玩家推销无聊和可怕的战争社会现实。《洋葱新闻》是一个戏说性的新闻来源,它在报道虚构的《使命召唤:现代战争3》时敏锐地指出,"使命召唤"系列无法模拟战争的社会现实。在《使命召唤:现代战争3》中,玩家将大部分时间花在搬运装备、填写文书和抱怨手机信号有多差。[42](报道中的《使命召唤:现代战争3》不过是一个短暂的笑话,这款游戏实际于2011年11月8日正式上市。)

与制作人员不同,游戏评论员们确实克服了战争期间玩军事游戏的主观不适,以及《使命召唤4:现代战争》中震撼时刻产生模拟热的感觉。gamedaily.com的克里斯·布瓦也赞同凯西有关游戏残酷性的评论,认为这是当代军人英勇和牺牲的互动证明。布瓦认为:

> 战斗震撼人心,无与伦比。你从未经历过比这更凶残和无情的事情。火箭弹从你的头上飞过,用炮火攻击直升机,撕碎附近的房屋,喷气机地毯式轰炸一个地区,坦克炸穿墙壁,士兵们数以百计地倒下。疯狂,再加上你的角色无法像其他游戏(《光晕3》《生化奇兵》)那样吸收打击,会使你自省行为并重新思考战略。最重要的是,如果这个游戏仅仅代表真正的士兵日常作战的冰山一角,那么我们就有尊重武装力量的新理由。[43]

《使命召唤4:现代战争》因在单人战役中引入特别鲜活的战斗场景而备受好评,这种方式强调了战争的丑陋性。回想一下第1章和第2章描述的游戏开场时的悲惨场面。当时玩家扮演的总统阿尔·富兰尼被押送到电视直播的处决现场。"通过阿尔·富拉尼的眼睛,你看到恐怖分子哈立德·阿萨德举起枪对着你的脸;一声枪响,屏幕迅速变黑。"[44] Gamepro的特拉维斯·摩西描述了他行刑的感受,"因为(《使命召唤4:现代战争》的)接近真实的视觉效果,这样的时刻太过真实和痛苦,让人难以承受。然而，它再次展示无限守护公司熟练的身心结合能力"[45]。EGM/1up.com 的安德烈·菲斯特同样认为，尽管当前的中东军事行动可能会出现令人不快的相似情况——"以'伙计，炸掉它'的方式解决一个微妙复杂的问题"。但是，无限守护公司拥有第二次世界大战题材的精湛制作经验，它已找到用军事现实主义方式演绎当前全球反恐战争的合适方式。菲斯特指出：

> 然而，任何一个"使命召唤"系列游戏的粉丝都会告诉你，"无限守护"的人都是熟练的故事讲述者和剧本撰写者。正因为如此，尽管可能并不完全真实，但《使命召唤4：现代战争》可与《黑鹰坠落》这样的电影相提并论，充斥着对复杂危机场景的动态展示，可向那些未参军的人传递战争的可能感受：一团乱麻。[46]

即使有限军事干预本身没有像第二次世界大战类似的神话引力，美国海军陆战队和英国特种空勤团（游戏玩家在单人战役中扮演的两个小分队）的牺牲和职业精神仍在新闻评论中作为道德正义的行动者出现。新闻评论承认当前头条新闻相关的游戏战争包含引起模拟热的元素，认同根据近期事件制作游戏战争需要智能设计。然而，记者们通过歌颂军队人员道德美德和无限守护公司升级其招牌作品的能力，而避免模拟热的影响，降低主观紧张的担忧。主流新闻评论在很大程度上强化了《使命召唤4：现代战争》的主要电视宣传片提出的主张："战争改变了，武器改变了，而军人永恒。"

"非常好玩的游戏,混蛋美国佬"

《使命召唤4:现代战争》的《世界领袖》网络视频说明了粉丝创作的类文本对视频游戏营销人员有多重要。这些看似业余的"世界领袖"录像由5位通常受到美国主流新闻媒体诋毁的国际政治家主演,他们在片中就《使命召唤4:现代战争》发表自己的评论。这些色彩模糊的画面配合极其蹩脚的英语画外音,它们与YouTube等视频共享网站的任何粉丝视频或深夜喜剧节目(如《乔恩·斯图尔特每日秀》或《科尔伯特报告》)的讽刺片段非常相似。事实上,《世界领袖》视频证明了粉丝编写的文本在推动游戏成功方面的价值,因为这些视频名义上是粉丝作品。正如网站过时的外观所暗示的那样,这些作品出自一个铁杆的"使命召唤"粉丝之手,页面简单的布局和重复背景让人想起了MySpace或地理位置页面。然而,该网站是由DDB洛杉矶公司(一家成功的广告公司)设计,由该游戏的发行商动视公司提供资金支持。[47]网站的生产来源处提供其他诸如桌面壁纸图形和AOL即时通信好友图标等可下载内容的统一资源定位地址提示,网站链接到无限守护和动视公司。

委托粉丝创作的《世界领袖》节目给广告界留下深刻印象。2008年的MI6视频游戏营销大会上,该节目在众多奖项中赢得了"最受关注"和"难道你不希望想要"奖。根据恒美广告公司洛杉矶分部的客户主管保罗·西尔斯的一篇博客文章,该广告的目标是"提高游戏意识,让玩家有理由相信《使命召唤4:现代战争》从第二次世界大战转向现代战争将使其变得更好"。西尔斯继续夸张地反问:"谁能比专家,就是那些战争狂领导人更赞同《使命召唤4：现代战争》呢？"[48]

这些视频人物包括俄罗斯的弗拉基米尔·普京、利比亚的卡扎菲上校、古巴的菲德尔·卡斯特罗、伊朗的马哈茂德·艾哈迈迪·内贾德，以及代表朝鲜的金正日。这些短篇作品以模仿的新闻广播为结尾，大多数都伴随着一些夸张的民族主义管弦乐。这些荒诞的讽刺制作与美国主流媒体展示这些领导人的通常方式有着相似之处。与其他《使命召唤4：现代战争》的类文本不同，这些模仿性游戏评论承认游戏文化中游戏的中心性——而前述采访和新闻评论的严肃军事现实主义内容基本没有这种认知。

并非所有游戏、幽默和文本试验都能轻易地与宣传的军事现实主义相提并论，军事现实主义被认为是向真正的士兵致敬，逼真地模拟弹道和战斗战术。事实上，游戏往往具有破坏性、颠覆性、娱乐性和轻浮性。这些视频承认了游戏界众所周知的事实：游戏玩家在虚拟战争中的各种娱乐行为既不现实，也不具有特别的军国主义色彩。尽管西尔斯在博客中宣称"渴望战争"的世界领导人是《使命召唤4：现代战争》的最佳拥趸，但视频重新剪辑的档案片段通过承认未出现在《使命召唤4：现代战争》的主要电视节目的充满活力的粉丝群体的重要性，从而削弱了制作人员有关军事现实主义的严肃言辞。《世界领袖》节目表明，粉丝创作的类文本是3A级别游戏营销活动的关键组成部分，生产商可以为自己和粉丝制造看起来像粉丝创作的类文本。

除了暗喻一个有政治意识和创造性的粉丝群体，《世界领袖》也使模拟热的问题复杂化。但是这种明显的模仿性类文本是如何引发模拟焦虑的呢？答案在于游戏本身的悖论性质，现实和幻想的相互动态作用，这些体现在《世界领袖》节目。首先，这些视

第五章　军事现实主义的市场化

频将当代政治知识注入到《使命召唤4：现代战争》的背景意义框架中，为玩家提供虚拟游戏角色和未知设置之外的世俗对照乐趣。[49]制作人员和游戏清楚地表明，《使命召唤4：现代战争》的故事和人物是虚构的。然而，模仿性的游戏评论不仅是如过眼云烟般扫视这些领导人角色。这则精心制作的广告，让世界领导人转变为游戏评论家，通过这一荒谬游戏评论为当代政治提供参考。

因此，这些视频充满了有趣的矛盾，展示类文本政治真理和军事现实主义文本表述如何潜在对立地解读描述有关9·11后国际冲突的游戏。这些视频清楚地展示这一冲突，领导们对游戏近乎真实的故事和场景进行褒贬不一的评论。例如，弗拉基米尔·普京批评单人任务，因为俄罗斯核武器被盗是"非常令人难以置信的故事"，这一想法"像波兰伏特加一样恶心"。同样，已故金正日的官方媒体报道说，虽然"光荣领袖"喜欢游戏的某些方面——"非常有趣的游戏，混蛋美国佬"——因为游戏有核武器，但"没有朝鲜救世主，一星差评"。在卡斯特罗的评论中，这位古巴领导人说，他一直在玩这部游戏，因此没有公开露面（图5.2）。卡斯特罗称赞这部游戏："这是自棒球以后，美国人给我们带来最激动人心的东西。"但是，考虑到个人健康问题和游戏的激烈程度，他的弟弟劳尔不能同时参加。有关模拟焦虑的虚构"抱怨"在卡扎菲的视频中最为明显。这位被推翻的已故上校感叹道：

> 游戏开发者！拜托，你说这是个无名的阿拉伯国家？虚构的？这是利比亚。显然是的黎波里。假装这不是利比亚就像假装自由城不是纽约一样愚蠢。如果这不是利比亚，那么

骆驼不会在沙漠里排便。(沉默。人咳嗽)骆驼?在沙漠里排便?像熊一样?算了。

评论接近尾声时,他停止活动,用一个遥感器绕着的黎波里海滩转了一圈,惊呼道:"你几乎可以看到穿着热带印花巴尔卡的热辣妹子!"

利比亚领导人提到的自由城,看起来很像《侠盗猎车手4》(2007年)中的纽约市,这并不是这些视频中游戏文化的唯一互文典故。这些评论反复确认,游戏的"官方"营销材料在很大程度上忽视了一种有趣的游戏文化。例如,普京(他的在线游戏网名是"普京射击187")赞扬了这款游戏的多人游戏设计,他说自己设计一个叫作"俄罗斯熊"的狙击手级别。他自夸道:"我沉默但致命,就像鲍里斯·叶利钦放屁一样。"据内贾德总统说,

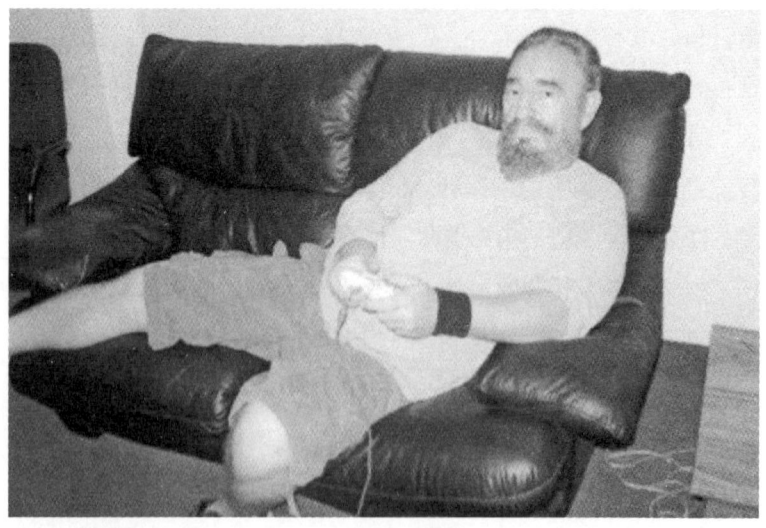

图 5.2　玩《使命召唤4:现代战争》的卡斯特罗

伊朗已经通过个性化多人游戏模式，发展出击败"大撒旦"的新能力。他们的军队的最新命令是"反茶党"，这将保护他们的士兵死后不让胜利者践踏。[50]内贾德宣布这一新能力的同时，画面出现两个茶具球制成军事奖章的挑衅形象（图5.3）。

图 5.3 《世界领袖》视频中，内贾德的"反茶党"勋章

结 论

《世界领袖》视频的低俗笑话、内幕幽默与科尔的霸权男子气概，以及克莱恩等人的军事化阳刚之气不谋而合，因为这种性别歧视的话语旨在吸引游戏目标人群中的男孩和年轻男性。此外，通过夸张的展示世俗事实和游戏虚拟的界限，削弱那些批判《使命召唤4：现代战争》展示后现代战争方式的力量。这些模仿

视频是动视公司先发制人的出击，反制那些可能批判的声音，批评他们的战争游戏从当代武装冲突中获利。这些广告类文本辩称，即使广告中的游戏是有关真实的人和地方（后一个游戏所使用），仍然没有值得关注之处，因为《使命召唤4：现代战争》是"游戏"。实际上，这些恶作剧式的评论使游戏政治复杂化，模糊了其形成战争乐趣的各种策略。《世界领袖》视频并没有消除模拟热；同时，它们否认有关道德恐慌的任何指控，认为这些指控是过于严肃地对待电子游戏或混淆了游戏模式和现实模态。

然而，模拟热并不仅仅是一些认知上的脱节或文本上的焦虑，它们会在游戏过程中影响敏感的玩家，这些基于模拟的担忧可能会对促销宣传和销售产生负面影响，使其成为游戏开发商普遍面临的法律性问题。[51] 通过制作滑稽的《世界领袖》，《使命召唤4：现代战争》游戏开发商试图在一部声称非政治但又有内涵的游戏中注入轻浮的政治因素。无限守护公司的逻辑似乎是这样：如果军事现实主义是游戏中所有军事细节的总和，那么省略诸如真实位置和政治实体等关键地理政治事实，就意味着游戏必须政治中立。然而，游戏营销人员明白，通过提供游戏社区开发类文本，编纂内部段子，允许他们质疑讨论复杂展示方式的潜在不适，可以扩大意义创造，有利于炒作和销售。尽管它宣传军事现实主义（即技术现实性和美军正面形象的构建），《使命召唤4：现代战争》和其他军事射击游戏的营销人员会让你记住，这最终只是一个游戏。下一章，我们将探讨进行视频战争游戏时，狂热玩家意味着什么，以及他与成为游戏战士紧密相关的身份认同和政治实践。

注　释

1. 克雷皮克，《NDP 辐射》。
2. 微软，《跳入》（商业），YouTube, 2006, http://www.youtube.com/watch?v=GFATqCfmgDM&feature=PlayList&p=582758959394B8FC&playnext=1&index=2。
3. 罗斯，《Xbox 360〈跳入〉广告赢得艾迪奖》；索森，《Xbox 360 电视剧赢得艾迪奖》。
4. 麦肯-埃里克森，《对峙》（2005 年），YouTube 视频，由 mundodasmarcas 上传，2009 年 9 月 27 日，http://www.youtube.com/watch?v=MUU096QLeOA。
5. 从盗窃、谋杀再到自杀，视频游戏暴力被认为是诱发犯罪的罪魁祸首。关于游戏如何与这些罪行牵连的更多例子，请参阅卡尔弗特的《很多家庭起诉〈侠盗猎车手 3〉引发枪击案》、贝内代蒂的《电子游戏是杀戮的罪魁祸首吗？》、邦科姆的《出租车司机被杀后，〈侠盗猎车手 4〉从泰国商店下架》、特纳的《丹尼尔·彼得里克杀死母亲，射杀父亲》。
6. 博格斯特，《单位行动》，第 135 页。
7. 正如杰夫·金的有益观点，媒体模态是一种"对一项活动的态度，以及该活动有关现实世界观的理解"（《〈全频谱武士〉的游戏、模态和现实主义》，第 53 页）。
8. 博格斯特，《单位行动》，第 135 页。
9. 同上，第 136 页。
10. 加洛韦，《游戏》，第 75 页。
11. 同上，第 73 页。
12. 同上，第 78 页。
13. 根据视频游戏 chartz（vgchartz.com）统计，动视公司已经卖出 1700 多万套《使命召唤 4：现代战争》的 Xbox 360 和 PlayStation3 游戏机版本。如果算上个人电脑和任天堂 DS 的话，销量会更高。这也是 2008 年的 Xbox Live 第二畅销的多人游戏，仅次于《光晕 3》。参见克雷皮克的《微软公布 2008 年最流行的 Xbox 360 在线游戏》。
14. 琼斯，《视频游戏的意义》，第 7 页。
15. 同上，第 93 页。
16. 参见格雷的《电视预视与炒作的意义》，以及格雷的《总有评论》。
17. 格雷，《电视预视与炒作的意义》，第 38 页。

18. 同上，第 46 页。
19. 基尔，《电子游戏的商业和文化》，第 45 页。鉴于独立游戏开发的兴起，基尔发表了她的研究成果，目前还不清楚这个数字将如何调整。
20. 一些游戏作品的制作考虑订阅服务和扩展模块，例如流行的大型多人在线游戏《魔兽世界》。
21. 克兰、戴尔-威则夫特和波特，《数字游戏》，第 251 页。
22. 基尔，《电子游戏的商业和文化》，第 100 页。
23. 克兰、戴尔-威则夫特和波特，《数字游戏》，254—255 页。
24. 同上，第 255 页。
25. 同上，第 252 页。
26. 2003 年以来，鲁斯特-提斯制作公司开始使用《光晕》的游戏引擎制作讽刺视频，并在网上发布这些短片。2007 年，微软委托该公司制作广告，宣传《光晕 3》的发布；该游戏发布的头 24 小时里，便使微软公司的总收入超过 1.7 亿美元。参见盖德斯的《〈光晕 3〉创下销售记录》。
27. 参见卡特的《精彩的专业游戏控制器 NoM4D 小试牛刀》。
28. 格雷，《电视预视与炒作的意义》，第 34 页。
29. 科利尔，《故事线的进化》。
30. 同上。
31. 科利尔和凯西，《〈使命召唤 4：现代战争〉仿真与平衡系统访谈》。
32. 同上。
33. 参见佩恩的《制造军事娱乐产业》。
34. 凯西，《〈使命召唤 4：现代战争〉访谈 4》。
35. 同上。
36. 同上。
37. 参见戴维森的《荣誉勋章：重生》。
38. 格斯特曼，《〈使命召唤 4：现代战争〉回顾》。
39. 戈尔茨坦，《"使命召唤 4：典藏版"回顾》。
40. 布法，《〈使命召唤 4：现代战争〉回顾》。
41. 《战争之枪》。
42. 《超现实现代战争游戏》。
43. 布瓦，《〈使命召唤 4：现代战争〉回顾》。
44. 摩西，《〈使命召唤 4：现代战争〉：2007 年最好的射击游戏》。
45. 同上。
46. 菲斯特，《〈使命召唤 4：现代战争〉(Xbox 360)》。有删减。
47. 向网站的 URL 发送身份请求，会显示该网站已注册为动视出版。
48. 西尔斯，《案例研究——〈使命召唤 4：现代战争〉》。

49. 有趣的是，《使命召唤 4：现代战争》的续作在指定的地方展开。
50. 电子游戏中的"袋泡茶"是指一个玩家将自己的角色放在另一个之上，然后反复蹲在对方死去的脸上。因为许多射击游戏允许失败玩家在虚拟死亡后成为观众，胜利的玩家可以通过执行这种统治行为来对失败者进行侮辱。
51. 一个非军事射击游戏的例子是对恐怖类动作游戏《生化危机 5》(2009 年)宣传材料的强烈抗议。这个跨平台和多媒体作品的早期预告片显示，白人特种作战军官克里斯·雷德菲尔德正在射杀被破坏性寄生虫感染的非洲人。粉丝和非粉丝人群都表达他们对这部游戏描述的白种美国人枪击患病黑人的担忧。该游戏的日本发行商 Capcom 否认存在任何恶意，并迅速将浅肤色的感染者引入随后的游戏预告片。这个案例引发了争议，因为早期的游戏录像被解读为暗喻殖民主义和非洲艾滋病。关于这一公关困局的更长远讨论，请参阅克莱默的《Capcom 是种族主义者吗？》，关于产业压力如何塑造种族想象的详细研究，请参阅弗里德曼的《居民种族主义者》。

第6章

日常战斗中的自我进化：游戏战士的游戏资本

引 言

"去你妈的，菜鸟！"等等。说我？哦，不！田野调查的第一个晚上，游戏玩家公开鄙视我。显然我违反了一些游戏潜规则，这让我不同于其他几十个在兰诺波利斯通宵集会玩《使命召唤4：现代战争》的玩家。[1] 我需要一段时间才能理解，我的哪种行为引起一个年轻人如此尖刻的回应，我后来才知道他叫李。我将很快回到这一突发事件回答相关的问题：只是究竟什么是"菜鸟"？更重要的是，为什么像菜鸟这样的东西需要存在于游戏战争文化中？

本章分析战争游戏玩家如何在公共环境中共同维护自己的游戏社区，以及构建自己的"硬核"游戏玩家身份所采取的行为。[2]

研究玩家如何构建他们的合法游戏士兵身份的真实性、管理游戏社区,将揭示游戏战争的乐趣如何与前面章节分析的更广泛的文化实践间回路完整的联系。[3] 本章的研究结果是几类定性数据收集方法的结果,包括商业游戏中心兰诺波利斯通宵马拉松(晚上10点至上午10点)游戏参与者超过70小时的观察;非高峰午后时间对中心管理层和顾客进行的半结构化访谈;以及兰诺波利斯最狂热战争玩家的小组聚焦沟通。这一语境游戏章节的研究引导问题包括:怎样的社会实践是塑造一个狂热的军事射击游戏社区特征?[4] 成为一个"好"的游戏士兵需要什么能力?游戏士兵的身份多大程度上取决于对真实战斗的了解?

本章的半开玩笑的标题体现了理论和方法的两点启示。第一点源于欧文·戈夫曼的《日常生活中的自我呈现》一书,这位著名的社会学家主张戏剧化的符号互动主义观点。[5] 这种社会微观互动的理解方法声称,人们像舞台上的演员一样为彼此表演(通过选择道具、服装等)。然而,与大多数舞台剧不同的是,个体同时作为演员和观众表演,因此参与辩证交流;在这种交流中,人们的行为不断地被接受、怀疑或忽视。要在兰诺波利斯看起来像个玩家,参与者必须像玩家一样表现,而且这个表现必须被同伴认可。

然而,单凭这一点,还不足以使一个人有资格成为"优秀"的游戏战士(正如章节标题后半部分所预示的那样)。如果玩家希望在这种竞争环境中脱颖而出,他们还必须创造并战略性地利用"游戏资本",或者他们对虚拟世界、游戏技术、粉丝话语和游戏规则的理解。[6] 就军事射击游戏而言,游戏资本包括正确使用武器和设备、策略性理解游戏地图、熟悉各种游戏模式的获胜战术、欣赏游戏礼仪，以及了解有助于作战的基础硬件技术（还有其他技能）。在游戏中心的环境中，游戏乐趣的培养取决于玩家的游戏实力——也就是说，不要作为游戏"菜鸟"来玩——而是要充分发挥他们在文本、类文本和互文类游戏中的技术。通过实地观察、访谈和聚焦小组会议，我归纳了一定的经验教训。在讨论之前，我将简要叙述从研究游戏社区奖学金中的收获。

研究视频游戏社区

在《游戏与文化》杂志创刊号中，汤姆·博尔斯多夫通过将游戏文化理论化，并提供观察参与者的方法论框架，使得社会学和人类学可以对游戏研究做出潜在贡献。[7]博尔斯多夫以著名人类学家马林诺夫斯基的作品为例，指出观察参与者的价值（这个概念听起来似乎矛盾）是"允许研究者研究人们言行之间的差距"[8]。分析这种理论可发现，它主张只从或者主要从游戏规则标题进行理解，而将游戏文化视为一个过于决定论或结构主义的模式。"这种文化理论也进一步深化这样一种观点，即文化之于游戏，就像内容之于文本；这使得人们很难问游戏在某些情况下是如何作为文化内容的。"[9]正是出于这个原因，本课题并没有限定游戏环境（或任何与此相关的游戏类文本）必须出现在文本中，而是作为社会实践的重叠回路。这些相互重叠的领域互相施加压力，但很少有直接的因果关系。换言之，游戏文本无疑塑造了伴随而来的游戏文化，但它既不是第一个，也不是最后一个将游戏赋予意义的实践类型；也就是说，射击游戏不是一个游戏战争上层建筑的基础。

关于开展主要围绕军事射击游戏建立的游戏社区的最佳研究方式，主要从以下几个方面开展：学术界反驳技术决定论的主张，且不忽略权力和意识形态的问题[10]；承认研究者在实地考察和报告过程中与游戏玩家的互动[11]；游戏玩家如何通过游戏形成社会资本，以及文本外元素对游戏文化形成的影响[12]。虽然这些关于游戏社区的研究在方法上并不详尽，但我认为它们对许多研究人员来说已经成型，因为它们都有令人信服的方法和重要承诺。奇特的是，这是一个有关桌面"纸和笔"的幻想社区的经典研究，它最能让我思考游戏战争体验是如何展示自己独特的文化领域。

在《共享幻想：作为社会世界的角色扮演游戏》中，加里·阿兰·费因认为，类似"龙与地下城"社区的奇幻角色扮演游戏社区代表着一种独特的亚文化，因为玩家使用文化元素构建自己的文化系统。费因这样解释自己的研究对象：

> 我研究幻想角色扮演游戏玩家，因为他们寻求开发新的和独特的文化系统。虽然所有的群体都在某种程度上创造了文化，但这些文化体系中的大多数在范围上是有限的。另一方面，幻想游戏玩家明确关注文化系统的发展；他们通过他们创造的文化活力和他们个人的沉浸程度来判断他们的游戏满意度。如果某位社会学家对文化互动成分感兴趣，那么没有比这更适合的分析对象了。[13]

费因后来澄清了这一点，他说："不是群体拥有文化，而是他们用文化给自己世界里的事件灌输意义，创造新的有意义事件。"[14]因此,幻想游戏玩家从有意义的个人事件和更广泛的文化现象中汲取经验,使他们共同的冒险活动产生共鸣和回响。然而,游戏战争与开放式幻想角色扮演游戏不同,它始终是由商业技术作为媒介,而商业技术往往伴随着广泛的广告活动和其他解读框架。基于这些原因,本课题强调文本和类文本共同创造游戏战争文化体系的力量。

"共享幻想"是一项富有启发性的研究,也是一项激发本书灵感的作品;在批判性地解读体验时,它认真对待游戏乐趣。费因认为:

> 为了让游戏成为一种审美体验,玩家必须愿意排除"自然的"自我,而表现出一种幻想的自我。他们将自己浸入游戏。这种全神贯注并非完全或者连续,但它为游戏"乐趣"提供条件。把幻想世界〔暂时地〕接受为真实世界,并赋予游戏意义,而幻想场景和文化的创造必须考虑到玩家所发现的引人入胜的东西。[15]

换言之,尽管游戏体验受规则约束,但它们并不是仅由规则定义。如果真是那样,学者们只需要查阅一本规则书就可以了解特定的游戏体验。相反,所有社交游戏都是拥有丰富资源的潜在研究场所,它们为分析人员提供了"自然实验室",用于研究文化力量在一系列虚构场景中的活动。[16]规则规定玩家在游戏中可以做什么,但不表明实际发生什么或者这些行为意味着什么。正如费因所说:"只有通过人种学调查和深入访谈,我们才能在行为——而不是正式形式——里发现此类游戏规则。"[17]最后费因提示我们："幻想游戏是……一个独特的社会世界，其价值也在于独特性；但与任何社会世界一样，它的组织方式也超越其边界。"[18] 这也适用于战争游戏。作为一项实践性研究，学习游戏战争的艺术意味着，在进行采访和组织专项小组研讨之前，通过观察参与者来确定社区中玩家看重和执行的活动，以更准确地判明这些玩家之于媒介战争的意义。记住这项研究的序言：欢迎来到兰诺波利斯。

兰诺波利斯之路

　　第一次进入兰诺波利斯可能是一种迷失的体验。游戏中心位于得克萨斯州一个中等城市某商店街的一家酒类商店和一家牙医诊所之间，它几乎不欢迎没有经验的人。前门上的标志很简单，"个人电脑维修、升级"和"Xbox 360 & 单机游戏"。更值得一提的是，在前门两侧的大窗户上，挂满了褪色的游戏海报。这些晒得褪色的广告不仅表明这里与游戏相关，而且还充当临时百叶窗的角色，将太阳挡在房间之外，使室内环境既有一定光线，又凉爽宜人。

　　兰诺波利斯内部的主房间是一个1000平方英尺（约93平方米）的有混凝土地板的空间，黄色墙壁没有装饰图片或艺术品，天花板很高，有着暴露的管道系统和吊扇。斯巴达式的装饰和照明系统的缺失通常让视频屏幕在空间里独树一帜。某个夏末的晚上，当我第一次进入房间时，我立刻被一系列同时进行的游戏活动和房间内屏幕发出的环境光所震撼。不同的游戏活动，加上缺乏标志或引导员，让新来的人无所适从，几乎没有指示标告诉他们应该去哪里，应该接近谁，或者找到可以放松的地方。

有时候，甚至连兰诺波利斯的老手也很难在游戏中心高峰时段的人群中找到方向。在前门附近的街机区，朋友们并排地玩游戏；顾客们肩并肩地坐在支持台式机和笔记本电脑的卡座旁；[19] 观光客们俯视着游戏玩家的后背，后者在玩房间墙上的 Xbox 360 和任天堂 Wii 游戏机。有一次，我挤到兰诺波利斯的主办公桌和收银台中间的"肘部"，我看到该中心少数几块标牌之一，上面写着即将到来的活动、零食和饮料的价格（"不允许外带食物或饮料！"），以及各种硬件维修的费用。挨着房间最长的墙壁，20 台高端电脑一字排开，里面装着许多流行的游戏。这堵电脑墙是该游戏中心为数不多的固定特征之一，也是兰诺波利斯吸引许多客户的主要原因。游戏中心的布局和服务范围很大程度上与其他网咖相似。[20]

尽管昂贵的电脑设备固定在房间周边，但开放式的空间可以很容易地重新安排，以满足客户不断变化的需求。例如，兰诺波利斯为通宵的马拉松比赛提供桌子和接线板，也可以举办其他如锦标赛和私人聚会的活动。这种空间延展性至少满足了两个需求。首先，鉴于兰诺波利斯并不总是人满为患，小型游戏中心必须可以满足各种聚会要求。据其所有者托马斯·克里斯托弗说，游戏中心必须提供多种服务，才能保持经济上的可行性。似乎是证实这句话，在我为书写本章进行实地考察时，在兰诺波利斯北边 20 英里外最近的竞争对手宣布破产。

空间灵活性的第二个好处是，它允许玩家，特别是那些通宵马拉松比赛的参与者，可以在这个原本简朴的空间获取宾至如归的感觉。房间里有移动小桌子；顾客可以在朋友旁边登录电脑，在大屏幕上观看电影和现场体育活动；也可以躺在豆袋椅上，和同伴一起悠闲地看大量影视作品。动态空间还弥补了游戏体验本身的分水岭性质；真实和虚拟世界之间的互动反映为玩家在空间可变的游戏中心中穿梭于各种媒体活动。凯瑟琳·比维斯和克莱尔·查尔斯在网咖的物理空间和玩家身份之间构建联系，并指出"作为'真实生活'的实体位置，网咖同时提供线上和线下生活，是身份和社区重叠与合并的场所；玩家可以与可见及不可见的同伴进行在线游戏和比赛，与他人交流，参与共同构建的游戏文本世界"。[21] 兰诺波利斯就像视频游戏中的模式和控制设置一样，是玩家实体和社会层面创造的产物。

虽然前述兰诺波利斯的描述和有关网咖及其他游戏中心的报道相似，问题仍然存在：这个地方与游戏战争和硬核游戏有什么联系？简单地说，兰诺波利斯、游戏身份和游戏战争之间没有必然联系。但这也不是故事全貌。这个游戏中心为高端电脑单机游戏提供了便捷的联网环境，这些电脑装有市场上最流行的射击游戏，因此可以举行基于局域网的游戏战争。如果游戏战争是一种偶然的社会活动，通过重叠文本、并列文本和上下文进行军事化实践，那么网络游戏战争就是一种扩大版的战争游戏，狂热玩家要么是自发组织的（本地局域网），要么是寻求商业环境来开展这些技术优化的战斗。

硬核玩家有什么"硬"的？

游戏玩家和非游戏玩家的头脑中都存在着类似的硬核游戏玩家的形象。这不是一个褒义概念。通过下面的屏幕截图（图

6.1）可以管中窥豹，了解流行文化如何想象这类经常遭受鄙视的人物。首先，硬核玩家肥胖，通常是白人，常常很懒散，直来直去，几乎可以肯定是单身。顺便说一下，是个"男性"。而且，根据《南方公园》广受好评的《魔兽世界》一集中，场景里的硬核玩家"绝对没有性生活"。[22]

硬核玩家是休闲玩家的对立面。在《休闲游戏》一书中，杰斯珀·尤尔将这一类人物设定如下：

> 对于一个喜欢科幻小说、僵尸和奇幻小说的硬核玩家来说，他有一个易于分辨的刻板印象：玩过很多电子游戏，投入大量的时间和资源来玩电子游戏，并喜欢困难的游戏。休

图 6.1 动画《南方公园》，《做爱，别玩"魔兽"》一集中硬核玩家的形象（2006 年）

闲玩家的固有形象是硬核玩家的反面：他们偏好正面和愉快的小说，很少玩电子游戏，花很少的时间和资源玩电子游戏，不喜欢困难的游戏。[23]

媒体学者尼克·戴尔-威瑟福特和格雷格·德·珀泰尔也提出类似观点，强调硬核玩家的松散人员构成：

> 硬核玩家是一个在游戏营销中很受欢迎的群体：大量玩游戏的年轻人，有可支配收入，使用新潮硬件平台，每年购买多达 25 款游戏，了解游戏和习俗，阅读游戏杂志，并通过口头或在线形式就游戏和机器发表意见。[24]

我把《南方公园》的图片作为我在兰诺波利斯多功能房间里的焦点小组会议上的"开场白"；常客们将这个地方称之为"摇滚乐队房间"，房间里杂乱陈设着《摇滚乐队》（2007 年）和《吉他英雄》（2005 年）[25] 等流行音乐节奏游戏使用的塑料外围设备。当我和小组成员分享这张照片时，它立刻引发笑声，除了最年长的参与者以外，所有人都知道照片的来源。游戏玩家们一致认为，这显然是在嘲弄那些无法或不愿适度进行游戏的痴迷玩家，还有一些人补充说，他们认识与画中所讽刺人物相似的真人。

无论成见与否，这一玩家身份认知并非空穴来风。[26] 然而，玩家类别如"硬核""休闲"或介于两者之间的某个点（如"核"[27]）是由设计、营销和游戏实践共同形成的。但是，到底是什么让硬核游戏变得"硬核"？通俗地说，我们可以认为硬核玩家热衷于电子游戏。然而，我避免使用硬核或权势玩家[28] 这类术语和热门称谓，尽管有些人被扣上这样的帽子，但他们不一定就是视频游戏迷。

正如媒体研究中的任何主题，批判作品通常将粉丝和死忠理解为媒体消费者，他们会生成一些有效产出。粉丝们可以将他们的时间、精力和情感[29]投入到一些小说文本作品的创作，包括修改现有文本与创作同人作品[30]，构建自己的非官方宣传类文本[31]，参与粉丝社区[32]，或通过穿上角色服装（cosplay）[33]体现他们对虚构人物的崇拜。我不想说硬核玩家不能成为粉丝，只是他们不需要成为粉丝。此外，我采访过的那些游戏玩家并没有把自己定义为"粉丝"。23岁的失业青年大卫是兰诺波利斯常客，为了证明自己游戏实践的正确性，他生动地指出："真正擅长某种游戏——擅长把敌人打得屁滚尿流是有一定乐趣的。"大卫指的是提升虚拟世界中个人的游戏能力，而不是诸如写粉丝小说或cosplay之类的狂热创造性行为。

游戏学者汉娜·维尔曼认为，把游戏中所有"生产力"的例子都等同于粉丝的生产力没有效用。[34]维尔曼提出了如下分类：（1）文本生产力，游戏行为和游戏选择；（2）工具生产力，创建帮助自己/他人玩游戏的文本或项目；（3）表达生产力，创建与游戏文化相关的文本或项目（不需要任何游戏内实用程序）。这不仅仅是分析性分类。突出"游戏"和"与游戏一起玩"之间的这种媒介敏感的区别，可以清楚地表明，消费实践并不总是恒定地从一种娱乐媒介转移到另一种；因此，有必要对用户的行为进行特定媒介的重新评估。如果娱乐媒介的模态发生了变化，那么生产力的形式也会发生变化。[35]

玩家在虚拟领域中的"文本生产力"越高，玩家获得的游戏资本就越多。兰诺波利斯的虚拟士兵主要表现为深入参与游戏，相对罕见的是创造关卡或游戏模式的"工具生产力"。此外，基于以下原因，兰诺波利斯几乎没有"表现生产力"。最需要强调的一点是，这里尽可能延长客户的游戏时间，毕竟这里玩游戏需要花钱。其次，玩家圈子的"娘化"倾向使得很多人不想过于参与其中。[36]最后，军事射击游戏基本不具备工具或表现生产力；一般来说，游戏中没有改造套件和相应市场，玩家也不能制造和交易物品。最后一条也部分说明，为何学者致力将皮埃尔·布迪厄的文化资本运用于角色扮演类视频游戏，特别是诸如《无尽的任务》（1999年）和《魔兽世界》（2004年）等大量多人在线游戏世界，以及诸如《第二人生》的虚拟世界：在游戏中，玩家可以制作和销售自己的数字商品。[37]这些明显的劳动产品为玩家的线上身份增加价值，是市场资本的清晰体现。但是正如托马斯·马拉比敏锐观察到的，游戏中的整个"经济实践"虽然没有表述为用户创造的内容，但仍构成一种资本。马拉比指出：

  文化资本是一个特定文化群体在主观、客观和周边环境中发现有意义或重要东西的过程。它包括个人或团体在特定历史背景下随时间获得的能力和证明，以及通过这些有益联系而变得有价值的对象。它有3种形式：具体化、客观化和制度化。[38]

  我对这些不太明显的体现能力的行为感兴趣，这些行为使兰诺波利斯的常客称自己和同伴为"硬核"。在游戏社区中，证明自己是一个称职的玩家，而不是称职的粉丝，有更明显的社会效益。[39]或者，正如维尔曼所观察到的，"权势玩家往往会觉得自己更像职业玩家而不是业余游戏迷"[40]。那么，借用维尔曼的术语，有效的文本行为是否能够让玩家实现自我认知，并被他人认为"硬核"？

来自一线的课程：为游戏资本而战

但一个"好"的游戏士兵意味着什么？狂热玩家如何在多人游戏中提升自己？我们不只是谈论一般游戏资本，而是关注那些对军事射击游戏玩家有意义的可视技能。莎拉·桑顿在讨论舞蹈文化的"时髦"价值时，创造了"亚文化资本"一词。[41]桑顿的术语在概念上相关，因为舞蹈文化在如下方面类似于游戏文化：这些群体具有相似的人口统计学特征（青少年和年轻成人）；两者的亚文化资本都来自中产阶级的休闲追求；媒体对每个群体都起着构建作用。最后一点尤其重要。桑顿指出：

> 鉴于亚文化资本经济中，媒体不仅是某种美好象征或区分标志（这是布迪厄描述电影报纸相对于文化资本的方式），而且是一个定义和分配文化知识的重要网络。换言之，在亚文化资本中，流行或过时，阳春白雪还是下里巴人，都以复杂方式与媒体报道、创作和曝光程度相关联。[42]

军事射击游戏亚文化中（采用桑顿的术语），游戏是游戏资本创造、维护和流通的核心。这意味着游戏不仅本身具有表达媒介性（作为文化文本规则），而且其玩法同样具有表达媒介性

（作为技术文化实践），它为玩家创造和调节游戏资本。[43]

尽管文化资本的直接价值取决于环境，但并不一定意味着在这种环境中所运用的知识和技能不会转化为个人生活的其他方面（尽管跟踪和评估额外游戏资本不在本研究关注范围内）。马拉比写道：

> 文化资本的独特性在于其特殊的意义和实践内容，包括国家、阶级、地区或特殊社会群体等现有文化资本，因此，其获取不受直接且孤立的交换影响。相反，文化资本是通过非官方层面的文化嵌入学习实践和官方授权获得的。这种交流产生一种归属感、一种文化群体认同感。[44]

正如希瑟·梅洛[45]在她对幻想类角色扮演玩家的研究中所观察到的那样，除了协作游戏产生的社区意识之外，还有一种学习方式，即文化和教育学者詹姆斯·保罗·吉所说的"情境认知"[46]——这个概念可在社交互动的发生现场之外运用。游戏资本是一个富有成效的概念，可用于思考围绕公共空间中进行类似游戏建立的一组实践如何有助于实现类似游戏士兵的身份认同。本章的其余部分探讨玩家一起玩游戏战争的社会经验，包括这些玩家如何构建和管理他们的游戏社区，射击游戏告诉玩家哪些关于战争的内容和忽略了哪些内容，以及玩家在战友中寻找什么样的游戏风格。

愉快的课程：游戏战争的文本模态

　　文本教训在硬核游戏中并不总是容易获取的。尤尔发现，通过对设计设置的某种固定特权，游戏难度会排除那些不愿意或无法投入时间和精力来实现文本控制的玩家。典型的硬核游戏设计默认玩家愿意花很多时间来掌握计算逻辑。作为对这种投入的回报，游戏承诺在几天、几周、几个月甚至几年内吸引他们的注意力。[47]然而，即使如此，兰诺波利斯的玩家也表达了一种想要掌握游戏文本机制的愿望，他们希望从中学习。

　　向本课题提供信息的人，他们从军事射击游戏中学到的东西，是基于这种学习内容较为有限的认知。他们的大部分战争"教学"（焦点小组中不止一个玩家使用"手势比画"来描述这些游戏中的学习）涉及基本的战争工具和战场战术。大卫说："当我了解诸如定制枪械之类（的新武器和新技术）时，我没有从阅读中学到太多。我是从玩这些游戏中学到的……这也是适用于第二次世界大战的历史游戏。我玩过（二战射击游戏），因此我知道什么是'黄油枪'。"兰诺波利斯29岁的兼职员工鲁斯特微笑着说："见鬼，如果我没有从10多年前就开始玩过反恐精英，你问我——'什么是柯尔特M4A1卡宾枪？'——我可能会告诉你这是一种野马！"这句话引发了热烈争论，参与者们热烈谈论有关当前和历史上不同国家的特种部队的装备。

　　这些玩家也很痛快地承认，军事游戏的教学只是部分和武器、历史战争有关。熟悉规则和算法系统来适应战斗的游戏经验同样重要。23岁的凯文是大卫和另一个朋友多伊尔的发小，他说："我喜欢我'掌握'游戏的那一刻（指的是达到一定的游戏经验)……在那之后,我发现'盲点',即地图上人们不知道自己会被攻击的地方。"这一评论引发了多伊尔的兴趣,他随后对《使命召唤 4:现代战争》小型多人地图开展更多批评,认为随着时间的推移,"快速抽搐"反应和软件重要性超过了经过考验的作战策略。在他看来,这样的游戏既不有趣也不现实。多伊尔指出:"如果你死了,你可以看到(原因)……你学到东西,这样你也会喜欢游戏。这不是什么抽搐反射。这不是熟悉地图。它应当是有关战争事物运行的基本知识。"在随后的谈话中,22 岁的巴迪接着多伊尔的观点指出制作精良的游戏应该教会玩家开火,或者选择另一种方法——等待支援。不过,巴迪对此持怀疑态度,认为即使像"汤姆·克兰西"品牌游戏这样要求较高的战术射击游戏,也未必可以传授复杂的军事经验。他列举大多数军事射击游戏强调的作战战术:

> 迂回作战总是会出其不意;通过火力压制让敌人抬不起头,而其他人则趁机包抄;制高点比低洼地更具战术优势。这些是非常基本的〔战术〕。如果我是狙击手,我就占据高处,可以俯视战场。隐蔽良好的机枪比暴露在外的机枪更具威胁。然而,这仍然是最基本的战术。

尽管较为基础,但实施这些作战战术的过程仍然有一种不可否认的愉悦感,因为它们在硬核玩家的身份和游戏战士的虚拟身份之间建立了情感联系。游戏玩家在兰诺波利斯后台的桌边互相讲述的故事中,游戏、战术知识和军事身份之间的自然联系十分明显。多伊尔指着身边的朋友凯文和大卫回忆道:

我们都有战争故事。比如，我可以随口讲述我们在越南的事……我们曾经一起防守一个区域，或者去"打猎"。我们就是这么说的，"打猎"。我们知道有两人在某个区域。"干掉他们！"然后我们将他们驱赶出来，然后打死他们。

玩家态势感知的运用和作为虚拟战场指挥员的协调作战能力与他们在兰诺波利斯享受的游戏资本紧密相连。多伊尔继续说：

〔大卫和凯文〕听我对他们大喊大叫，因为我进入了不同模式。我真的进入了"班长"状态。有一次我朝其中一人的后脑勺儿开了枪，因为他擅自行动，没有听从命令……在这些游戏中，不仅是玩游戏，也不是和每个人为敌。〔你知道〕向那些人射击不是兴奋点。兴奋的是在〔战争〕这样的混乱局面中下达命令并控制局面。在可能会失败的境地中，突然通过一系列的命令和行动扭转乾坤……我刚刚制订了一个完美的计划，消灭一个地区的敌人，将它占为己有。

大卫打断了他朋友的故事，说："把战争变成你的婊子。"

大卫的粗俗用词说明硬核游戏玩家在控制虚拟体验文本轮廓方面的优势。焦点小组的参与者不止一次提到了他们对硬核游戏的支持与游戏制作人采纳他们的集体设计建议之间的联系，特别是涉及可定制性问题时。例如，大卫说："当（游戏设计）允许完全定制，我并不是在谈论额外福利或装备（指游戏内武器选择），而是关于你的设置……基本上，我说的是将你的经验合理运用的完整能力。这些是将要成功的游戏。"坐在桌子对面的巴迪附和了大卫的观点：

> 不管你喜欢什么样的游戏风格……当你找到一个你真正喜欢的游戏，然后续集出来，它甚至更好……第3部出来，"天哪"，你就好像是可以看出〔游戏制作商〕采纳了〔游戏玩家的〕建议……当他们花时间去研究第2部或第3部游戏，听玩家说了些什么，然后把这些想法付诸实现……〔太棒了〕他们真的、真的和玩家保持了一致。他们真的听取了我们的建议。

第2章和第3章中研究的《使命召唤4：现代战争》和"汤姆·克兰西"品牌系列游戏主要是为兰诺波利斯焦点小组的硬核用户设计。军事射击游戏向他们的核心支持者强调的一个情感"教学"——这些虚拟战争"为我们设计，由我们设计"，这一点在主流营销材料中得到重申。

愉快的课程：硬核男孩和他们的硬核玩具

联机玩虚拟战争的另一个主要收获是，拥有合适的装备是虚拟和实体游戏空间中至关重要的（如果不用"神圣的"来形容）常识。这就是为什么我在兰诺波利斯的第一个晚上，被称为一个"菜鸟"，或者是一个没有恰当使用榴弹发射器的人。我将它部署在一个非传统的地方——一个狭窄走廊。队友并不觉得我的战术失误是有趣的试验，而是质疑我对战争游戏知识的掌握和我的"合适"团队成员的身份。因此，这种公开的标志性谴责宣告责难对象不属于这里——无论虚拟环境还是物理环境——并且／或者不知道非官方，却同样具有实践性的游戏准则。

我也惊讶地发现，参加者对武器和团队战术的理解超越虚拟战场，延伸到发动这些虚拟战争的硬件。这种兴趣产生的部分动机是需要在兰诺波利斯最大限度地发挥个人投资效益。鉴于业主和经理通常是唯一可解决现场技术问题的人，而他们不是总能立即提供帮助，因此了解如何排除个人电脑故障或进行复杂的屏幕设置是非常有用的技能。此外，因为军事射击游戏是兰诺波利斯最需要硬件资源的游戏种类，所以该中心的铁杆玩家会对促成最好游戏战争体验的硬件设置持有坚定的意见。下面两个例子说明，玩家在兰诺波利斯如何体现这种硬件素养，以及这些表达如何展示个人对游戏资本的感觉。

自2006年6月开业以来，托马斯·克里斯托弗森一直是兰诺波利斯的所有者。克里斯托弗森是一个30多岁的宽肩膀白人，他想满足城市对一个专业电脑游戏中心的需求。克里斯托弗森声称，兰诺波利斯有4000多个开户账户，只有少数几个重复账号，通宵活动通常吸引30到40名玩家，这一估计与我的观察一致。他还认为电脑游戏在游戏文化中独一无二，而且这项技术本身就有一些特殊之处，使得它对专注的玩家更具吸引力。他说："电脑游戏更复杂。有更多事情要做。当然，他们总是会把游戏移植到游戏机上。但如果你真的想玩游戏，你就在电脑上玩。不会在苹果电脑或主机上玩。"[48]这一说法在一天深夜得到了更丰富、更有力的回应。一个年轻的游戏玩家嘲笑另一个玩家的电脑说："你的电脑很烂，苹果像个同性恋！"对于克里斯托弗森和许多兰诺波利斯的顾客来说，电脑支持高质量的游戏，因为硬件可以不断升级以支撑"最好的"游戏战争体验。

第二个有关硬件与游戏资本联系的例子是这样的。我无意中听到斯科特，一个看起来精力无穷的年轻人，试图向他的游戏伙伴炫耀电脑硬件知识和殷实家境。斯科特支着膝盖，靠在一张豆袋椅上，对着他同伴们的背说话，他们都盯着各自的屏幕。斯科特不允许这种缺乏兴趣的表态阻碍他干活——鉴于其特殊性，我无法重申细节——斯科特发起了一场讨论，详细说明他计划如何改造据称价值"至少5000美元"的家庭电脑。斯科特没有对某个特定的人说话，而是指出有一个替代方案，允许他改造现有的高性能游戏专用电脑品牌"外星人"电脑，只需不到1万美元。他的计划得到敷衍的礼貌回应，诸如"好啊""不错"，而老玩家们没有把目光从他们的屏幕移开。斯科特并没有因为他们缺乏热情而退缩。他可能也没有注意到这一事实，因为他陷入了沉思，全神贯注地在手中计算拼造理想游戏机所需的各种组件。值得注意的是，作为兰诺波利斯最年长和最年轻的玩家，克里斯托弗森和斯科特致力于将"适当的"游戏战争带入生活的空间，用他们自己的方式来表达对工具和技术知识的重视。

愉悦的疏漏：游戏战争的语境模态

如果兰诺波利斯的铁杆玩家对射击游戏基本作战战术以外的教学能力持怀疑态度，那么对于游戏传达真实战争的情感和心理代价能力，他们更加不屑一顾。他们很感激这一事实。一方面，游戏士兵的身份取决于玩家在战场上展示的核心素质的能力，这包括游戏项目和策略的工作知识（游戏文本的模态）。然而，对

第六章 日常战斗中的自我进化

于游戏玩家群体来说，游戏身份同样是建立在一种洞悉计算机不能完全表现和模拟战争（现实有关模态）的能力。参与者认识到他们需求的不可度量性。一方面，他们希望游戏在图形或物理引擎方面更"真实"（可回忆加洛韦在第5章中讨论的"现实性"概念）；另一方面，他们也希望军事射击游戏为了游戏的愉悦而回避并淡化战争最残酷的存在主义恐怖，这正是加洛韦所说的达到社会现实主义的"一致性要求"。那么，对于网络社区来说，核心玩家和"狂热粉丝"之间的关键区别就是前者有着受欢迎媒体文本的批判性视角。

克里斯托弗森和我采访过的游戏玩家们把电脑游戏看作一种宣泄和类似治疗的手段，它基于人类对竞争和暴力明显且雄性的自然渴望。这位老板反问："但是（战争视频）游戏做了什么？它们通过战斗消除痛苦。"他停顿了一下，然后继续说，"但是你做不到把争斗的天性从人们身上消除。我们自古就在不停争斗，这一天性总有一天会在人们身上显现出来的。至少这样（玩游戏）是安全的"。他指着我们下午采访时在他身后玩游戏的玩家谈道："这些人一直玩这些游戏，但我们从未（在兰诺波利斯）有过暴力行为。这是不可能的。如果你惹烦别人，可能有人会让你'闭嘴'，但只就是这样。"暴力视频游戏是克里斯托弗森的健康追求。游戏中心老板的直觉性见解反映了杰弗里·戈德斯坦在暴力玩具游戏方面的研究。在阐述这个主题的一般研究方法之后，戈德斯坦呼吁学者们在自然环境（如游戏中心）中进行更多的研究，以研究如何使用战争玩具。戈德斯坦写道：

我们可以看到，战争游戏可以满足许多需求，大多数与侵略本身几乎没有关系。其中，主要包括好奇心、探索、应对、焦虑和恐惧减轻、认知、情绪和心理状态的自我调节以及社会认同。所有的社交活动同时发生在不同层次的展示和活动中。[49]

在焦点小组的讨论中，兰诺波利斯的玩家质疑他们最喜欢的游戏对战争丑陋面的展示。大卫指出："我不希望（军事射击游戏）过于现实。这会错误地引起强烈反应。"他详细阐述了这一点：

> 视频游戏总是将暴力赋予浪漫的心态。总是这样。我不认为玩〔射击游戏〕就是战争。那种想法就是胡扯。这就像"那个游戏真的很有竞争力，很好"。在战争中没有那么多竞争力。〔战争〕就像，"上帝，请让我活过这一天"。然后是第2天。然后是第3天。在战争中，〔为了效果故意停顿〕没有任何乐趣。

多伊尔附和他朋友的观点，说：

> 除非是脚本，否则你永远不会看到一个人失去一条腿而活在游戏中。如果那家伙失去了一条腿，他可能已经死了……〔在射击游戏中〕你要么毫发无损，要么死了。这是你面临的两极选项……死亡是可怕的。但失去一些东西而死里逃生，却更糟糕。一个玩家完成游戏，但没有了一些东西——一条胳膊，两条腿——没有比这更可怕。这是〔游戏

开发者〕所尽力避免的。

这些玩家清楚地意识到游戏制作人的约束和压力，因为他们与战争商业化相关。奥布莱恩是一个28岁的矮个子，留着稀疏的胡须，喜欢轻描淡写，他说："把战争中的所有暴行都放到一场游戏中并不有趣。"鲁斯特表示同意，说："所有这些游戏生产商都必须走一条合适的路线……这里有着界限，而你还是要把产品卖给大众。"奥布莱恩回应说："是的，抓住人们与恐惧相关的情绪是很好的营销工具。"[50]鲁斯特谈道：

> 作为游戏公司，他们显然必须以一种吸引美国人的方式〔创造他们的作品〕，把我们描绘成胜利者，沉默的英雄，逆袭的底层，不管情况如何，都有这种神秘感。这正是他们所真正贩卖的东西。我不在乎它是不是真的。我只关心享受。总是会有人被冒犯，特别是尖端军事〔游戏〕。但这也是（公司）销售的方式……谁不想把自己想象成对抗侵略者的一分子？

大卫想起了在《使命召唤：黑色行动》（2010年）的单人战役中一个任务所产生的不适感觉。他描述了一个关卡，玩家通过地下隧道，手持手枪和手电筒。这个关卡黑暗、幽闭而恐怖，最大特点是敌军士兵会携带枪支和刀具从黑暗中跳出来。这是一个令人难以忘怀的关卡；小组同意这一关并不"有趣"。大卫认为：

> 《使命召唤：黑色行动》所做的事情是，展示所有的暴力

形式,并使其恰如其分地可怕,但并不真的很现实……(他被其他人打断,认为游戏引擎有能力呈现高分辨率图像,然而大卫继续发表观点)但是你仍然可以把手榴弹扔到坑里,把一个人的胳膊和腿炸飞,他仍然活着,在地上打滚儿。更令人不安的是,这不一定是"坏的",但是……(陷入沉思)。

多伊尔认为,尽管这些游戏在技术和设计上有局限性,但它们仍然可以传达出一种存在的恐惧感和具体的历史感,这在某种程度上有点像是为"使命召唤"辩护,也有点像泛指9·11后的军事射击游戏。多伊尔提到越共的"隧道跑",提醒大家"士兵必须带着手枪和手电筒去那里,向上帝祈祷,下一个拐角处不会有人拿着刀。这是人们必须面对的问题。当然,(游戏开发者)不能完美地复制这一情绪,但这是现实主义的一部分。诀窍是(开发者)必须找到合适的限度"。过了一会儿,多伊尔又说到,即使这些游戏不能复制短兵相接的内心焦虑,它们可能会更好地模拟后现代作战技术移除可视性和情感。他回忆说:

你从中学习军队中某些人的想法……当你身处 AC-130 场景(这是《使命召唤4:现代战争》中的一个著名关卡),用 150 毫米、100 毫米和 50 毫米的机关炮进行轰击,这感觉很酷。但是如果你略微留意,你会发现〔电脑控制的人物〕一点都不在乎。他们说:"开炮打那个家伙。"砰!"开炮打那个家伙。"砰!他们不在乎,因为他们在几英里以外的飞机上。〔游戏制作人〕正发表声明。〔他们说〕"这就是〔战争〕现在的样子。"在战场上没有人尖叫:"哦,天哪!我们着火了!"现在，捕食者无人机〔飞行员〕在加利福尼亚远程轰炸另一个国家的人。有人可以随便轰炸东西，这对他们来说不是问题。

除了在一轮又一轮的游戏中展现出射击游戏的知识外，游戏资本还依赖于一种意愿，即在游戏模态之间构建的关键差异，并引导游戏战争的文本和背景的和谐性与矛盾性。然而，较之于和其他人一起真诚游戏，这些能力对于这些玩家来说并不重要。

管理兰诺波利斯的魔圈

在兰诺波利斯玩电子游戏可以使客户知道如何以玩家的身份玩游戏，当他们偏离社区规范时如何进行监督和标记。就像《南方公园》中的硬核玩家一样，有关通宵玩家的人群统计资料显示，他们几乎都是年轻人、白人和男性。因为兰诺波利斯是一个非常明显的同一社会空间，它明显地展现男权主义、性别歧视、种族主义和恐同症特点。[51]在实地调查中，我从来没有一次在兰诺波利斯看到过6个以上的女性。一天晚上，我和3个女性一起玩《魔兽世界》。然而，和大多数在兰诺波利斯的女性一样，她们在包夜场之前就离开了。[52]其他游戏中心的情况与兰诺波利斯类似，缺少女性顾客的光顾。例如，比维斯和查尔斯说："在网咖和网络游戏中，女性游戏玩家凭借其稀有性和存在感脱颖而出。"[53]当第一次进入兰诺波利斯时，女性都得到周边男性长久的凝视。那些不玩游戏的女性顾客通常会花时间看他们的男朋友玩或看电影电视节目。不止一次，在疯狂团战的间隙休息时，我发现自己坐在兰诺波利斯唯一的女孩旁边。特蕾西——一个留着棕色长发，喜欢发短信的年轻人，当我们观看的屏幕从播放《BJ单身日记》（2001年）的TBS电视台改为另一个Xbox 360设置输入频道时，我们都无奈地叹了口气。当问及兰诺波利斯明显缺乏女性玩家时，克里斯托弗森回答说：

> 有些女性来这里，但不多。她们通常要么是玩家的女朋友，要么是送孩子的母亲。他们会去玩街机游戏——《劲舞革命》或《摇滚乐队》——但他们不会玩"使命召唤"或《军团要塞2》（另一个团队为基础的第一人称射击游戏）。那是战斗游戏，是男孩子玩的。女孩子更喜欢社交游戏。她们想进行谈判、交易和制定战略。是的，她们想说话……她们可能会把你说死。（自己笑了起来）

鉴于女性、同性恋和有色人种游戏玩家很少，因此某些社会公俗被抛弃，特权统治取代平等主义大行其道。兰诺波利斯的游戏玩家以自己的方式处理违反游戏礼仪乃至更广泛社会准则的行为。这种方式揭示了这类游戏配置的社会价值。很明显，射击游戏快速交替的防御和进攻态势，以及在反复战斗后建立的游戏阶层，已超越虚拟边界，重新界定了玩家之间的沟通。当然，当被问及这一点时，大多数人都说他们"只是在玩""很傻""玩得开心"或"这只是一场游戏"。这一章使这些常见的重构复杂化，认为带刺的局域网话语所传达的信息比游戏玩家所说的要多，而且他们的交流是管理游戏社区的一种手段。在兰诺波利斯，我至少看到了3类违反社会准则的行为——有意思的，可容忍的，不可容忍的——这种分类是根据其他玩家对违规行为的反应，而不是违规行为本身。

有意思的违规行为是游戏玩家幽默地激怒或挑衅对方。这些口头或虚拟的争吵（或"垃圾话"）被理解为是开玩笑，通常是比赛的一部分。例如，在一轮《反恐精英》的热身赛中，山姆大喊："白刃战！"这表示所有参与战斗的人只使用匕首。其余玩家很快呼应了这一要求。然而，当山姆的对手用突击步枪向他开枪后，这个自制法令很快就被抛弃。他震惊地喊道："你开枪打了我，婊子！"李回应说："好吧，不要带着刀去打枪战！""但是我们在打白刃战！"山姆恳求道。这次交流引起大家的笑声。

另一个顽皮的违规行为是嘲弄或"焚烧"那些不够阳刚或被认为不合格的游戏，比如那些易于操作、轻主题、迎合休闲游戏玩家的游戏。一天晚上，一个年轻人在兰诺波利斯的后墙玩《明星大乱斗》（2008年），这是一个流行的任天堂卡通打斗游戏。过了一会儿，他成了附近玩家的众矢之的，这些用户认为玩这个游戏的是"婴儿和娘娘腔"。

可容忍的违法行为是在公共场合通常听不到或不被认可的低俗谈话和玩笑。大多数表达表面上只不过是呼唤名字。然而，这些话对于聚集的玩家来说"可以容忍"，因为他们将自己视作边缘化或现实不存在的群体。而且，鉴于几乎所有参加通宵游戏的玩家都是白人和"直男"，言语冲突通常带有种族主义、同性恋和/或性别歧视。

例如，当李和他的小组在《使命召唤4：现代战争》中扮演一个被描绘成阿拉伯人的"敌方部队"角色时，他们经常以阿拉伯扎尔古塔歌声（Zalghouta chant）庆祝（听起来像"呀啦啦啦啦"），模仿电影和新闻报道中经常描绘的中东人激动的叫喊声；这让人联想到孩子们在"牛仔和印第安人"游戏中模仿老套的美国土著的"蹄声"。第二个例子发生在深夜，当女性离开，逐渐意识到周围社会结构的同一性增加后，年轻男孩的自我意识增强。年轻的玩家把兰诺波利斯描述为"猪肉香肠粥"，并警告彼此不要睡着，从而被变成基佬（即被性侵犯）。最后一个令人不安的例子是，动词"强奸"经常用来描述一个玩家碾压另一个玩家。当李在一次非正式的征召赛中领先时，他对一个队友开玩笑说："我很高兴我们在一起。我不喜欢强奸我的朋友。"可悲的是，这个丑陋的威胁既非兰诺波利斯独有，也不孤立存在于射击游戏中。[54]

第三类——不可容忍的违规行为——包括直接冒犯玩家自身或破坏神圣的游戏原则的表达。鲍比是一个留着闪亮的短辫子的黑人少年，无意中听到后面一个男孩说："去他妈的黑鬼！"尽管这句话并非针对鲍比，他还是插话问白人男孩："你什么意思？"白人男孩很快意识到自己说了啥，回答说："没什么，别在意。"鲍比说："好吧，但要注意了。"白人男孩想息事宁人，回答说："我们之间没问题，没问题。"

另一个神圣不可侵犯的规则是禁止作弊，无论是使用黑客软件，还是偷窥别人的屏幕以获得不公平的游戏优势——这种做法被称为"屏幕窥视"或"屏幕黑客"——都是不允许的。兰诺波利斯时不时会有人大喊"黑客"，此时，坐在电脑旁的玩家会转头看是否有人窥视别人而拥有不公平的优势。有一个类似的非官方规则是禁止"恶意破坏"，或故意不按游戏规则玩，比如故意自杀或杀害队友。这是焦点小组参与者在下一部分详细讨论的一个特别敏感的问题。很有可能，李称我为"菜鸟"，正是因为他认为我在狭窄走廊里发射火箭弹是故意制造麻烦。虽然当时我不知道自己在做什么，但我很震惊，在这个离线空间里，那么快就要求我的在线行为符合规定。我还震惊于那些抵制行为和大庭广众下的轻蔑，这些情绪针对的对象就是兰诺波利斯以外的人。

从"故意破坏"到"支援作战"：游戏士兵的不同操作风格

毫无疑问，进行多人模式游戏战争时，没有比与队友交流更明显的游戏教学了。在我的第一场《使命召唤4：现代战争》的多人游戏中，我和一个身材矮小的年轻人合作，他的名叫格尔姆，戴着小圆眼镜，头发凌乱。兰诺波利斯的很多玩家都是活在"网"上，格尔姆也一样。[55]在没有把眼睛从自己屏幕上移开的情况下，他邀请我加入他的团队，格尔姆指导我进行装备选择，以最大限度补充他（现在）的4人力量。我们正在和一支由李率领的熟练两人小队比赛，李是一个20多岁的胖男人，很快就给我贴上"菜鸟"的标签。李是兰诺波利斯的常客，对"使命召唤"的多人游戏并不陌生，他喜欢向分到的敌人、队友或任何人吹嘘自己的虚拟战绩。李的小队虽然人数不足，但协同良好，我们之间爆发了激烈战斗，格尔姆常常会俯身指向屏幕上的各种位置，指导我找到地方隐蔽，找到好的射击位置，或者试图迂回与李和他的队友作战。我很惊讶地发现了解你的对手几乎和熟悉比赛及控制系统一样有用。[56]在接下来的战斗中，我们经常会发现自己在庆祝团队合作。像"老兄，干得漂亮！""谢谢，你救了我的命!"是兰诺波利斯战斗中常见的感叹句。[57]

焦点小组参与者的游戏风格不尽相同,引发的反应也很强烈。这些玩家抱怨必须"照顾"新手玩家("菜鸟");应付那些假装白痴的玩家,他们引发的反应从幽默到恶意("巨魔");应付那些无法面对失败的队友和对手("愤怒的退出者");以及必须与那些毫无戒心,在关键地图点等待以获得优势的玩家("露营者")一起玩。尽管如此,对于兰诺波利斯的讨论者来说,没有任何一种游戏风格比"故意破坏者"更令人讨厌。"故意破坏者"是一类只故意骚扰和挑衅他人,而很少做其他事情的人。在射击游戏中,他们可能会破坏自己队伍的车辆,故意杀死队友;或者让自己很容易被敌人杀死,从而提高对方队伍的得分,这被鄙视地称为"送人头"。鲁斯特把故意破坏看作一种不可接受的拖后腿方式并说:"(故意破坏者)不能被容忍。你知道,你可以叫我婊子、告密者,随便什么。但如果你让我和其他人的游戏体验不愉快,我就要向服务器管理员或游戏客服举报你。"

没有态势感知能力和故意地像个笨蛋一样玩耍之间,存在一条模糊的界线。福克斯现年51岁,蓄着白胡子,是游戏中心最老的玩家之一,他提供了这份有关新手战争游戏的笔记:

> 我最讨厌的是:当你在主战坦克[《战场:叛逆连队2》](2010年)里时,你切换到机关枪,而一个蠢货跳了进来,把〔坦克〕抢走〔投入战斗〕。〔那家伙〕不理解古德里安或任何其他〔战争〕理论。所以他离负责掩护坦克的步兵太远,10秒钟就被炸飞了。[58]

鲁斯特很快补充道:"这通常会导致福克斯对着监视器咆哮1分钟。"游戏中心的年长者欣然接受了这个补充,澄清说他通常会大喊"该死的白痴!"兰诺波利斯的玩家相信,经验丰富的玩家可以很快区分新玩家和那些用大卫的话说就是"随便玩玩"的玩家。

故意破坏是培养多人游戏(包括兰诺波利斯游戏战场空间)良好意愿的阻碍。相反,团队游戏是这些用户最看重的游戏方式,也是获得和维持游戏资本最清晰的途径。根据焦点小组参与者的说法,可靠的队友比那些可能技术更好但沟通能力较差的玩家更可取。这表明,对于兰诺波利斯的硬核玩家来说,他们自身的文本生产力和其他玩家的游戏表现并不是严格的工具主义的努力,因为他们发展社会和人际关系的意愿比连续胜利更为强烈。该组织的游戏玩家在同伴中寻找至少3种元素:沟通技巧、区分玩家游戏风格的能力,以及支援队友的意愿。这些元素暗示了一个人的投入程度。

在讨论和采访中,这一观点一次又一次出现,即渴望找到并成为"支持玩家"的朋友。多伊尔用这些词表达他在其他人身上寻找的东西:"如果我能用一个简单的词语来表达,那就是'上点儿心,对你正在做的事上点儿心'。"他继续说:"写'同人'小说,做模型,这有点像是你喜欢与游戏无关的事情。"这是另一个信号,表明这些玩家对游戏技能的注重程度远胜于其他形式的游戏导向生产力。大卫提出自己对合作或支援型玩家的定义,他说:

支援型玩家可以归于任何类别,可以是随机的。他们可以是铁杆力量型游戏玩家,是那种用耳机玩游戏而不是用来播放音乐的人。不沉默寡言,也不在游戏中不停地咒骂……一个真正合作的人,试图找到其他"真正的"玩家——他们尊重别人,并且有足够的沟通能力,可以作为有凝聚力的单位一起作战。

巴迪强调了这一点,说:"一切都是有关交流……(就像)嘿,那边有一个狙击手,我需要你们跑到那儿去,扔一枚手榴弹,干掉那个狗屎。"在战斗中鼓励熟练的沟通和共享态势感知不仅是一种打赢比赛的手段,而且深思熟虑的沟通技巧可以提升作为优秀玩家的名望,提高社区的游戏水平。多伊尔将约翰·赫伊津哈"扫兴之人"[59]的思想用于游戏上,说道:

> 你必须有身临其境的敌情观念。因为如果你专注于做傻子,那你就是在浪费别人的时间……〔电子游戏〕和其他运动一样。你想让每个人都"参与"游戏。这可能只是"一场游戏",但人们想真正参与其中。而不是,在游戏中玩耍,让〔某人〕为所欲为。

无数小时的游戏记录,使玩家能够越来越细微地区分自己喜欢的游戏风格。根据福克斯的说法,"真正的玩家将开始试图对自我进行分类(相对于其他玩家)"。他早期的坦克轶事说明,在通讯不总是清晰的环境中(例如,不是所有的玩家都有耳机,会发生事故和误解,玩家的能力不同),硬核游戏玩家可以随着时间的推移,研究其他人的游戏风格,并做出相应的组合选择。奥布莱恩喜欢在网上发现类似风格的玩家，或者在兰诺波利斯第一次见到他们。玩射击游戏让他们分享经验，成为他们关系的基础。但是对于像福克斯和鲁斯特这样的老手来说，他们对比赛本身的兴趣比交朋友更大，分类是关键的阅读策略，以避免被糟糕的队友拖后腿，不让"垃圾"影响自己的游戏乐趣和文本生产效率。

判明游戏风格和与队友流畅沟通的能力是硬核玩家自己培养并在他人身上寻求的关键特征。然而，这些特点并不像那些罕见的能够提高其他伙伴表现这一特点那样珍贵。巴迪总结了他在这一点上的感受："我认为让你成为一名优秀玩家的要素是，接受你的团队的一点小挫折，并取得胜利。"福克斯比他那些热情奔放的年轻队友沉默寡言，他谈到了自己在《战地：叛逆连队2》中作为一名"好"游戏士兵的表现：

当你找到可以利用的东西时〔很有趣〕，或者你找到可以主宰战场的装备，为团队带来成功时，是很好的体验。（例如，在《战地：叛逆连队2》中）你可以使用〔坦克的〕机关枪控制4个旗帜点中的两三个。你知道，这不仅仅是杀戮，而且是挫败……〔其他参与者〕策略。作为一名玩家，你的水平高于平均水平，这样其他普通玩家〔在你的队伍中〕就可以通关游戏并取得成功……〔其他人插话〕……〔如果你打得很好〕两三个排名比你靠前的玩家现在必须组队……穿过地图搞定你，努力抵消你的队伍明显团队优势。

无私的游戏行为在竞争中和基于团队的游戏中十分稀缺。军事射击游戏中尤其如此,它们的目标往往是比对手获得更多的杀戮数。即使一部作品的模式不是严格意义上的零和游戏,许多玩家就当其好像是零和游戏一样玩。鲁斯特谈及无私玩家的缺乏说:

> 这是一个非常罕见的〔游戏玩家〕品种,我希望他们有更多人。那些享受游戏乐趣的人并不是因为他们的连击数(连续杀戮的次数),也不是因为他们有多厉害,而是他们知道……在比赛结束时,当他们的队伍获胜时,他们知道自己是个狠角色。他们说:"我让这家伙活着。我做到了,我做到了。〔当然〕我的 KDR(击杀比)[60]很低,但我的团队赢了,我也帮了他们一把。"那类人……不想去争夺金牌,而以站在幕后帮助其他人为乐,我希望那类玩家能更多。

鲁斯特的回答显然引起了其他围坐在桌子旁的玩家的共鸣,他的一些同龄人说:"阿门。"

结 论

显然,前面讨论是针对兰诺波利斯的,不能推广到其他游戏场所或玩家群体。人们可以很容易地想象,有些人无疑在类似街机店的地方玩过,这些场合与兰诺波利斯大不相同。这也意味着在这个游戏中心,除了流行的军事射击游戏之外,还有很多其他游戏机会。然而,让兰诺波利斯作为一个研究地点如此引人入胜的是,公开表演的游戏战争主导和边缘化了其他游戏体验,并在很大程度上预示了虚拟战斗人员应该如何与彼此进行游戏。在兰诺波利斯，游戏战争通常会摆脱其媒介界限，成为一支行动和监管力量。局域网本身的游戏、玩家和技术连接模式结合在一起，形成了一个过度确定的社会环境，当它在管理其游戏战争时，"触发快乐"。

对于兰诺波利斯的铁杆玩家来说，提升自身游戏资本的乐趣与帮助志同道合的玩家密不可分。熟练地在线上和线下玩家交流，分享游戏和游戏策略的详细知识，能够阅读各种游戏风格，作为队友的无私性，这些都是"硬核"游戏战士的重要能力。玩家的上述这些能力，尤其是在现在的游戏中已成为一种主流现象。正如鲁斯特明显带有嘲讽意味地提到视频游戏："每个人都玩。"新玩家拥入兰诺波利斯，凸显了狂热玩家想与志同道合者一同建设游戏社区的愿望。这些玩家把他们的游戏资本发展成一个虚拟的兄弟会，把多人射击游戏中差劲的玩家排除在外，奥布赖恩充满感情色彩地将那些玩家称为"一群混蛋、白痴和娘炮"。

在和兰诺波利斯的常客们一起关于游戏进行交谈之后，我发现第一人称和第三人称的军事射击游戏在很多方面都与其他媒介或非媒介的多人游戏体验相称。有一些重要的游戏规则超越各种游戏类型和载体，体现了有关社交礼仪和公共行为（如不作弊或捣乱）的普适价值。然而，也存在一些类型和媒介的特征，使得军事射击游戏在文本和背景上成为一种鲜明的媒体体验。战争场面本身有多种游戏乐趣。巴迪欣然承认："我喜欢爆炸。我喜欢手榴弹，C4（一种在很多战斗游戏中很流行的爆炸装置），发动空袭，什么都喜欢……大爆炸。（重复强调）大爆炸！"没有看到战争的现实也有一些滑稽的乐趣，还有游戏与其他军事活动联系带来的乐趣。正如戴维所说：

玩战争游戏永远不会真正置身于战争中,这个事实显而易见,显著区别包括大爆炸、飞机坠毁、追逐、坦克纵队、渗透地下基地,诸如此类。这不太现实。太棒了……沉浸在这样一个扣人心弦的电影式事件中感觉很棒,但这并不是现实。

一起玩战争游戏也有独特的乐趣。此外,这些游戏具有沉浸性、内在性和动态性(例如,与即时战略游戏的透视性和策略性放弃相反),因此通信、协调、准时和无限信任成为决定虚拟战争结果的力量倍增器。在疯狂的网络交火中,玩家为了共同的目标而努力,并提升自己的游戏资本。这也强化了社会联系,增强玩家之间的共鸣。"好"的游戏战士不是只在游戏中战斗的人,而是通过游戏战斗建立一个更强大的游戏社区。如戴维评论:"无论你玩的是什么类型的游戏,一个好玩家会(努力)巩固社区。这不一定是你的责任,但一个好玩家的标志是注意(新手玩家)并帮助他们、指导他们……这是经验带来的东西。"奥布莱恩同意大卫的观点,但认为"正确的游戏方式"关乎更基本的元素,他说:"有一个正确的态度,做一个好公民。如果你周围每个人都在做这样的事情,每个人都会有最有趣的游戏体验。"作为一个有能力的无私玩家,可以让沟通型团队在游戏中占据主导地位,并保护自己不受随处可见的网络的尖刻攻击,即使他们也在这么做。[61] 大卫谈到了这些相互联系的观点,说:"它有助于传播,作为一个合作性游戏玩家,作为一个社区,作为一个团体的游戏理念……当一个12岁的'熊孩子'对你发出关于你妈妈或其他什么的侮辱时,社区也会反击这种行为。"

我想以一个游戏玩家拙劣的幽默尝试来结束这一章,因为,就像前面确定的越界行为类型一样,它代表社区建设工作中令人讨厌的负能量。如果有局内人,就一定有局外人。在夏天的一次通宵游戏中,李拿着另一瓶能量饮料回到他的电脑前,给坐在他旁边的玩家讲了一个笑话。"你知道,"李高高拿起饮料瓶,发出滑稽的咕噜声,"我喜欢我的C4,就像喜欢我的女人一样。"他停顿了一下,想得到戏剧性的效果,但出现了冷场。他找不到最后一句台词,引起了小观众过早笑出声。"等一下,等一下,"他一边抗议,一边努力想得出这个笑话的结局,一边擦去嘴唇上残留的能量饮料,他继续说,"我知道,我喜欢它们装在小而紧的包装里,随时可以爆炸。"然后,他手口并用模仿炸药爆炸,结束了这个无聊的表演。李带着自鸣得意的笑容,戴着超大耳机,回到游戏菜单,为下一场交火做准备。这个笨拙的低俗笑话集中反映了我的许多实地观察结论。这个由射击游戏、高端游戏硬件和自命"硬核"男性3类要素交织形成的游戏社区有自己的运作方式,这种规则不成文但被普遍接受,并在虚拟战场内外管理玩家的行为。

注 释

1. 兰诺波利斯是我的研究地点的化名。所有研究参与者的名字和游戏操作都已更改,以保护他们的隐私。
2. 请注意,我不想用媒体心理学的方法来解释身份形成的愉悦感。关于第一人称视角和游戏控制的心理愉悦的社会科学研究,见简斯的《男性青少年暴力视频游戏的情感诉求》、简斯和塔尼斯的《在线第一人称射击游戏的吸引力》,以及沃德尔、哈特曼和克里姆特的《视频游戏乐趣的阐释》,还有沃德尔和布莱恩特的《玩视频游戏》。
3. 我把我对这个中心的游戏评论限制在军事射击游戏领域,因为它们是最受顾客欢迎的游戏类型。这样也有效地限定我对上述章节中所研究游戏战争活动的观察。然而,需要强调的是,这并不是这个多媒体游戏中心中唯一的游戏活动。
4. 兰诺波利斯流行的军事主题射击游戏包括:《使命召唤》《战场》和《反恐精英》系列。
5. 高夫曼,《日常生活中的自我展示》。
6. 米娅·康萨尔沃借鉴布迪厄的象征性资本模式。有关游戏和象征性资本的更多信息,请参阅孔萨尔沃的《欺骗》、布迪厄的《区别》和《资本的形式》。
7. 博尔斯多夫,《一种游戏纪律?》第 29 页。
8. 同上,第 32 页。
9. 同上,31—32 页,原文强调。
10. 参见特克尔的《第二自我》、金德尔的《用力量游戏》。
11. 参见泰勒的《在不同世界间游戏》、皮尔斯的《游戏社区》。
12. 参见卡斯特罗瓦的《同步世界》、孔萨尔沃的《欺骗》和琼斯的《视频游戏的意义》。
13. 费因,《共享幻想》,第 229 页。
14. 同上,第 239 页,原文强调。
15. 费因,《共享幻想》,第 4 页。
16. 同上,段落引用自第 233 页。
17. 同上,第 236 页。
18. 费因,《共享幻想》,第 242 页。
19. 在电脑自主活动期间,一些用户自带电脑设备,只是利用这个地方的网速和社交环境。
20. 参见比维斯、尼克松和阿特金森,《局域网咖啡馆》;詹茨和马滕斯,《局域网活动中的游戏》；比维斯和查尔斯，《请"真正的"女性游戏玩家起来？》。
21. 比维斯和查尔斯，《"真正的"女性游戏玩家会站起来？》，第 693 页。
22. 帕克和斯通，《做爱，别玩〈魔兽世界〉》。
23. 尤尔，《休闲游戏》，第 8 页，原文强调。
24. 戴尔-威则夫特和珀泰尔，《游戏帝国》，第 80 页。
25. 焦点小组会议从晚上 10:00 持续到午夜，结束于当晚成人"通宵"网络派对开始之前，该派对从周六午夜持续到周日中午。焦点小组会议的参与者都是白人，年龄从 22 岁到 51 岁不等，平均年龄为 28 岁。这些玩家都是兰诺波利斯的常客，代表着这个地方的核心游戏玩家群体。
26. 有关硬核休闲分类的扩展分析，请参见博伊尔的《L337 足球妈妈》、尤尔的《休闲游戏》。
27. 奇怪的是，焦点小组提到"硬核"和"休闲"之间的一部分玩家，这些玩家似乎已经脱离批评文学的束缚。他们称这个中等群体为"核心玩家"，或者简单地称为"核心"。对于那些通常熟悉电子游戏但不自认为是休闲玩家或重度用户的玩家来说，这是一个吸引人的类别。"道尔"，一个 20 多岁的矮个子，列举了这些组合："'休闲玩家'是那些一时兴起的玩家。'核心玩家'是经常玩游戏的人。'硬核玩家'是指那些专注于单一游戏、少数游戏或特定类型游戏的玩家。"其他 6 个玩家点头同意这一分类，并认同他们是典型的硬核玩家。
28. 有趣的是，"硬核"标签通常适用于男性类型游戏，而"权力玩家"通常专用描述 MMO（大规模多人在线）玩家（他们被认为更具社交性，更阴柔）。除了一个参与者外，兰诺波利斯焦点小组的玩家不喜欢用"力量"（或"绞肉机"）来描述他们自己，但他们也不认为这必然是贬义的。
29. 桑德福斯，《粉丝》。
30. 詹金斯，《文本偷猎者》。
31. 格雷，《单独发售秀》。
32. 阿贝尔克罗姆比与朗赫斯特，《听众》。
33. 西尔斯，《粉丝文化》。
34. 威曼，《我不是粉丝，我只是经常玩》。
35. 多人游戏环境中的玩家也被称为"共同创造"者，因为他们的行为有助于共同创造独特的游戏体验。例如，在服务器已满或不满的情况下，大型的多人角色扮演游戏是一种明显不同的体验。有关这些共同创作行为的更多分析，请参阅莫里斯的《共同创作媒体》、多维和肯尼迪的《游戏文化》。
36. 尽管这些特殊玩家并不避讳自己贴上"硬核"或"发烧友"的标签，但他们绝对讨厌所谓的"狂热粉丝"。在他们的心目中，狂热粉丝不同于普通的狂热者，因为前者与媒体对象太近，并且用不健康、类似宗教的方式来保护资产。对于多伊尔来说，狂热粉丝就是"一个你不想和之打交道的人"。威曼观察到，

"虽然在西方社会,狂热粉丝被视为一种女性化身份,但权力和硬核游戏通常与诸如高技术能力、竞争和'努力工作'等男性化议题有关"(《我不是粉丝,我只是经常玩》,第 382 页)。这群玩家对狂热粉丝持负面态度,同时对其他来兰诺波利斯的玩家有着令人不适的性别偏见。

37. 参见卡斯特罗瓦的《同步世界》、马拉比的《增值》和威廉姆斯等的《从树屋到兵营》。
38. 马拉比,《增值》,第 155 页。
39. 我们可以扩展马拉比有关军事射击游戏的分析,包含布尔迪厄的另外两个文化资本子类别,例如,看看游戏大联盟如何赞助精英玩家,授予他们"正规化的证书",或者看看《反恐精英》幕后业余设计团队积累的文化资本;粉丝修改了关卡,而后维尔福公司游戏工作室购买了他们的作品,使其成为官方认可的"物化作品"。
40. 威曼,《我不是粉丝,我只是经常玩》,第 382 页。
41. 桑顿,《俱乐部文化》。
42. 同上,原文强调。
43. 希瑟·梅洛、克里斯托弗·沃尔什和托马斯·阿佩利的研究有力地指导本章游戏资本的运作。他们的观点作为焦点小组讨论的提示,并为思考在游戏空间中表达和获得的具体能力和文化资本是否会对网络虚拟战场之外的人力资本或社会资本贡献提供了有用的指导。参见梅洛《调用角色》,沃尔什和阿佩利《游戏资本》。
44. 马拉比,《增值》,第 155 页。
45. 梅洛,《调用角色》,175—195 页。
46. 吉,《视频游戏如何教会我们学习和识字》。
47. 有趣的是,尤尔观察到,在可用时间和设计上,硬核玩家和休闲游戏较为兼容,而休闲玩家和硬核游戏在时间要求和易用性方面则不那么合拍。(《休闲革命》,第二章。)
48. 游戏作品在开发 Xbox、PlayStation 和任天堂游戏机版本之后,通常会移植到个人电脑或苹果机上,因此人们不再认为游戏始于个人电脑。作为旁注,克里斯托弗森指责记者对个人电脑的公关打击,他认为这些记者是苹果机的忠实拥趸。"苹果机的忠实用户精英通常是记者。他们喜欢自己的苹果机。这是一种邪教。这就是为什么个人电脑受到如此轻视的原因。但他们不知道自己在说什么。苹果电脑很少支持游戏。"
49. 戈德斯坦,《攻击型玩具游戏》,第 141 页。
50. 这种营销真理的例外是《现代战争:黑色行动》(2010 年)的一个电视直播节目。很明显,这个场景的标题是"我们所有人都有成为士兵的梦想",它显示不同的群体正在玩同一个实况射击游戏。参见 http://www.youtube.com/

watch?v=Pblj3JHF-Jo。

51. 德里克·伯里尔在《试玩：视频游戏、阳刚之气、文化》中考查了通过视频游戏文本和游戏互动培养的男孩阳刚之气的数字主体性。然而，我采取了不同的研究策略，因为我想了解通用游戏空间的共同价值。

　　伯里尔的方法关注的是主观性，它在文本和空间中重新定义，而不是从公共游戏空间共享实践中产生的社会价值。有关街机空间理论的研究，请参阅第 3 章。此外，如果我在这个后期节点重复此类作品，并为关键观点推波助澜，就会破坏描述性叙述，以及对性别研究的深刻理论见解。幸运的是，对电子游戏和游戏文化中的男子气概的批判性分析终于开始。例如，参见德里克·伯里尔和坦纳·希金（tannerhiggin.com）的作品、卡莉·科克雷克的《投币式美国人》、詹妮弗·马尔科夫斯基和特兰安德里亚·罗斯沃姆编辑的选集《身份问题：视频游戏研究中的种族、性别和性》。

52. 在兰诺波利斯，最不科学，但也许最能说明性别标志的是男女卫生间的状况。午夜过后，我都没有看到隔间门处于关闭状态；到了凌晨，游戏玩家们感觉没必要关上他们身后的门。

53. 比维斯和查尔斯，《请"真正的"女性玩家站起来？》，第 693 页。

54. 幸运的是，在游戏和游戏文化中，人们越来越关注显性和隐性的性别歧视。安妮塔·萨基森的系列视频《电子游戏中的陷阱与女人》吸引媒体对女性和同性恋游戏玩家身份及在线骚扰问题的大量关注。关于网络骚扰的经典作品是朱利安·迪贝尔的《网络空间中的强奸》。当代关于这些行为的分析，请参阅塔克的《恶意破坏：网络游戏中的男性气概管理》。

55. 仅供参考：我个人的游戏玩家绰号是"Ludology"。还没有游戏玩家用我的"meta"绰号称呼我，但他们也不把我称为"Ludology"。他们更喜欢较短的"Lude"。

56. 我们团队的在线和离线交流符合托尼·曼尼恩关于多人环境中点对点通信多样性的观察。参见曼尼恩的《多人游戏中的互动表现》。

57. 另一个著名的游戏合作的例子发生在一个晚上，两个十几岁的朋友，山姆和马克斯，都深深地沉浸在他们之前没玩过的一个战斗游戏中。（我相信他们玩的游戏是《虚幻竞技场 3》，一款既类似于又不同于军事主题游戏的梦幻战斗游戏。）马克斯确信，他可以用火箭发射器作为推进装置，把自己的角色移动到地图上一个更有利的位置。山姆起初并不相信这个看似是自杀的计划，他把椅子挪到马克斯的电脑前，协同解决这个问题。经过几分钟的实验，早期实验结果是马克斯杀死了他的角色，后来两人成功地将马克斯的角色发射到一个狭窄的难以到达的崖壁上。两个人举起拳头庆祝这次成功，而山姆则高喊着："他妈的，这个火箭跳太棒了！"

58. 海因茨·古德里安是二战时期的德国将军和坦克战理论家。

59. 赫伊津哈,《游戏者》,第 11 页。
60. 战损率,或称"击杀死亡率",是一种常见的简略指标,玩家可以通过它判断自己和其他玩家在多人游戏中的表现。
61. 游戏玩家没有讨论单人游戏叙事战役玩法的道德规范。我不想在这一点上做太多的研究,但这种现象的原因很可能是玩家清楚与多人和单人游戏的区别。所以,单人游戏中的"爱国主义"牺牲就相当于为叙事凝聚发挥作用。然而,在多人游戏区域与其他人的互动行为,可能有助于建立更丰富的社区意识,因此单人游戏行动得到更多的重视。牺牲性公民身份作为一个叙事设定概念有一定意义;对于多人游戏环境来说,牺牲性公民身份的概念意义较小。

结论

战争文化的游戏化

全军一心

——陆军征兵宣传标语，2001—2006 年

Pwn〔动词〕：发音为〔pôn〕。最开始是"own"〔自我〕的误拼，意思是对某人或某事拥有技巧性的优势。Pwn 的含义超过 own。

——"城市辞典"网站

胜利之军

我把车停在离达拉斯会议中心几个街区的地方，开始朝着这个巨大的综合楼走去。我不确定具体路线，因此跟着一群看起来像游戏玩家的十几岁男孩。事实证明我的直觉是正确的。当我们靠近会议中心附近的公共公园时，我们这群人汇入其他观看比赛

的成年人和青少年中——他们来参加2011年职业巡回赛（MLG）的开幕式。这个星期天是开幕式周末比赛的第3天，也是最后一天。和成千上万的其他玩家一样，我很想知道哪些玩家和队伍会在大会的3场比赛中获胜：即时战略游戏《星际争霸Ⅱ》（2010年）、科幻射击游戏《光晕：致远星》（2010年）和军事射击游戏《使命召唤：黑色行动》（2010年）。职业巡回赛现场是知名度更高的放大版兰诺波利斯。这个空间容纳了数百名而不是数十名玩家，另一个关键区别：在这里，玩家是为金钱而战。

充斥着屏幕的大会包含3个主要区域。第一部分是公司赞助商的展台和展位。游戏硬件和周边公司［如外星人、阿斯特罗（Astro）和索尼］邀请与会者演示他们最新的装备和游戏，而零食和点心公司（如弹头糖果、跨步口香糖、诺斯能量饮料和胡椒博士）则免费分发他们的糖果样品。房间的中间部分包含了一排排联网的和单机游戏机，它们已连接到竞技游戏。美国职业大联盟的红衫官员和观众，包括我自己，都站在分割的走廊上观看比赛，玩家们在比赛中争取更高的排名。房间的最后一部分，巨大的扩音器播放评论，让空气中充满蓬勃向上的竞技氛围，3个大投影屏幕中的一个播放军事画面。在这里，数以百计的参加者为国家最好的玩家欢呼，后者则为数千美元和联盟赞助而战。

在结论部分，我首先简要描述日益增长的电子运动联盟对视频游戏的商品化，它与绪言中介绍的《侵略者！》形成了戏剧化的对立。这些对立的作品展示视频战争游戏可能产生的多样化的游戏状态和体验，以及这些游戏、它们的社区、相关利益——从艺术性到商业性——如何被用于不同目的。一方面，军事射击游戏如此广受欢迎，以至曾经在客厅和大学宿舍举办的业余DIY比赛已经让位给了职业游戏联盟,他们通过将游戏战争体验转化为一项观赏性运动来赚钱。[1]另一方面,类似于《侵略者!》的作品,通过在避世领域注入不舒服的现实感,来批判虚拟战斗的愉悦性。

9·11后战争游戏把电子竞技组织和反战艺术作品串在一起,这一主线是战争游戏的决定性乐趣。回想一下,本书最初的问题之一是:为什么在大多数军事娱乐产品不景气的时候,军事射击游戏能在市场上取得成功?答案正如全文一直论述的那样,射击游戏独特的游戏模态与其更广泛的实践回路互相配合:作品的游戏法则(文本)、广告短语(类文本),以及玩家群体的集体行动(内容)。选择案例研究设计,是因为媒体文化和乐趣不可能杂乱无章。本项目致力于将视频游戏作为一种技术文化工具进行批判性解读,这种技术文化工具包含了特定媒介的自我供给,并且在更广泛的经济和文化领域内发挥独特的互动效应。

回顾一下,本项目的核心是一个简单的观点,即游戏很重要,它为我们提供了体验许可证和技术手段来检视我们的选择、我们的未来,甚至我们自己。另一个基本观点是,视频游戏的"媒体模态"说明了这些文本的特点:首先,被认为对应现实(或不对应);其次,具有推动沉浸式游戏状态的媒体特征。模态是对游戏乐趣进行历史化、批判性分析的一个生成性术语,它强调媒体(模态作为内容)在话语方面与作为互动和表达载体的游戏(模态作为文本)特定机制之间的相互构成关系。第1章的后半部分比较了相隔几十年的两部军事游戏,以展示游戏战争随时间而改变的方式,同时指出了这些作品的美学结构。[2]这是一个内容有限的快速比较,但明确了媒体模态作为游戏关键性分析的历史工具效用。

　　第 2 章、第 3 章和第 4 章将游戏模态带入最畅销的射击游戏中，展示它们如何培养游戏乐趣。例如，在第 2 章中研究的《使命召唤 4：现代战争》中不断变化的角色身份激发了一种沉浸式叙事主体性，在玩家和角色之间建立了一种情感联系，同时将美国反暴乱所需的牺牲精神进行戏剧性升华。第 3 章中，"汤姆·克兰西"品牌射击游戏对战术和空间进行建模并展示电子化士兵，这表明美国必须拥有正确的装备和政治意愿可以在任何地方发动先发制人的战争，以确保兑现 9·11 后的美国例外论承诺。最后，射击游戏常有的霸权乐趣会受到第 4 章中探讨游戏的影响。第 4 章中，沉浸感带来不和谐的体验。这些游戏强调我们与遥控无人机的关系，并批判射击游戏盲目推崇机器人战争的倾向。不管游戏的意识形态如何构成，军事射击游戏异曲同工，因为它们与当代新闻报道中的情景相联系，并再现军事娱乐产业确立的叙事主题和人物设定。

　　然而，将游戏乐趣理解为计算设计的动态产物，并与现实联系起来，需要一个关键分析。幸运的是，模态作为一个分析概念的效用并不局限于单独的近距离阅读。当研究游戏乐趣时，模态问题可以也必须扩大到游戏瞬间和观众研究。因此，本项目的后面几章通过研究营销策略和玩家社区，来评估游戏战争额外的、辅助性的和情境性的乐趣，以及通过激烈的深夜马拉松游戏形成社会纽带的玩家社区。

　　第 5 章解释了向战争世界兜售游戏战争体验的商业紧张局面。本章特别探讨动视公司为推销《使命召唤 4：现代战争》而采取的多种销售策略。成功宣传游戏战争体验，要求营销人员巧妙地构建一个有限的"军事现实主义"概念，以便确保严酷现实不会侵入游戏玩家的虚拟世界。

最后，第6章中，我描述了自己在兰诺波利斯的游戏体验，以及该游戏中心常客如何看待他们的虚拟战斗与真实冲突的关联性。射击游戏的多人模式显著改变了这个游戏中心的社会行为规则和价值观。当兰诺波利斯的玩家讨论最喜欢的军事射击游戏和社区时，他们会保持"硬核"玩家的倾向性，并谈论在其他玩家身上寻找的东西。这些玩家敏锐地意识到，战争时期享受射击游戏有一定复杂性，并分享了他们看待游戏战争游戏乐趣的方式。这些文本、类文本和背景实践结合在一起，形成游戏战争亚文化。此外，战争游戏在商业上的成功还得益于一种体验模态，这种方式产生了其他反恐战争娱乐产品无法产生的媒介快乐。

战争文化的游戏化

现在，我们可以回到引言中雷蒙德·威廉姆斯提到的"感觉结构"理论。威廉姆斯晦涩但激进的文化假设包括历史性事件和体验过程是如何被广泛感知，以及广为人知、经久不衰的感受为何与社会的连锁文化形式完整且必然地联系在一起。或者，我们根据本书研究项目的关注点修正威廉姆斯的论点，游戏战争的感觉展示了一种互动的愉悦结构，使游戏玩家能够在拿起虚拟武器对抗国家敌人时找到政治上的满足感。

但是，游戏战争的愉悦结构不仅仅是一个多方面的技术文化体，它将游戏体验与9·11后的焦虑联系在一起；它还为玩家提供了一种虚拟公民的形式，反映后现代战争的主流模式和后资本主义的经济要求。政治经济学家达拉斯·史密斯提出"受众商品"的概念，用以描述直播媒体将媒体用户，特别是电视观众，捆绑作为真正商品交付给广告商的方式。[3] 游戏战争的影响性结构通过吸引人的主观性，来完成一个类似但不太系统的壮举，这种主观性将玩家作为游戏士兵，指导他们如何成为好的消费者。如果史密斯的"受众商品"描述了电视如何向广告商提供观众，那么我们可能会说，大多数9·11之后的射击游戏将玩家提供给军事娱乐综合体。这些虚拟士兵不一定比其他媒体消费者更容易受到国防利益影响，但他们确实以不同于固定媒体军事娱乐产品的方式与国防意识形态和国家软实力进行互动。也许更好的问题不是"游戏的感觉结构是什么？"，而是"什么是感觉的游戏结构？"。未来研究应该沿着这一方向继续下去，看看游戏玩家是否及在多大程度内化了美国军事娱乐产品宣传的故事和价值观。

除了"定时炸弹"式叙述故事、战场视角、可控无人机、可探索战役地图等，9·11后的射击游戏因为基本计算形式带来的认知可信度，也影响着游戏体验。乔纳森·多维在他有关游戏的竞争性概念框架中讨论了模拟构建真理的力量：

> 当代的游戏文化把模拟作为知识的基础，正如19世纪的资本主义以观察式经验主义为基础。模拟以虚拟模式运行，即"如果这（行动/事件/行为），那么〔反应〕可能性是多少"。此外，模拟和游戏是非常相似的过程，它们都是动态规则约束系统，我们同意让模型代表或成为现实。模拟是游戏文化的知识机制。[4]

结论 战争文化的游戏化

如果说战争模拟在模拟未来作战场景时具有感知效力，因此在认知上具有说服力，那么9·11之后的军事射击游戏的流行可归因于它们（角色、叙事、战斗等）为产生愉悦而创造的互动结构——也就是说，它们将虚拟战争变得有趣。

本书一直在努力将身份、技术和游戏实践贯穿各个章节，游戏塑造了我们对周围世界的理解，粉饰这些体验的政治神话和最终的自我认知。军事射击游戏的核心是"游戏身份"[5]，即游戏士兵的身份。尽管游戏战争的互动结构是创造和维持其核心身份的组成部分，但这种战斗身份及其政治神话的文化和认识论逻辑并不局限于游戏世界。

视频游戏的形式和射击游戏类型已经将这种游戏主观性传播到非游戏技术平台和非游戏空间。也就是说，与其认为后现代战争的生产逻辑和古老的军事娱乐对射击游戏形态产生单向的意识形态影响，不如说我们在本研究的最后应该思考射击游戏如何以自己的方式鼓励公民士兵成为游戏士兵，或者说现代国家是如何改用战争游戏而不是战争场面来激励它的公民。在研究的结束部分，我们的注意力转移到9·11事件后媒体和战争文化更广泛的"游戏化"。这样做有一个额外的益处，那就是使分析范围超出游戏本身，评估将20世纪公民士兵转变为21世纪游戏士兵所采用的种种相关做法。[6]以下例子旨在简略说明这种转变。

正如我在达拉斯之旅中发现的，今天的职业玩家作为游戏雇佣兵在大联盟屏幕构成的战壕中短兵相接。在那里，他们和他们的战斗作为商业观赏活动。[7]游戏士兵的主体性也是美国军方"虚拟军队体验"中一种可接受的、类似游客的身份。在这里，未来的新兵可以在这个旅游路演中报名参加"游戏军队"[8]。此外，游戏士兵的身份可以在佐治亚州哥伦布斯的国家步兵博物馆和士兵中心通过虚拟回合购买。游客们通过交战技能训练器2000（EST 2000）——这是美国步兵学校、陆军国民警卫队和陆军射击训练预备队狙击手训练使用的虚拟靶场系统——尝试提升射击技术。在一个纪念美国陆军勇敢精神的房间里，参观博物馆的人可以获得士兵们广泛使用的武器的俯视图。当然，俯视这些改装的M4卡宾枪枪管只是物理模拟体验，类似的概念已经在射击游戏中存在几十年。就好像为了证实这一点，EST 2000的正下方是陆军博物馆的作战模拟室。在这个黑暗的房间里，游客可以使用两个游戏设备护送人道主义救援人员离开敌对地区。尽管楼上的虚拟射击场需要明智地选择射击目标，并提供射击成绩的详细报告，但在这些"模拟"中没有理由小心谨慎，因为弹药无限，并且没有友方人员或平民会受到误伤。或者，正如两名女管理员中的一位所说，"使用这些枪瞄准很复杂，所以只要当'兰博'，射击任何移动的东西就行"。（图C.1）[9] 虚拟战斗展览是嘉年华风格的射击馆，配有改装的彩弹枪，枪不能精确瞄准，简单的只有一张纸的说明为露骨的屏幕暴力辩护。这个官方机构致力于神化美国陆军从革命战争到反恐战争的民族主义身份，这时即使是国家也无法抗拒将战争历史转变为战争游戏的冲动。

　　游戏士兵的主体性地位灵活多样，但它独特地展示战争和媒体文化的更广泛的游戏化。[10] 无论是作为营利运动，作为沉浸式征兵路演，还是作为博物馆互动展览中的程式化纪念，都说明了这一点。同样，这也形成一种新的媒体身份，它与公民士兵前身保持本体联系，也维持与视频游戏日益流行的文化和控制逻辑的技术联系。即使博物馆里从来没有人拿起手柄玩军事射击或虚

图 C.1 博物馆游客在虚拟陆军体验模拟器上参加虚拟战斗

拟突击步枪，游戏士兵的身份和随之而来的民族主义愉悦感也会让游戏玩家和非游戏玩家了解美国新世纪的政治承诺和军事实力。事实上，本书不同于以往对战争游戏的研究，它关注的是媒体游戏联系公民身份与国家形象及其军事权力幻想过程中所扮演的角色。这就是当游戏模态与人类实践交互时，本书研究获得意义和文化流通方式的原因。游戏学者约瑟夫·雷森斯支持这种复杂的游戏观，他说："电脑游戏不仅是一种游戏，也绝不仅是一种实现利润最大化的商业战略。它始终是一个战场。在这个战场上，实现特定的、自下而上的、异质形式的参与性媒体文化存在一定困难。"[11] 所有的视频游戏都是众所周知的"战场"，因为游戏一直都是一种文化。此外，游戏对玩家提出目标导向要求，包括（最明显的）呼吁行动，玩家身份与屏幕展示的文化问题息息相关。

本项目的一个持久难题是设置起止点与取舍关注对象和事件。当然还有其他一些可以用来评估军事射击游戏愉悦性的方法。人们可以选择不同的游戏、支撑类文本或截止时间点。本书所包含的作品和游戏时刻从9·11袭击开始，到奥巴马宣布全球反恐战争结束为止。但最终，我并没有像分析这些流行游戏那样，将9·11之后的游戏发展划为离散的时间框架，而是将其理解为一个历史性时刻。如果我们寻求隐喻的帮助，电子游戏就是现代的复写本，它们是一种互动记录，具有多层创造性实践——像古代羊皮纸上模糊和隐藏的文字一样——包含前些年的代码、机制和关于公民、爱国主义、牺牲、政府文化信仰的迭代。[12]

《游戏战争》在一定程度上也审视了政治神话。文森特·莫斯可提醒我们："了解一个神话不仅要证明它是假的，还要弄清楚神话为什么存在，它的重要性和意义，它告诉我们的有关人们的希望和梦想的内容。"[13] 在国际冲突时期，这种互动式的愉悦结构使游戏战争变得有趣，它延续了一个关于民族国家的独特神话。我认为媒体模态在探索视频游戏的意义上是有用的，它揭示了互动叙事所有关于主流文化神话的传统真理的方式。游戏是探索民族主义神话的强大工具，它们使我们成为"预先"体验的中心：我们是抵抗外部恐怖势力的游戏战士；我们是发动机，推动游戏的故事发展，并直接见证我们选择的结果。在这些时刻，我们做的不仅是反思战场策略——我们制定国家愿景，并劫后余生。我们在《使命召唤4：现代战争》力挽狂澜，也曾经以不同的角色和很多人一起死去。在"汤姆·克兰西"的"维加斯"系列中，我们拯救总统和国内基础设施，虽然无辜平民已经被枪杀在美国街道、酒店和赌场。我们在《使命召唤：黑色行动2》中指挥先进的无人驾驶装备和机器人部队，但反派用同样的技术对付我们。

美国军方在9·11袭击事件发生大约10年后，才找到并杀死了"1号公敌"，但游戏战争文化不到一周就重现了刺杀奥萨马·本·拉登。2011年5月2日，一支海豹突击队（海豹6队）刺杀了本·拉登，他可能在巴基斯坦阿伯塔巴德的一个大院里藏身多年。5天后，这个臭名昭著的住所就成为《反恐精英》的一个可下载关卡。[14] 与此同时，制作了《库玛战争》的工作室——一家网络游戏公司发布了其基于伊拉克战争行动报告射击的最后一个关卡："奥萨马·本·拉登之死"。这个免费游戏关卡是该公司数字化反恐战争系列的结尾。[15] 此后不久，海豹6队在动视公司《使命召唤：现代战争3》的初期营销材料中亮相。[16] 在基地组织头目死后不到3周，国防承包商雷声公司和运动现实公司（在2011年特种作战部队产业大会上）对突袭进行沉浸式的三维模拟演示。[17]

这些反应的时机非同寻常，但并非史无前例。毕竟，9·11袭击后，游戏文化生产并传播了大量的"杀死本·拉登"游戏。[18] 在本·拉登与游戏之间的此次关联中，值得注意的是他的死亡被快速商业化。民族主义者利用这一事件哗众取宠，有线新闻频道播放美国人在城市街道上高呼"美国，美国！"这一时刻迅速成为结束反恐战争"故事"的现成机会。

9·11事件后的几周、几个月和几年里，双子塔在媒体无休止的重播循环中一次又一次地倒下。这一系列恐怖袭击的介导、补救和最终的预兆创伤迅速成为国家集体团结和国际支持的焦点。即使政府利用这些袭击作为一种新的侵略性外交政策借口，这种外交政策要求美国针对现实和想象中的威胁发动先发制人的军事行动。10年后，刺杀奥萨马·本·拉登为反恐战争提供了故事的拱顶石，但这充其量只是一个政治上的便宜之计。美国最长的战争将通过军方的秘密无人机打击而继续下去，并将在文化产业后9·11时期的游戏战争中持续存在。正如9·11事件后的军事射击游戏所展示的，文化焦虑和政治愿景的历史烙印十分复杂，视频游戏也同样关乎未来。这一点不可低估。

游戏的面向未来性不是某种老生常谈，而是一种必不可少的体验性媒体品质。这些游戏吸引玩家们将他们的意愿投射到那些尚未发生的事件上，无论是玩俄罗斯方块还是拯救美国。不同于其他娱乐媒体的文本设备，游戏设备的"游戏关注"总是着眼于未来的可能性和存在状态。[19]视频游戏的转变性承诺在于它能够引导玩家在当下进行游戏的同时关注未来。这样我们就可以像现在想象的那样理解世界，并想象世界未来的模样。

注　释

1. MLG 并不是目前唯一一个职业的美国游戏联盟，但它的规模几乎可以说是最大的。其他大型锦标赛包括以搏击游戏为主的进化系列锦标赛和在韩国首尔成立的国际网络游戏锦标赛。
2. 穆雷的"浸入、代理和转化"，参见穆雷的《全息甲板上的哈姆雷特》，97—112 页。
3. 史密斯，《依赖之路》，22—51 页。有关"受众商品"概念的最新评论，参见卡拉维的《新媒体环境中的受众劳动》，第 693 页。
4. 多维，《你怎么玩的？》，第 136 页。
5. 例如，请参见约瑟夫·雷森斯的《游戏身份：从叙事到游戏的自我建构》；在这个项目中，他和合作者通过不同的交互技术来检验身份的反身建构。（http://www.playful-identities.nl）
6. 罗杰·斯塔尔的作品之所以有价值，正是因为它证明统治时期的军事神话不仅是一场游戏事件。考虑到这一点，这个项目坚持认为，军事射击游戏清晰地展示了流行文化如何设想军事和公民，以及它们被恶毒想象的原因。
7. 关于电子体育联盟崛起的极好学术研究，参见泰勒，《提高筹码》。
8. 参见亨德曼和佩恩的《引言》。
9. 图 C.1 来源：士官戴维·特纳，《虚拟陆军体验》，2010 年美国陆军图片 http://www.army.mil/article/39243/Virtual_Army_Experience_lets_civilians_experience_combat。
10. 在约瑟夫·雷森斯的带领下，我更倾向于认可笨拙的"娱乐化"，而不是尴尬的"游戏化"，因为前者暗示大量的数字通信和信息技术以及充满活力的参与式文化。参见拉森的《作为参与性媒体文化的计算机游戏》。

 "游戏化"是将规则和评分系统引入到非游戏活动中，作为一种激励性的提示（见迈克尼格尔的《打破现实》，该作品科普了这一术语）。换言之，娱乐化是媒体文化越来越有趣的存在过程，而游戏化是应用设计；一个是本体论和身份，另一个是实践。诚然，这是一种对游戏化的普遍处理，有些人认为这只代表利用游戏回报的先进营销技术，游戏化实际上是"点化"。对游戏化的尖锐批评，请参阅博格斯的《有说服力的游戏》和罗伯逊的《不能玩，不会玩》。
11. 雷森斯，《作为参与性媒体文化的电脑游戏》，383—384 页。
12. 有关电子游戏考古学的著名例子，请参见古斯的《游戏之后》。
13. 莫斯可，《数字升华》，第 29 页。

14. 弗莱契，《本拉登小院》。
15. 《战争结束了！106次任务之后，玩家在〈库玛战争 II〉的最后一关击毙本拉登》。
16. 托蒂罗，《《使命召唤：现代战争3》的黑色星期二中，海豹6队在做什么？》
17. 阿克尔曼，《本拉登小院现在成为特种部队的虚拟训练场》。
18. 洛伍德，《无能与代理》。
19. 阿特金斯，《我们到底在看什么？》，第127页。

致　谢

当我坐下来写这些致谢词时,我意识到,自己研究9·11事件后的军事射击游戏已经十多年了。更绝妙的是,我意识到,在这段时间遇到很多优秀的人——那些学生和同事,他们的质疑和启发有助于我对视频游戏的思考,包括这类游戏的意义,以及它们对批评性媒体研究教学的影响。我希望本书能致敬我们之间的谈话、辩论和友谊。

尽管这本书与我的研究生工作相去甚远,我首先要感谢我的导师莎伦·斯特罗弗。如果没有她的指导和支持,我几乎肯定会开始一个更传统的研究课题。我还要感谢迈克尔·卡克曼、凯瑟琳·泰纳、乔·斯特劳巴哈和达娜·克劳德,他们对这本书的初稿结构提出了反馈意见。我在阿拉巴马大学传播与信息科学学院的同事也同样非常支持我。梅雷迪思·巴格莱、杰森·布莱克、迈克尔·布鲁斯、德怀特·卡默伦、格伦达·坎特雷尔、玛雅冠军、约翰·奇索姆、钱德拉·克拉克、尼克·科劳、马洛鲁·考克斯、安迪·格雷斯、金永焕、艾略特·帕内克、瑞秋·雷米斯特、亚当·施瓦茨、帕姆·特兰和周舒华使得在电信和电影系工作成为一件十分快乐的事。特别感谢安迪·比林斯、比尔·埃文斯和杰里米·巴特勒允许我征用他们的办公室过道，参加许多计划外的辅导课程。正如他们在这些部分喜欢说的：头脑风暴。

我还要感谢我的扩展媒体和游戏研究网络中为本书的想法做出贡献的人士，尤其是杰西卡·奥尔德雷德、彼得·阿利卢纳斯、蒂姆·安德森、本·阿斯林格、曼努·阿维尔斯·圣地亚哥、德鲁·艾尔斯、凯文·博泽尔卡、布雷特·卡威、亚历克西斯·卡雷罗、迈克尔·柯廷、肖恩·邓肯、埃里克·弗里德曼、哈里森·吉什、乔纳森·格雷、霍利斯·格里芬、罗伊·格兰曼、瑞福·奎恩斯、丹·赫伯特、詹妮弗·霍尔特、德里克·约翰逊、艾恩·柯卡斯、亨利·洛伍德、克里斯·卢卡斯、尼克·马克思、威廉·莫纳、迈克尔·纽曼、兰迪·尼科尔斯、马克·欧莱特、艾莉森·帕尔曼、凯伦·佩特鲁斯卡、阿斯温·帕纳坦贝卡、丹·雷诺兹、阿维·桑托、安迪·斯卡希尔、布莱恩·塞博克、莎伦·沙哈夫、科林·泰特、伊桑·汤普森、萨姆·托宾、查克·特里恩、约翰·范德霍夫和马克·J. P. 沃尔夫。这个项目也得益于我在贾德·鲁吉尔和肯·麦考利斯特的正确领导下参与游戏学习倡议团队，团队里还有詹妮弗·德维特、卡莉·科克雷克、瑞安·默勒和杰森·汤普森。我还要向我最亲密的合作伙伴和知己深表爱意和感激，特别是考特尼·布兰农、多诺霍、迈克·弗莱什、德里克·弗兰克、大卫·格尼、凯文·桑森和格雷戈里·施泰尔。最后，克里斯汀·华纳和尼娜·亨特曼一直是我忠实的理疗师，他们总是抽出时间分享他们的智慧和专业建议，亦或仅是一句客气的话。

有着埃里克·辛纳的热情支持和艾丽西娅·纳德卡尼的幽默指导，很难为《游戏战争》找到一个比纽约大学出版社更好的出版社。我也很感激道格拉斯·埃德里克·斯坦利允许重新出版其艺术作品《侵略者！》的图片。本书手稿也得益于审稿人的匿名反馈，以及丽莎·施密特的娴熟校对。剩下的错误都属于我个人责任。

第6章的部分内容之前在尼娜·亨特曼和我编辑的《手柄士兵：军事视频游戏中的政治权术》（劳特利奇，2009年）以"去××的，游戏菜鸟！——学习游戏网络战争的艺术"为标题发表（第206—222页）。第五章的大部分内容发表在《游戏＆文化7》第4期（2012年7月，第305—327页）《使命召唤4：现代战争》中的军事现实主义营销。感谢所有的编辑和审稿人，他们在之前修改中对这两个部分提供反馈意见。

最后，我的父母、兄弟姐妹和姻亲在这个项目的整个生命中都是如此无私。相较于他们的慷慨我自愧不如。然而，这本书的主要贡献者是我的妻子和生活伴侣乔安娜。她是我的第一个读者和宣传者——像其他任何吃力不讨好工作的一样——她仍然是耐心、幽默和爱的源泉。她的恩典我难以为报。不过，我可以把这本书献给她最喜欢的两个人：索菲和杰克逊。我们的"花生"和"豆子"每天向我们展示如何在轻率放弃中游戏（随着年龄增长，人会忘记简单的想法），他们的历险有力提醒我们，研究游戏意味着研究如何让世界变得更有趣。

参考游戏

America's Army (PC). Developer: United States Army/Publisher: United States Army, 2002.

Battlefield: Bad Company 2 (Xbox 360 version). Developer: EA Digital Illusions CE/Publisher: Electronic Arts, 2010.

Battlefield 3 (Xbox 360 version). Developer: EA Digital Illusions CE/Publisher: Electronic Arts, 2011.

Battlezone (Arcade Cabinet). Developer: Atari/Publisher: Atari, 1980.

Big Buck Hunter (Arcade Cabinet). Developer: Play Mechanix/Publisher: Raw Thrills, 2000.

BioShock (Xbox 360 version). Developer: 2K Boston/Publisher: 2K Games, 2007.

Border Patrol (web browser). Developer: unknown/Publisher: unknown, 2002.

Borderlands (Xbox 360 version). Developer: Gearbox Software/Publisher: Take Two Interactive, 2009.

Call of Duty: Advanced Warfare (PlayStation4 version). Developer: Sledgehammer Games/Publisher: Activision, 2014.

Call of Duty: Black Ops (Xbox 360 version). Developer: Treyarch/

Publisher: Activision, 2010.

Call of Duty: Black Ops II (Xbox 360 version). Developer: Treyarch/ Publisher: Activision, 2012.

Call of Duty: Ghosts (Xbox 360 version). Developer: Infinity Ward/ Publisher: Activision, 2013.

Call of Duty: World at War (Xbox 360 version). Developer: Treyarch/ Publisher: Activision, 2008.

Call of Duty 3 (Xbox 360 version). Developer: Treyarch/Publisher: Activision, 2006.

Call of Duty 4: Modern Warfare (Xbox 360 version). Developer: Infinity Ward/Publisher: Activision, 2007.

Civilization (PC). Developer: Microprose/Publisher: Microprose, 1991.

Contra (Arcade Cabinet). Developer: Konami/Publisher: Konami, 1987.

Counter-Strike (PC). Developer: Valve Software/Publisher: Sierra Entertainment, 1999.

Counter-Strike: Osama bin Laden Compound (PC Mod). Developer: Fletch/Publisher: Fletch, 2011.

Custer's Revenge (Atari 2600). Developer: Mystique/Publisher: Mystique, 1982.

Dance, Dance Revolution (Arcade Cabinet). Developer: Konami/Publisher: Konami, 1998.

Deus Ex: Human Revolution (Xbox 360 version). Developer: Eidos Montreal/Publisher: Square Enix, 2011

Doom (PC). Developer: id Software/Publisher: GT Interactive, 1993.

Doom II: Hell on Earth (PC). Developer: id Software/Publisher: GT Interactive, 1994.

Everquest (PC). Developer: Sony Online Entertainment/Publisher: Sony Online Entertainment, 1999.

F-1 Race (Nintendo Family Computer). Developer: HAL Laboratory/ Publisher: Nintendo, 1984.

F.E.A.R. (Xbox 360 version). Developer: Monolith Productions/Publisher: Vivendi Universal, 2006.

FreeCell (PC). Developer: Microsoft/Publisher: Microsoft, 1995.

Frogger (Arcade Cabinet). Developer: Konami/Publisher: Sega/Gremlin, 1981.

Full Spectrum Warrior (PlayStation2 version). Developer: Pandemic/Publisher: THQ, 2004.

Gears of War (Xbox 360 version). Developer: Epic Games/Publisher: Microsoft Game Studios, 2006.

Grand Theft Auto IV (Xbox 360 version). Developer: Rockstar Games/Publisher: Take-Two Interactive, 2008.

Guitar Hero (PlayStation2 version). Developer: Harmonix/Publisher: RedOctane, 2005.

Half-Life (PC). Developer: Valve Software/Publisher: Sierra Entertainment, 1998.

Halo 3 (Xbox 360). Developer: Bungie/Publisher: Microsoft Game Studios, 2007.

Halo: Combat Evolved (Xbox). Developer: Bungie/Publisher: Microsoft Game Studios, 2001.

Halo: Reach (Xbox 360). Developer: Bungie/Publisher: Microsoft Game Studios, 2010.

Invaders! (art installation, PC). Developer: Douglas Edric Stanley/Publisher: Douglas Edric Stanley, 2008.

Kuma\War (PC). Developer: Kuma Reality Games/Publisher: Kuma Reality Games, 2004.

Madden NFL 15 (Xbox 360 version). Developer: EA Tiburon/Publisher: EA Sports, 2014.

Marathon (Mac). Developer: Bungie Software/Publisher: Bungie Software, 1994.

Marine Doom (PC mod of Doom II). Developer: U.S. Marine Corp./Publisher: U.S. Marine Corp., 1996.

Mass Effect (Xbox 360 version). Developer: BioWare/Publisher: Microsoft Game Studios, 2007.

Medal of Honor (Xbox 360 version). Developer: Danger Close Games/EA Digital Illusions CE/Publisher: Electronic Arts, 2010.

Medal of Honor: Allied Assault (PC). Developer: 2015, Inc./Publisher: Electronic Arts, 2002.

Metal Gear (NES). Developer: Konami/Publisher: Konami, 1987.

Metal Gear Solid 2: Sons of Liberty (PlayStation2 version). Developer: KCEJ/Publisher: Konami, 2001.

Microsoft Flight Simulator X (PC). Developer: Microsoft Game Studios/Publisher: Microsoft Game Studios, 2006.

Missile Command (Arcade Cabinet). Developer: Atari/Publisher: Atari, 1980.

Modern Warfare 2 (Xbox 360 version). Developer: Infinity Ward/Publisher: Activision, 2009.

Modern Warfare 3 (Xbox 360 version). Developer: Infinity Ward, Sledgehammer/Publisher: Activision, 2011.

Ms. Pac-Man (Arcade Cabinet). Developer: Bally Midway/Publisher: Bally Midway, 1982.

Myst (PC). Developer: Robyn and Rand Miller & Cyan/Publisher: Brøderbund, 1993.

Myth II: Soulblighter (PC). Developer: Bungie/Publisher: Bungie, 1998.

The Oregon Trail (Apple II). Developer: MECC/Publisher: Brøderbund Software, Inc., 1985.

Pac-Man (Arcade Cabinet). Developer: Namco/Publisher: Midway, 1980.

Pathways into Darkness (Mac). Developer: Bungie Software/Publisher: Bungie Software, 1993.

Portal (Xbox 360 version). Developer: Valve Corporation/Publisher: Valve Corporation, 2007.

Quake (PC). Developer: id Software/Publisher: GT Interactive, 1996.

Resident Evil 5 (Xbox 360 version). Developer: Capcom/Publisher: Capcom, 2009.

Rock Band (Xbox 360 version). Developer: Harmonix/Publisher: MTV Games, Electronic Arts, 2007.

参考游戏

Rome: Total War (PC). Developer: The Creative Assembly/Publisher: Activision, 2004.

Rush'n Attack (Arcade Cabinet). Developer: Konami/Publisher: Konami, 1985.

Second Life (PC). Developer: Linden Research, Inc./Publisher: Linden Research, Inc., 2003

September 12th (PC). Developer: Gonzalo Frasca/Publisher: NewsGaming, 2003.

Shogun: Total War (PC). Developer: The Creative Assembly/Publisher: Electronic Arts, 2000.

SimCity (PC). Developer: Maxis/Publisher: Brøderbund, 1989.

The Sims (PC). Developer: Electronic Arts/Publisher: Electronic Arts, 2000.

Space Invaders (Arcade Cabinet). Developer: Taito/Publisher: Midway, 1978.

Spec Ops: Rangers Lead the Way (PC). Developer: Zombie LLC/Publisher: Take-Two Interactive, 1998.

Spec Ops: The Line (Xbox 360 version). Developer: Yager Development/Publisher: 2K Games, 2012.

Special Force (PC). Developer: Hezbollah/Publisher: Hezbollah, 2003.

StarCraft II: Wings of Liberty (PC). Developer: Blizzard Entertainment/Publisher: Blizzard Entertainment, 2010.

Super Smash Bros. Brawl (Nintendo Wii). Developer: Ad Hoc Development Team/Publisher: Nintendo, 2008.

Team Fortress 2 (PC). Developer: Valve Corporation/Publisher: Valve Corporation, 2007.

Tetris (PC). Developer: Spectrum Holobyte/Publisher: AcademySoft, 1986.

Tom Clancy's EndWar (Xbox 360 version). Developer: Ubisoft Shanghai/Publisher: Ubisoft, 2008.

Tom Clancy's Ghost Recon: Advanced Warfighter (Xbox 360 version). Developer: Ubisoft Paris/Publisher: Ubisoft, 2006.

Tom Clancy's Ghost Recon: Advanced Warfighter 2 (Xbox 360 version).

Developer: Ubisoft Paris/Publisher: Ubisoft, 2007.

Tom Clancy's H.A.W.X. (Xbox 360 version). Developer: Ubisoft Romania / Publisher: Ubisoft, 2009.

Tom Clancy's Rainbow Six (PC). Developer: Red Storm Entertainment/ Publisher: Red Storm Entertainment, 1998.

Tom Clancy's Rainbow Six: Siege (PlayStation4 version). Developer: Ubisoft Montreal/Publisher: Ubisoft, 2015.

Tom Clancy's Rainbow Six: Vegas (Xbox 360 version). Developer: Ubisoft Montreal/Publisher: Ubisoft, 2006.

Tom Clancy's Rainbow Six: Vegas 2 (Xbox 360 version). Developer: Ubisoft Montreal/Publisher: Ubisoft, 2008.

Tom Clancy's Splinter Cell: Conviction (Xbox 360 version). Developer: Ubisoft Montreal/Publisher: Ubisoft, 2010.

Tom Clancy's The Division (PlayStation4 version). Developer: Red Storm Entertainment/Publisher: Ubisoft, 2016.

Under Ash (PC). Developer: Dar al-Fikr/Publisher: Dar al-Fikr, 2001.

Unmanned (PC). Developer: Molleindustria/Publisher: Molleindustria, 2012.

Unreal Tournament 3 (PC). Developer: Epic Games/Publisher: Midway Games, 2007.

Wii Sports (Nintendo Wii). Developer: Nintendo EAD Group #2/Publisher: Nintendo, 2006.

Wolfenstein 3D (PC). Developer: id Software/Publisher: Apogee Software, 1992.

Words with Friends (mobile). Developer: Zynga/Publisher: Zynga, 2009.

World of Warcraft (PC). Developer: Blizzard Entertainment/Publisher: Blizzard Entertainment, 2004.

参考书目

24. Los Angeles: 20th Century Fox Television, 2001–2014. TV Series.

Aarseth, Espen. Cybertext: Perspectives on Ergodic Literature. Baltimore, MD: Johns Hopkins University Press, 1997.

Abercrombie, Nicholas, and Brian J. Longhurst. Audiences. London: Sage Publications, 1998.

Ackerman, Spencer. "Bin Laden Compound Now a Virtual Training Ground for Commandos." Wired, May 18, 2011. http://www.wired.com/2011/05/osamas-compound-now-a-virtual-commando-training-ground/.

Activision Press Release. "Call of Duty: Black Ops Sets New Opening Day Sales Record with Approximately $360 Million in North America and United Kingdom Alone." Activision, November 11, 2010. http://investor.activision.com/releasedetail.cfm?ReleaseID=529609.

Agamben, Giorgio. State of Exception. Chicago: University of Chicago Press, 2005.

Aliens. Directed by James Cameron. N.p.: Brandywine Productions, 1986. Film.

Anderson, Benedict. Imagined Communities: Reflections on the Origin and

Spread of Nationalism. London: Verso Press, 1991.

Arquilla, John, and David Ronfeldt. Networks and Netwars. Santa Monica, CA: RAND Corporation, 2001.

Asaro, Peter M. "The Labor of Surveillance and Bureaucratized Killing: New Subjectivities of Military Drone Operators." Social Semiotics 23, no. 2 (2013): 196–224.

Ash, James. "Attention, Videogames and the Retentional Economies of Affective Amplification."

Theory, Culture & Society 29, no. 6 (2012): 3–26.

Atkins, Barry. "What Are We Really Looking At?: The Future-Orientation of Video Game Play." Games and Culture 1, no. 2 (2006): 127–140.

Bacevich, Andrew. The New American Militarism: How Americans Are Seduced by War. London: Oxford University Press, 2005.

Barkan, Seth. Blue Wizard Is about to Die: Prose, Poems, and Emoto-Versatronic

Expressionistic Pieces about Video Games, 1980–2003. Las Vegas: Rusty Immelman Press, 2004.

Barstow, David, and Robin Stein. "Under Bush, a New Age of Prepackaged TV News." New York Times, March 13, 2005. http://www.nytimes.com/2005/03/13/politics/13covert.html.

Battlestar Galactica. Universal City, CA: Universal Television 2003–2009. TV Series.

Baudrillard, Jean. The Gulf War Did Not Take Place. Bloomington, IN: Indiana University Press, 1995.

Beavis, Catherine, Helen Nixon, and Stephen Atkinson. "LAN Cafés: Cafés, Places of Gathering or Sites of Informal Teaching and Learning?" Education, Communication & Information 5, no. 1 (2005): 41–60.

Beavis, Catherine, and Claire Charles. "Would the 'Real' Girl Gamer Please Stand Up? Gender, LAN Cafés, and the Reformulation of the 'Girl' Gamer." Gender and Education 19, no. 6 (2007): 691–705.

Becker, Jo, and Scott Shane. "Secret 'Kill List' Proves a Test of Obama's Principles and Will." New York Times, May 29, 2012. http://www.nytimes.

com/2012/05/29/world/obamas-leadership-in-war-on-al-qaeda.html.

Benedetti, Winda. "Were Video Games to Blame for Massacre?" MSNBC. com, April 20, 2007. http://www.msnbc.msn.com/id/18220228/.

Benjamin, Medea. Drone Warfare: Killing by Remote Control. New York and London: Verso Books, 2013.

Benjamin, Medea, and Nancy Mancias. "Did You Hear the Joke about the Predator Drone that Bombed?" AlterNet, May 4, 2010. http://www.alternet.org/story/146739/did_you_hear_the_joke_about_the_predator_drone_that_bombed.

Benson, Pam. "U.S. Airstrikes in Pakistan Called 'Very Effective.'" CNN, May 18, 2009.

http://www.cnn.com/2009/POLITICS/05/18/cia.pakistan.airstrikes/.

Bird, S. Elizabeth. The Audience in Everyday Life: Living in a Media World. London: Routledge, 2003.

Black Hawk Down. Directed by Ridley Scott. Los Angeles, CA: Jerry Bruckheimer Films, 2001. Film.

Blade Runner. Directed by Ridley Scott. Hollywood, CA: The Ladd Company, 1982. Film.

Blumenthal, Ralph. "Electronic-Games Race." New York Times Magazine, December 14, 1980, 180.

Boellstorff, Tom. "A Ludicrous Discipline?: Ethnography and Game Studies." Games and Culture 1, no. 1 (2006): 29–35.

Bogost, Ian. Unit Operations: An Approach to Videogame Criticism. Cambridge, MA: MIT Press, 2006.

Bogost, Ian. Persuasive Games: The Expressive Power of Videogames. Cambridge, MA: MIT Press, 2007.

Bogost, Ian. "Persuasive Games: Exploitationware." Gamasutra, May 3, 2011. http://www.gamasutra.com/view/feature/6366/persuasive_games_exploitationware.php.

Bolter, Jay David, and Richard Grusin. Remediation: Understanding New Media. Cambridge, MA: MIT Press, 1999.

Bourdieu, Pierre. Distinction: A Social Critique of the Judgement of Taste.

Cambridge, MA: Harvard University Press, 1984.

Bourdieu, Pierre. "The Forms of Capital." In Handbook of Theory and Research in the Sociology of Education, edited by J. Richardson, 241–258. Westport, CT: Greenwood, 1986.

Boyer, Steven A. "L337 Soccer Moms: Conceptions of 'Hardcore' and 'Casual' in the Digital Games Medium." MA thesis, Georgia State University, 2009. http://digitalarchive.gsu.edu/communication_theses/53.

Boyle, Michael J. "The Costs and Consequences of Drone Warfare." International Affairs 89, no. 1 (2013): 1–29.

Brandt, Marisa Renee. "Cyborg Agency and Individual Trauma: What Ender's Game Teaches Us about Killing in the Age of Drone Warfare." M/C Journal: A Journal of Media and Culture 16, no. 6 (2013). http://journal.media-culture. org.au/index.php/mcjournal/article/viewArticle/718.

Bridget Jones's Diary. Directed by Sharon Maguire. Paris, France: Studio Canal, 2001. Film.

Brooker, Will. "Camera-Eye, CG-Eye: Videogames and the 'Cinematic.'" Cinema Journal 48, no. 3 (2009): 122–128.

Bryce, Jo, and Jason Rutter. "Spectacle of the Deathmatch: Character and Narrative in First Person Shooters." In ScreenPlay: Cinema/Videogames/Interfaces, edited by Geoff King and Tanya Krzywinska, 66–80. London: Wallflower Press, 2002.

Buchanan, Ian. Fredric Jameson: Live Theory. New York: Continuum, 2006.

Buffa, Chris. "Call of Duty 4: Modern Warfare Review." GameDaily.com, November 5, 2007. http://www.gamedaily.com/games/call-of-duty-4-modern-warfare/Xbox-360/game-reviews/review/6297/1843/?page=3.

Bumiller, Elisabeth, and Thom Shanker. "War Evolves with Drones, Some Tiny as Bugs." New York Times, June 19, 2011. http://www.nytimes.com/2011/06/20/world/20drones.html.

Buncombe, Andrew. "Grand Theft Auto IV Is Pulled from Thai Shops after Killing of Taxi Driver." Independent, August 5, 2008. http://www.independent.co.uk/news/world/asia/grand-theft-auto-iv-is-pulled-from-thaishops-after-killing-of-taxi-driver-885204.html.

Burrill, Derek. Die Tryin': Videogames, Masculinity, Culture. New York: Peter Lang, 2008.

Bush, George W. "Full Text: Bush's National Security Strategy." New York Times, September 20, 2002. http://www.nytimes.com/2002/09/20/international/20STEXT_FULL.html.

Bush, George W. "Bush Warns Iraq to Disarm." Cincinnati Inquirer, October 7, 2002. http://enquirer.com/midday/10/10082002_News_1bushweblog_Late.html.

Caillois, Roger. Man, Play, and Games. Translated by Meyer Barash. Urbana: University of Illinois Press, 2001.

Calabresi, Massimo. "The War on Terror Is Over—Long Live the War on Terror." Time, June 16, 2014. http://time.com/2873297/boko-haram-iraq-bergdahl-war-terror/.

Caldwell, John, and Anna Everett, eds. New Media: Theories and Practices of Digitextuality. New York: Routledge, 2003.

Calvert, Justin. "Families Sue over GTAIII-inspired shootings." Gamespot.com, October 22, 2003. http://www.gamespot.com/articles/families-sue-over-gtaiii-inspired-shooting/1100–6077161/.

Caraway, Brett. "Audience Labor in the New Media Environment: A Marxian Revisiting of the Audience Commodity." Media, Culture, & Society 33, no. 5 (2011): 693–708.

Carruthers, Susan. "No One's Looking: The Disappearing Audience for War." Media, War & Conflict 1, no. 1 (2008): 70–76.

Carter, Chip. "Amazing Pro Gamer NoM4D Plays with Just His Lips and Chin," Asylum.com, April 13, 2010. http://www.asylum.com/2010/04/13/amazing-pro-gamer-nom4d-plays-with-just-his-lips-and-chin/.

Castronova, Edward. Synthetic Worlds: The Business and Culture of Online Games. Chicago: University of Chicago Press, 2005.

Chan, Dean. "Dead-in-Iraq: The Spatial Politics of Digital Game Art Activism and the In-Game Protest." In Joystick Soldiers: The Politics of Play in Military Video Games, edited by Nina B. Huntemann and Matthew Thomas

Payne, 272–286. London: Routledge, 2010.

Cloud, Dana L. Control and Consolation in American Culture and Politics: Rhetorics of Therapy. Thousand Oaks, CA: Sage Publications, 1998.

Collier, Grant. "Evolution of a Storyline." GameTrailers, August 11, 2007. http://www.youtube.com/watch?v=v8a7hjELe9o.

Collier, Grant, and Hank Keirsey. "Call of Duty 4 Authenticity and Leveling System Interview." GameTrailers, October 8, 2007. http://www.youtube.com/watch?v=NXIHfzEfol8.

Commando. Directed by Mark L. Lester. Produced by Joel Silver. 1985. Film.

Consalvo, Mia. Cheating: Gaining Advantage at Video Games. Cambridge, MA: MIT Press, 2007.

Cooper, Marc. "Interview: Tom Clancy." Playboy, April 1998, 55–57.

Corliss, Richard. "Where Are the War Movies?" Time, August 11, 2006. http://www.time.com/time/arts/article/0,8599,1225667,00.html.

Couldry, Nick. "Theorizing Media as Practice." Social Semiotics 14, no. 2 (2004): 115–132.

Cover, Rob. "Audience Inter/active: Interactive Media, Narrative Control, and Reconceiving Audience History." New Media & Society 8, no. 1 (2006): 139–158.

Cox, Anne Marie. "The YouTube War." Time, July 19, 2006. http://www.time.com/time/nation/article/0,8599,1216501,00.html.

Creveld, Martin Van. Wargames: From Galdiators to Gigabytes. Cambridge, UK: Cambridge University Press, 2013.

Crogan, Patrick. Gameplay Mode: War, Simulation, and Technoculture. Minneapolis: University of Minnesota Press, 2011.

Davison, John. "Medal of Honor: Redux." Gamepro, March 5, 2010. http://www.gamepro.com/article/features/214283/medal-of-honor-redux/.

De Matos, Xav. "Rainbow Six Vegas 2 Shoots Up MLG-Inspired Map." Joystiq, February 25, 2008. http://Xbox.joystiq.com/2008/02/25/rainbow-six-vegas-2-shoots-up-mlg-inspired-map/.

Delgado, Celeste F. "Technico-Military Thrills and Technology of Terror:

Tom Clancy and the Commission on the Disappeared." Cultural Critique 32 (Winter 1995–1996): 125–152.

Der Derian, James. Virtuous War: Mapping the Military-Industrial-Media-Entertainment Network. Boulder, CO: Westview Press, 2001.

Deviation. Directed by Jon Griggs. United States, 2005. http://hardlightfilms.com/deviation/.

Dibbell, Julian. "A Rape in Cyberspace, or How an Evil Clown, a Haitian Trickster Spirit, Two Wizards, and a Cast of Dozens Turned a Database into a Society." Village Voice, December 21, 1993, 36–42. http://courses.cs.vt.edu/cs3604/lib/Netiquette/bungle.html.

Dooley, Mark. Roger Scruton: The Philosopher on Dover Beach. London: Continuum, 2009.

Dovey, Jonathan. "How Do You Play? Identity, Technology and Ludic Culture." Digital Creativity 17, no. 3 (2006): 135–139.

Dovey, Jon, and Helen W. Kennedy. Game Cultures: Video Games as New Media. Glasgow: Open University Press, 2006.

Dunn, David Hastings. "Drones: Disembodied Aerial Warfare and the Unarticulated Threat." International Affairs 89, no. 5 (2013): 1237–1247.

Dyer-Witheford, Nick, and Greig de Peuter. Games of Empire: Global Capitalism and Video Games. Minneapolis: University of Minnesota Press, 2009.

Electronic Software Association. "Essential Facts about the Computer and Video Game Industry, 2014." http://www.theesa.com/facts/pdfs/ESA_EF_2014.pdf.

Engelhardt, Tom. The End of Victory Culture: Cold War America and the Disillusioning of a Generation. Amherst: University of Massachusetts Press, 2007.

Ermi, Laura, and Frans Mäyrä. "Fundamental Components of the Gameplay Experience: Analyzing Immersion." In Changing Views—Worlds in Play. Proceedings of the Digital Games Research Association, Vancouver, Canada, 2005, 15–27. http://www.uta.fi/~tlilma/gameplay_experience.pdf.

Faludi, Susan. The Terror Dream: Fear and Fantasy in Post-9/11 America.

New York: MacMillian, 2007.

Fiala, Andrew. The Just War Myth: The Moral Illustration of War. Lanham, MD: Rowman & Littlefield, 2008.

Fine, Gary Alan. Shared Fantasy: Role Playing Games as Social Worlds. Chicago: University of Chicago Press, 2002.

Finn, Peter. "A Future for Drones: Automated Killing." Washington Post, September 19, 2011. http://www.washingtonpost.com/national/national-security/a-future-for-drones-automated-killing/2011/09/15/gIQAVy9mgK_story.html.

Fiske, John. Television Culture. London: Routledge, 1987.

Fiske, John. Understanding Popular Culture. Cambridge, MA: Unwin Hyman, 1989.

Fletch. "Bin Laden Compound ('fy_abbottabad')." Game Level, May 7, 2011. http://css.gamebanana.com/maps/156014.

Franklin, H. Bruce. War Stars: The Superweapon and the American Imagination. Amherst, MA: University of Massachusetts Press, 2008.

Freedman, Eric. "Resident Racist: Embodiment and Game Controller Mechanics." In Race/Gender/Class/Media (3rd ed.), edited by Rebecca Ann Lind, 285–290. New York: Pearson, 2012.

Frith, Simon. "Music for Pleasure." Mass Communication Review Yearbook 3 (1982): 493–503.

Fukuyama, Francis. The End of History and the Last Man. New York: Free Press, 1992.

Galliot, Jai C. "Closing with Completeness: The Asymmetric Drone Warfare Debate." Journal of Military Ethics 11, no. 4 (2012): 353–356.

Galloway, Alexander R. Gaming: Essays on Algorithmic Culture. Minneapolis: University of Minnesota Press, 2006.

Garson, Helen S. Tom Clancy: A Critical Companion. Westport, CT: Greenwood Press, 1996.

Geddes, Ryan. "Halo 3 Racks Up Record Sales." IGN.com, September 26, 2007. http://Xbox360.ign.com/articles/823/823255p1.html.

Gee, James P. What Video Games Have to Teach Us about Learning and

Literacy. New York: Palgrave Macmillian, 2003.

Gee, James P. Why Video Games Are Good for Your Soul. Altona, Victoria, Australia: Common Ground, 2005.

Gelman, Eric. "In Arcadia: Pac-Man Meets Donkey Kong." Newsweek, November 1981, 91.

Gerstmann, Jeff. "Call of Duty 4: Modern Warfare Review." Gamespot.com, November 6, 2007. http://www.gamespot.com/reviews/call-of-duty-4-modern-warfare-review/1900-6182425/.

Gibson, James William. The Perfect War: Technowar in Vietnam. Boston: Atlantic Monthly Press, 1986.

Gibson, James William. Warrior Dreams: Paramilitary Culture in Post-Vietnam America. New York: Hill and Wang, 1994.

Go West. Directed by Buster Keaton. Produced by Buster Keaton and Joseph M. Schenck. Los Angeles: Metro-Goldwyn Production, 1925. Film.

Goffman, Erving. The Presentation of Self in Everyday Life. New York: Anchor Books, 1959.

Goldstein, Hilary. "Call of Duty 4: Collector's Edition Review." IGN.com, November 28, 2007. http://www.ign.com/articles/2007/11/28/call-of-duty-4-collectors-edition-review?page=2.

Goldstein, Jeffrey. "Aggressive Toy Play." In The Future of Play Theory: A Multidisciplinary Inquiry into the Contributions of Brian Sutton-Smith, edited by Anthony D. Pellegrini, 127–150. Albany: State University of New York Press, 1995.

Gray, Chris Hables. Postmodern War: The New Politics of Conflict. New York: Guilford Press, 1997.

Gray, Chris Hables. Peace, War, and Computers. New York: Routledge, 2005.

Gray, Jonathan. "Television Pre-Views and the Meaning of Hype." International Journal of Cultural Studies 11, no. 1 (2008): 33–49.

Gray, Jonathan. "Introduction—In Focus: Moving Between Platforms: Film, Television, Gaming, and Convergence." Cinema Journal 48, no. 3 (2009): 104–105.

Gray, Jonathan. "The Reviews Are In: TV Critics and the (Pre)Creation of Meaning." In Flow TV: Television in the Age of Media Convergence, edited by Michael Kackman, Marnie Binfield, Matthew Thomas Payne, Allison Perlman, and Bryan Sebok, 114–127. New York: Routledge, 2011.

Gray, Jonathan. Show Sold Separately: Promos, Spoilers, and Other Media Paratexts. New York: New York University Press, 2010.

Griffiths, Daniel Nye. "Activision Boasts $1 Billion 'Call of Duty: Ghosts' Day One Sales." Forbes, November 6, 2013. http://www.forbes.com/sites/danielnyegriffiths/2013/11/06/activision-boasts-1-billion-call-of-duty-ghosts-day-one-sales/.

Grodal, Torben. "Video Games and the Pleasures of Control." In Media Entertainment: The Psychology of Its Appeal, edited by Dolf Zillmann and Peter Vorderer, 197–214. Mahwah, NJ: Lawrence Erlbaum Associates, 2000.

Grossman, David, and Gloria DeGaetano. Stop Teaching Our Kids to Kill: A Call to Action Against TV, Movie and Video Game Violence. New York: Crown Publishers, 1999.

Grusin, Richard. Premediation: Affect and Mediality after 9/11. New York: Palgrave, 2010.

Guins, Raiford. Game After: A Cultural Study of Video Game Afterlife. Cambridge, MA: MIT Press, 2014.

"Guns of War." IGN.com, November 5, 2007. http://www.ign.com/videos/2007/11/05/call-of-duty-4-modern-warfare-Xbox-360-video-guns-of-war-hd.

Gusterson, Hugh. People of the Bomb: Portraits of America's Nuclear Complex. Minneapolis:
University of Minnesota Press, 2004.

Halter, Ed. From Sun Tzu to Xbox: War and Video Games. New York: Thunder's Mouth Press, 2006.

Hammond, Philip. Media, War, and Postmodernity. New York: Routledge, 2007.

Hardt, Michael, and Antonio Negri, Empire. Cambridge, MA: Harvard University Press, 2000.

Harries, Dan, ed. The New Media Book. London: BFI, 2002.

Harris, Chad. "The Omniscient Eye: Satellite Imagery, 'Battlespace Awareness,' and the Structures of the Imperial Gaze." Surveillance & Society 4, no. 1 (2006): 101–122.

Hay, James. "Extreme Makeover: Iraq Edition— 'TV Freedom' and Other Experiments for 'Advancing' Liberal Government in Iraq." In Flow TV: Television in the Age of Media Convergence, edited Michael Kackman, Marnie Binfield, Matthew Thomas Payne, Allison Perlman, and Bryan Sebok, 217–241. New York: Routledge, 2011.

Herz, J. C. Joystick Nation: How Videogames Ate Our Quarters, Won Our Hearts, and Rewired Our Minds. Boston: Little, Brown and Company, 1997.

Hesmondhalgh, David. The Cultural Industries. London: Sage Publications, 2002.

Higgins, Tanner. "'Turn the Game Console Off Right Now!': War, Subjectivity, and Control in Metal Gear Solid 2." In Joystick Soldiers: The Politics of Play in Military Video Games, edited by Nina B. Huntemann and Matthew Thomas Payne, 252–271. New York: Routledge, 2010.

Hill, Matthew B. "Tom Clancy, 24, and the Language of Autocracy." In The War on Terror and American Popular Culture: September 11 and Beyond, edited by Andrew Schopp and Matthew B. Hill, 127–148. Cranbury, NJ: Fairleigh Dickinson University Press, 2009.

Hills, Matt. Fan Cultures. London: Routledge, 2002.

Hinsman, Abby. "Undetected Media: Intelligence and the U-2 Spy Plane." Velvet Light Trap 73 (2014): 19–38.

Hixson, Walter L. "'Red Storm Rising': Tom Clancy Novels and the Cult of National Security." Diplomatic History 17, no.4 (1993): 599–614.

Hodge, Robert, and Gunther Kress. Social Semiotics. Oxford, UK: Polity Press, 1988.

Hodge, Robert, and David Tripp. Children and Television: A Semiotic Approach. Palo Alto, CA: Stanford University Press, 1986.

Hodgson, Godfrey. The Myth of American Exceptionalism. New Haven, CT: Yale University Press, 2009.

Holland, Steve. "Tough Talk on Pakistan from Obama." Reuters, August 1, 2007. http://www.reuters.com/article/2007/08/01/us-usa-politics-obama-idUSN0132206420070801.

Horowitz, Michael C. "The Looming Robotics Gap." Foreign Policy 206 (May/June 2014): 63–67.

Hosken, Graeme, Michael Schmidt, and Johan du Plessis. "9 Killed in Army Horror." iOL News, October 13, 2007. http://www.iol.co.za/news/south-africa/9-killed-in-army-horror-1.374838.

Huizinga, Johan. Homo Ludens: A Study of the Play Element in Culture. Boston: Beacon Press, 1950.

Huntemann, Nina B., and Matthew Thomas Payne. "Introduction." In Joystick Soldiers: The Politics of Play in Military Video Games, edited by Nina B. Huntemann and Matthew Thomas Payne, 1–18. New York: Routledge, 2010.

Huntemann, Nina B., and Matthew Thomas Payne. "Militarism and Online Games." International Encyclopedia of Digital Communication, Volume III, edited by James Ivory and Aphra Kerr, 823–834 New York: Blackwell-Wiley, 2015.

"IndieCade 2012 Indie Game Award Winners—The Complete List." IndieGameReviewer. com, October 5, 2012. http://indiegamereviewer.com/indiecade-2012-indie-game-award-winners-the-complete-list/.

Jameson, Fredric. The Political Unconscious: Narrative as a Socially Symbolic Act. New York: Routledge, 2006.

Jansz, Jeroen. "The Emotional Appeal of Violent Video Games for Adolescent Males." Communication Theory 15, no. 3 (2005): 219–241.

Jansz, Jereon, and Lonneke Martens. "Gaming at a LAN Event: The Social Context of Playing Video Games." New Media Society 7, no. 3 (2005): 333–355.

Jansz, Jeroen, and Martin Tanis. "Appeal of Playing Online First Person Shooter Games." CyberPsychology & Behavior 10, no. 1 (2007): 133–136.

Jenkins, Henry. Textual Poachers: Television Fans and Participatory Culture. New York: Routledge, 1992.

Jenkins, Henry. Convergence Culture: Where Old and New Media Collide. New York: New York University Press, 2006.

Johnson, Robert. "Call of Duty: Modern Warfare 2 Destroys Records in First Day Sales Rampage, Pulls in $310M." New York Daily News, November 12, 2009. http://www.nydailynews.com/news/money/call-duty-modern-warfare-2-destroys-records-day-sales-rampage-article-1.417049.

Jones, Steven E. The Meaning of Video Games: Gaming and Textual Strategies. New York: Routledge, 2008.

Jongewaard, Dana. "Call of Duty: Black Ops in 1 of 8 U.S. Households." IGN.com, March 14, 2011. http://www.ign.com/articles/2011/03/14/call-of-duty-black-ops-in-1-of-8-us-households.

Juul, Jesper. Half-Real: Video Games between Real Rules and Fictional Worlds. Cambridge, MA: MIT Press, 2005.

Juul, Jesper. A Casual Revolution: Reinventing Video Games and Their Players. Cambridge, MA: MIT Press, 2010.

Kackman, Michael, Marnie Binfield, Matthew Thomas Payne, Allison Perlman, and Bryan Sebok, eds. Flow TV: Television in an Age of Convergence. New York: Routledge, 2011.

Kahn, Paul. "Sacrificial Nation." Utopian, March 29, 2010. http://www.the-utopian.org/post/2340099709/sacrificial-nation.

Kaldor, Mary. New and Old Wars: Organized Violence in a Global Era. Stanford, CA: Stanford University Press, 1999.

Kampfner, John. "The Truth about Jessica." Guardian, May 15, 2003. http://www.guardian.co.uk/world/2003/may/15/iraq.usa2.

Kaplan, Caren. "Precision Targets: GPS and the Militarization of U.S. Consumer Identity." American Quarterly 58, no. 3 (2006): 693–714.

Keirsey, Hank. "Call of Duty 4: Modern Warfare Interview 4." GameSpot, n.d. http://www.gamespot.com/videos/call-of-duty-4-modern-warfare-interview-4/2300–6183616/.

Kellner, Douglas. The Persian Gulf TV War. Boulder, CO: Westview Press, 1992.

Kellner, Douglas. Media Culture: Cultural Studies, Identity and Politics between the Modern and the Postmodern. New York: Routledge, 1995.

Kennedy, Liam. "Seeing and Believing: On Photography and the War on Terror." Public Culture 24, no. 2 (2012): 261–281.

Kerr, Aphra. The Business and Culture of Digital Games: Gamework and Gameplay. London: Sage Publications, 2006.

Kerr, Aphra, Julian Kücklich, and Pat Brereton. "New Media—New Pleasures." International Journal of Cultural Studies 9, no. 1 (2006): 63–82.

Kinder, Marsha. Playing with Power: In Movies, Television, and Video Games—From Muppet Babies to Teenage Mutant Ninja Turtles. Berkeley: University of California Press, 1991.

King, Geoff. "Play, Modality and Claims of Realism in Full Spectrum Warrior." In Videogame, Player, Text, edited by Barry Atkins and Tanya Krzywinska, 52–65. Manchester, UK: Manchester University Press, 2008.

King, Geoff, and Tanya Krzywinska. Tomb Raiders and Space Invaders: Videogame Forms and Contexts. London: I. B. Tauris, 2006.

Kiousis, Spiro A. "Interactivity: A Concept Explication." New Media and Society 4, no. 3 (2002): 355–383.

Kittler, Friedrich. "On the History of the Theory of Information Warfare." In Ars Electronica: Facing the Future, a Survey of Two Decades, edited by Timothy Druckery, 173–177. Cambridge, MA: MIT Press, 1999.

Klepek, Patrick. "NPD Fallout: Best Selling Games of 2007." 1UP.com, January 17, 2008. http://www.1up.com/do/newsStory?cId=3165505.

Klepek, Patrick. "Microsoft Reveals Most Popular Xbox 360 Online Games for 2008." MTV Multiplayer, January 5, 2009. http://multiplayerblog.mtv.com/2009/01/05/top-20-xbl-games/.

Klepek, Patrick. "This Is All Your Fault." Giant Bomb, July 24, 2012. http://www.giantbomb.com/articles/this-is-all-your-fault/1100–4291/.

Kline, Stephen, Nick Dyer-Witheford, and Greig de Peuter. Digital Play: The Interaction of Technology, Culture, and Marketing. Quebec. McGill-Queen's University Press, 2003.

Kocurek, Carly A. "Coin-Drop Capitalism: Economic Lessons from the Video Game Arcade." In Before the Crash: Early Video Game History, edited by Mark J. P. Wolf, 189–208. Detroit: Wayne State University, 2012.

Kocurek, Carly. Coin-Operated Americans: Rebooting Boyhood at the Video Game Arcade. Minneapolis: University of Minnesota Press, 2015.

Kramer, Josh. "Is Capcom Racist?" Thunderbolt—Gaming Electrified, February 13, 2009. http://thunderboltgames.com/opinion/article/is-capcom-racist-opinion.html.

Kubba, Sinan. "Call of Duty: Black Ops 2 Rakes in $500 Million in First Day." Joystiq.com, November 16, 2012. http://www.joystiq.com/2012/11/16/call-of-duty-black-ops-2-500-million-24-hours/.

Kücklich, Julian. "From Interactivity to Playability: Why Digital Games are Not Interactive." In Digital Gameplay: Essays on the Nexus of Game and Gamer, edited by Nate Garrelts, 232–247. Jefferson, NC: McFarland, 2005.

Kuma, Games. "War Is Over! 106 Missions Later, Gamers Take Down Bin Laden in Final Episode of Kuma\War II." Kuma Games. May 7, 2011. http://www.kumagames. com/osama_2011.html.

Kurtz, Andrew. "Ideology and Interpellation in the First-Person Shooter." In Growing Up Postmodern: Neoliberalism and the War on the Young, edited by Ronald Strickland, 107–122. New York: Rowman and Littlefield, 2002.

Lady in the Lake. Directed by Robert Montgomery. Beverly Hills, CA: Metro-Goldwyn-Mayer Studios, 1947. Film.

Laidi, Zaki. A World without Meaning. London: Routledge, 1998.

Laurence, Charles. "Was the Pin-Up Boy of Bush's War on Terror Assassinated?" Mail Online, August 3, 2007. http://www.dailymail.co.uk/news/article-473037/Was-pin-boy-Bushs-War-Terror-assassinated. html#.

LeJacq, Yannick. "Call of Duty: Blacks [sic] Ops 2 Sales Top $400 Million in First-Day Sales." International Business Times, November 16, 2012. http://www.ibtimes.com/call-duty-blacks-ops-2-sales-top-500-million-first-day-sales-885544.

Levidow, Les, and Kevin Robins. "Towards a Military Information Society?" In Cyborg Worlds: The Military Information Society, edited by Les Levidow and Kevin Robins, 159–178. London: Free Association Books, 1989.

Lipsitz, George. Time Passages: Collective Memory and American Popular

Culture. Minneapolis: University of Minnesota Press, 1990. Lowood, Henry. "Impotence and Agency: Computer Games as a Post-9/11 Battlefield." In Games without Frontiers—War without Tears: Computer Games as a Sociocultural Phenomenon, edited by Andreas Jahn-Sudmann and Ralf Stockmann, 78–86. London: Palgrave Macmillan, 2008.

 Luckham, Robin. "Armament Culture." Alternatives: Global, Local, Political 10, no. 1 (1984): 1–44.

 Machin, David, and Theo Van Leeuwen. "Computer Games as Political Discourse: The Case of Black Hawk Down." In The Soft Power of War, edited by Lilie Chouliaraki, 109–128. Amsterdam, The Netherlands: John Benjamins Publishing Company, 2007.

 Mahajan, Rahul. The New Crusade: America's War on Terrorism. New York: Monthly Press Review, 2002.

 Malaby, Thomas M. "Parlaying Value: Capital in and beyond Virtual Worlds." Games and Culture 1, no. 2 (2006): 141–162.

 Malaby, Thomas M. "Beyond Play: A New Approach to Games," Games and Culture 2, no. 2 (2007): 95–113.

 Malkowski, Jennifer, and TreaAndrea Russworm, eds. Identity Matters: Race, Gender, and Sexuality in Video Game Studies. Bloomington: University of Indiana Press, 2016.

 Manninen, Tony. "Interaction Manifestations in Multi-Player Games." In Being There: Concepts, Effects and Measurements of User Presence in Synthetic Environments, edited by G. Riva, F. Davide, and W. A. IJsselsteijn, 295–304. Amsterdam, The Netherlands: Ion Press, 2003.

 Manovich, Lev. The Language of New Media. Cambridge, MA: MIT Press, 2001.

 Marshall, P. David. "The New Intertextual Commodity." In The New Media Book, edited by Dan Harries, 69–81. London: BFI, 2002.

 Marshall, P. David. New Media Cultures. New York: Oxford University Press, 2004.

 Martin, Matt. "Tom Clancy Series Tops 55 Million Units Sold." Games Industry International, May 28, 2008. www.gameindustry.biz/articles/tomclancy-series-tops-55-million-units-sold.

Martin, Randy. An Empire of Indifference: American War and the Financial Logic of Risk Management. Raleigh, NC: Duke University Press, 2007.

Marvin, Carolyn. "Theorizing the Flagbody: Symbolic Dimensions of the Flag Desecration Debate, or, Why the Bill of Rights Does Not Fly in the Ballpark." Critical Studies in Media Communication 8, no. 2 (1991): 119–138.

The Matrix. Directed by the Wachowski Brothers. Victoria, Australia: Village Roadshow Pictures, 1999. Film.

Matthews, Sean. "Change and Theory in Raymond Williams's Structure of Feeling." Pretexts: Literary and Cultural Studies 10, no. 2 (2001): 179–194.

McAllister, Ken S. Game Work: Language, Power and Computer Game Culture. Tuscaloosa: University of Alabama Press, 2004.

McCrisken, Trevor B. American Exceptionalism and the Legacy of Vietnam: US Foreign Policy since 1974. New York: Palgrave MacMillan, 2003.

McGonigal, Jane. Reality Is Broken: Why Games Make Us Better and How They Can Change the World. New York: Penguin Press, 2011.

McMahan, Alison. "Immersion, Engagement, and Presence: A Method for Analyzing 3-D Video Games." In The Video Game Theory Reader, edited by Mark J. P. Wolf and Bernard Perron, 67–86. New York: Routledge, 2003.

McMillian, Sally J., and Edward J. Downes. "Defining Interactivity: A Qualitative Identification of Key Dimensions." New Media and Society 2, no. 2 (2000): 157–179.

McWhertor, Michael. "Hands On: Losing the Twin Towers with Invaders!" Kotaku.com, August 22, 2008. http://kotaku.com/5040358/hands-on-losing-the-twin-towers-with-invaders.

Mead, Corey. War Play: Video Games and the Future of Armed Conflict. Boston: Houghton Mifflin Harcourt, 2013.

Mello, Heather L. "Invoking the Avatar: Gaming Skills as Cultural and Out-of-Game Capital." In Gaming as Culture: Essays on Reality, Identity and Experience in Fantasy Games, edited by J. Patrick Williams, Sean Q.

Hendricks, and W. Keith Winkler, 175–195. Jefferson, NC: McFarland, 2006.

Melnick, Jeffery. 9/11 Culture. Malden, MA: Wiley-Blackwell, 2009.

Mirrlees, Tanner. "Digital Militainment by Design: Producing and Playing SOCOM: U.S. Navy SEALS." International Journal of Media and Cultural Politics 5, no. 3 (2009): 161–181.

Mirzoeff, Nicholas. Watching Babylon: The War in Iraq and Global Visual Culture. New York: Routledge, 2005.

Mirzoeff, Nicholas. "On Visuality." Journal of Visual Culture 5, no. 1 (2006): 53–79.

Mirzoeff, Nicholas. "War is Culture: Global Counterinsurgency, Visuality, and the Petraeus Doctrine." PMLA 124, no. 5 (2009): 1737–1746.

Monoco, James. How to Read a Film: The Art, Technology, Language, History, and Theory of Film and Media, revised ed. New York: Oxford University Press, 1981.

Montfort, Nick. Twisty Little Passages: An Approach to Interactive Fiction. Cambridge, MA: MIT Press, 2005.

Montfort, Nick, and Ian Bogost. Racing the Beam: The Atari Video Computer System. Cambridge, MA: MIT Press, 2009.

Morris, Sue. "Co-Creative Media: Online Multiplayer Computer Game Culture." Scan: Journal of Media Arts Culture 1, no. 1 (2004). http://www.scan.net.au/scan/journal/display.php?journal_id=16.

Mosco, Vincent. The Digital Sublime: Myth, Power, and Cyberspace. Cambridge, MA: MIT Press, 2004.

Moses, Travis. "Call of Duty 4: The Best Shooter of 2007." Gamepro.com, November 7, 2007. http://web.archive.org/web/20090107200458/http://www.gamepro.com/ article/reviews/145468/call-of-duty-4-the-best-shooter-of-2007/.

Murray, Janet. Hamlet on the Holodeck: The Future of Narrative in Cyberspace. Cambridge, MA: MIT Press, 1997.

Newman, James. Playing with Videogames. New York: Routledge, 2008.

Nieborg, David B. "Am I Mod or Not?—An Analysis of First-Person Shooter Modification Culture." Exploring Participatory Culture in Gaming.

Tampere, Finland: Hypermedia Laboratory, University of Tampere, 2005. http://www.gamespace.nl/content/DBNieborg2005_CreativeGamers.pdf.

Nitsche, Michael. Video Game Spaces: Image, Play, and Structure in 3D Game Worlds. Cambridge, MA: MIT Press, 2008.

Nye, Joseph S. Bound to Lead: The Changing Nature of American Power. New York: Basic Books, 1990.

Nye, Joseph S. "Propaganda Isn't the Way: Soft Power." International Herald Tribune, January 10, 2003. http://belfercenter.ksg.harvard.edu/publication/1240/propaganda_isnt_the_way.html.

Nye, Joseph S. Soft Power: The Means to Success in World Politics. New York: Public Affairs, 2004.

Obama, Barack. "Remarks of President Barack Obama." May 23, 2013. http://www.whitehouse.gov/the-press-office/2013/05/23/remarks-president-barack-obama.

O'Brien, Tim. The Things They Carried. Boston: Houghton Mifflin, 1990.

O'Connor, Barbara, and Elisabeth Klaus. "Pleasure and Meaningful Discourse: An Overview of Research Issues." International Journal of Cultural Studies 3, no. 3 (2000): 369–387.

Orland, Kyle. "Unmanned Presents a Nuanced, Psychological Perspective on Modern Warfare." ArsTechnica, February 23, 2012. http://arstechnica.com/gaming/2012/02/unmanned-presents-a-nuanced-psychological-perspective-on-modern-warfare/.

Orwell, George. 1984. New York: Harcourt, 1949.

Osborn, Kris. "FCS is Dead; Programs Live On." Defense News, May 18, 2009. http://www.defensenews.com/story.php?i=4094484.

Parker, Trey, and Matt Stone. "Make Love, Not Warcraft." South Park, Season 8, Episode 10, October 4, 2006. Comedy Central. Television.

Payne, Matthew Thomas. "Interpreting Gameplay through Existential Ludology." In Handbook of Research on Effective Electronic Gaming in Education, edited by Richard E. Ferdig, 621–635. Hershey, PA: Information Science Reference, 2009.

Payne, Matthew Thomas. "Manufacturing Militainment: Video Game

Producers and Military Brand Games." In War Isn't Hell, It's Entertainment: Essays on Visual Media and Representation of Conflict, edited by Rikke Schubart, Fabian Virchow, Debra White-Stanley, and Tanja Thomas, 238–255. Jefferson, NC: McFarland Press, 2009.

Payne, Matthew Thomas. "War Bytes: The Critique of Militainment in Spec Ops: The Line." Critical Studies in Media Communication 31, no. 4 (2014): 265–282.

Pearce, Celia. Communities of Play: Emergent Cultures in Multiplayer Games and Virtual Worlds. Cambridge, MA: MIT Press, 2009.

Pearl Harbor. Directed by Michael Bay. Burbank, CA: Touchstone Pictures, 2001. Film.

Pernin, Christopher, Brian Nichiporuk, Dale Stahl, Justin Beck, and Ricky Radaelli-Sanchez. Unfolding the Future of the Long War: Motivations, Prospects, and Implications for the U.S. Army. Santa Monica, CA: RAND Corporation, 2008. http://www.rand.org/pubs/monographs/MG738.html.

Peters, Jeremy W. "Time Lends Cover for Apocalyptic Image." New York Times, June 11, 2011. http://mediadecoder.blogs.nytimes.com/2011/06/12/time-lends-cover-for-apocalyptic-image/.

Pew Research: Global Attitudes Project. "Global Opinion of Obama Slips, International Policies Faulted: Drone Strikes Widely Opposed." Pew Research Center, June 13, 2012. http://www.pewglobal.org/2012/06/13/global-opinion-of-obama-slips-international-policies-faulted/.

Pfister, Andrew. "Call of Duty 4 Modern Warfare (Xbox 360)." 1UP.com, November 5, 2007. http://www.1up.com/reviews/call-duty-4_3.

Pinchbeck, Daniel. Doom: Scarydarkfast. Ann Arbor, MI: University of Michigan Press, 2012.

Pitts, Russ. "Don't Be a Hero–The Full Story Behind Spec Ops: The Line." Polygon, August 27, 2012. http://www.polygon.com/2012/11/14/3590430/dont-be-a-hero-the-full-story-behind-spec-ops-the-line.

Poole, Steven. Videogames and the Entertainment Revolution. New York: Arcade Publishing, 2000.

Predator. Directed by John McTiernan. Santa Monica, CA: Lawrence

Gordon Productions, 1987. Film.

Raessens, Joost. "Computer Games as Participatory Media Culture." In Handbook of Computer Game Studies, edited by Joost Raessens and Jeffrey Goldstein, 373–388. Cambridge, MA: MIT Press, 2005.

Rafaeli, Sheizaf. "Interactivity: From New Media to Communication." Sage Annual Review of Communication Research: Advancing Communication Science 16 (1988): 110–134.

Rampton, Sheldon, and John Stauber. "As Others See Us: Competing Visions of a Sanitized War." PR Watch 10, no. 2 (2003): 9–12.

Rath, Robert. "Killer Robots and Collateral Damage." Escapist Magazine, December 20, 2012. http://www.escapistmagazine.com/articles/view/videogames/columns/criticalintel/10100-Killer-Robots-and-Collateral-Damage.

"Research Shows $15.39 Billion Spent on Video Game Content in the US in 2013, a 1 Percent Increase over 2012." NPD Group, February 11, 2014. https://www.npd.com/wps/portal/npd/us/news/press-releases/research-shows-15.39-billion-dollars-spent-on-video-game-content-in-the-us-in-2013-a-1-percent-increase-over-2012/.

Reisinger, Don. "Modern Warfare 2 Tops Entertainment Industry, Not Just Games." CNET News, November 18, 2009. http://www.cnet.com/news/modern-warfare-2-tops-entertainment-industry-not-just-games/.

Richards, Russell. "Users, Interactivity, and Generation." New Media & Society 8, no. 4 (2006): 531–550.

Rieke, Zied, and Michael Boon. "Postmortem—Call of Duty 4: Modern Warfare."

Game Developer 15, no. 3 (2008): 24–31.

Robertson, Margaret. "Can't Play, Won't Play." Hide & Seek, October 6, 2010. http://hideandseek.net/2010/10/06/cant-play-wont-play.

Roig, Antoni, Gemma San Cornelio, Elisenda Ardèvol, Pau Alsina, and Ruth Pagès.

"Videogame as Media Practice: An Exploration of the Intersections between Play and Audiovisual Culture." Convergence: The International Journal of Research into New Media Technologies 15, no. 1 (2009): 89–103.

Rose, Alan. "Xbox 360 'Jump In' Promo Wins Addy." Joystiq.com, June 13, 2006. www.joystiq.com/2006/06/13/Xbox-360-jump-rope-ad-wins-addy/.

Ruggill, Judd. "Convergence: Always Already, Already." Cinema Journal 48, no. 3 (2009): 105–110.

Ruggill, Judd, and Ken S. McAllister. Gaming Matters: Art, Science, Magic and the Computer Game Medium. Tuscaloosa, AL: University of Alabama Press, 2011.

Ryan, Marie-Laure. Narrative as Virtual Reality: Immersion and Interactivity in Literature and Electric Media. Baltimore, MD: Johns Hopkins University Press, 2001.

Salen, Katie, and Eric Zimmerman. Rules of Play: Game Design Fundamentals. Cambridge, MA: MIT Press, 2004.

Samet, Elizabeth. "Can an American Soldier Ever Die in Vain?: What Shakespeare, Lincoln, and Lone Survivor Teach Us about the Danger of Refusing to Confront Futility in War." Foreign Policy, 206 (May/June 2014): 74–78.

Sandvoss, Cornell. Fans. Cambridge, MA: Polity Press, 2005.

Saving Private Ryan. Directed by Stephen Spielberg. 1998. Universal City, CA: Amblin Entertainment. Film.

Sears, Paul. "Case Study—Call of Duty 4: Modern Warfare." Paul Sears—Work Blog, January 15, 2009. http://paulsears-advertising-maverick.blogspot.com/2009/01/case-studies-call-of-duty-4.html.

Serwer, Adam. "Will Congress End the War on Terror?" MSNBC.com, May 15, 2014. http://www.msnbc.com/msnbc/congress-war-on-terror.

Shachtman, Noah. "Robot Cannon Kills 9, Wounds 14." Wired, October 18, 2007. http://www.wired.com/2007/10/robot-cannon-ki/.

Shachtman, Noah. "Take Back the Pentagon." Wired 17, no. 10 (October 2009): 116–140.

Simpson, David. "Raymond Williams: Feeling for Structures, Voicing 'History,'" in Cultural Materialism: On Raymond Williams, edited by Christopher Prendergast, 29–50. Minneapolis: University of Minnesota Press, 1995.

Singer, Peter W. Wired for War: The Robotics Revolution and Conflict in the 21st Century. New York: Penguin Books, 2009.

Sliwinski, Alexander. "Call of Duty: Black Ops 2 Sales Reach $1 Billion in 15 Days." Joystiq.com, December 5, 2012. http://www.joystiq.com/2012/12/05/call-of-duty-black-ops-2-1-billion/.

Smicker, Josh. "Future Combat, Combating Futures: Temporalities of War Video Games and the Performance of Proleptic Histories." In Joystick Soldiers: The Politics of Play in Military Video Games, edited by Nina B. Huntemann and Matthew Thomas Payne, 106–121. New York: Routledge, 2010.

Smith, Anthony D. Nationalism: Theory, Ideology, History. Malden, MA: Blackwell, 2001.

Smythe, Dallas. Dependency Road: Communications, Capitalism, Consciousness, and Canada. Norwood, NJ: Ablex, 1981.

Snider, Mike. "Call of Duty: Modern Warfare 3 Sets First-Day Record." USA Today, November 11, 2011. http://content.usatoday.com/communities/gamehunt-ers/post/2011/11/call-of-duty-modern-warfare-3-sets-first-day-sales-record/1#.U34VJq1dVmQ.

Souza, Pete. "The Situation Room." Washington, D.C.: The White House, May 1, 2011. Photograph. https://www.flickr.com/photos/whitehouse/5680724572/in/set-72157626507626189/.

Spigel, Lynn, and Jan Olsson, eds. Television after TV: Essays on a Medium in Transition. Durham, NC: Duke University Press, 2004.

Stahl, Roger. Militainment, Inc.: War, Media, and Popular Culture. New York: Routledge, 2010.

Staiger, Janet, and Sabine Hake, eds. Convergence Media History. New York: Routledge, 2009.

Stanley, Douglas E. "Some Context ..." Abstract Machine Blog, August 25, 2008. http://www.abstractmachine.net/blog/some-context.

Suellentrop, Chris. "War Games." New York Times Magazine, September 8, 2010. http://www.nytimes.com/2010/09/12/magazine/12military-t.html.

Suits, Bernard. The Grasshopper: Games, Life and Utopia. Peterborough,

Ontario: Broadview Press, 2005.

Suskind, Ron. The One Percent Doctrine: Deep inside America's Pursuit of Its Enemies since 9/11. New York: Simon and Schuster, 2006.

Sutton-Smith, Brian. The Ambiguities of Play. Cambridge, MA: Harvard University Press, 1997.

Swallwell, Melanie, and Jason Wilson. Introduction." In The Pleasures of Computer Gaming, edited by Melanie Swallwell and Jason Wilson, 1–12. Jefferson, NC: McFarland Press, 2008.

Taylor, Alan. "Documenting the Return of the U.S. War Dead." Boston Globe, April 15, 2009. http://www.boston.com/bigpicture/2009/04/documenting_the_return_of_us_w.html.

Taylor, T. L. Play between Worlds: Exploring Online Game Culture. Cambridge, MA: MIT Press, 2006.

Taylor, T. L. Raising the Stakes: E-Sports and the Professionalization of Computer Gaming. Cambridge, MA: MIT Press, 2012.

Terdiman, Daniel. "Ubisoft Buys Tom Clancy's Name." CNet News, March 20, 2008. http://news.cnet.com/8301-13772_3-9899543-52.html.

The Thin Red Line. Directed by Terrence Malick. Culver City, CA: Phoenix Pictures, 1998. Film.

Thomas, Ross. "Review of Clear and Present Danger." Washington Post Book World, August 13, 1989, 1.

Thompson, Hunter S. "Fear & Loathing in America." ESPN.com, September 12, 2001. http://proxy.espn.go.com/espn/page2/story?id=1250751.

Thomson, Matthew. "From Underdog to Overmatch: Computer Games and Military Transformation." Popular Communication 7, no. 2 (2009): pp. 92–106.

Thornton, Sarah. Club Cultures: Music, Media, and Subcultural Capital. Middletown, CT: Wesleyan University Press, 1995.

Thorsen, Tor. "Xbox 360 TV Spot Wins Addy." Gamespot.com, June 14, 2006. http://www.gamespot.com/articles/Xbox-360-tv-spot-wins-addy/1100-6152768/.

Topaz. Directed by Alfred Hitchcock. Universal City, CA: Universal

Pictures, 1969. Film.

Totilo, Stephen. "What Are SEAL Team Six and Black Tuesday Doing in Modern Warfare 3?" Kotaku.com, May 13, 2011. http://kotaku.com/5801598/seal-team-six-black-tuesday-and-other-modern-warfare-3-hot-buttons.

Transformers. Directed by Michael Bay. Hollywood, CA: Di Bonaventura Pictures, 2007. Film.

Tucker, Staci. "Griefing: Policing Masculinity in Online Games." MA thesis, University of Oregon, 2011. http://www.academia.edu/2462576/Griefing_Policing_Masculinity_in_Online_Games.

Turkle, Sherry. The Second Self: Computers and the Human Spirit. New York: Simon and Schuster, 1984.

Turner, Karl. "Daniel Petric Killed Mother, Shot Father Because They Took Halo 3 Video Game, Prosecutors Say." Plain Dealer, December 15, 2008. http://blog.cleveland.com/metro/2008/12/boy_killed_mom_and_shot_dad_ov.html.

Turner, Victor. From Ritual to Theater: The Human Seriousness of Play. New York: Performing Arts Journal, 1982.

Turse, Nick. The Complex: How the Military Invades Our Everyday Lives. New York: Metropolitan Books, 2008.

Turse, Nick. The Changing Face of Empire: Special Ops, Drones, Spies, Proxy Fighters, Secret Bases, and Cyberwarfare. Chicago: Haymarket Books, 2012.

Turse, Nick. "Prisons, Drones, and Black Ops in Afghanistan," TomDispatch.com, February 12, 2012. http://www.tomdispatch.com/post/175501/tomgram%3A_nick_turse_prisons_drones_and_black_ops_in_afghanistan.

"Ultra-Realistic Modern Warfare Game Features Awaiting Orders, Repairing Trucks." Onion.com, 2010. http://www.theonion.com/video/ultrarealistic-modern-warfare-game-features-awaiti,14382/.

Upton, Brian. "Red Storm Entertainment's Rainbow Six." In Postmortems from Game Developers, edited by Austin Grossman, 251–258. Burlington, MA: Focal Press, 2003.

Van Creveld, Martin. Wargames: From Gladiators to Gigabytes. Cambridge, UK: Cambridge University Press, 2013.

Virilio, Paul. "Infowar." In Ars Electronica: Facing the Future, A Survey of Two Decades, edited by Timothy Druckery, 326–335. Cambridge, MA: MIT Press, 1989.

Virilio, Paul. War and Cinema: The Logistics of Perception. New York: Verso Press, 1989.

Virilio, Paul. Politics of the Very Worst: An Interview with Philippe Petit. New York: Semiotext(e), 1999.

Virilio, Paul. The Original Accident. Cambridge: Polity, 2007.

Von Hilgers, Phillip. War Games: A History of War on Paper. Cambridge, MA: MIT Press, 2012.

Voorhees, Gerald A., Joshua Call, and Katie Whitlock, eds. Guns, Grenades, and Grunts: First-Person Shooter Games. New York: Bloomsbury Publishing, 2012.

Vorderer, Peter, and Jennings Bryant, eds. Playing Video Games: Motives, Responses, and Consequences. New York: Lawrence Erlbaum Associates, 2006.

Vorderer, Peter, Tilo Hartmann, and Christoph Klimmt. "Explaining the Enjoyment of Playing Video Games: The Role of Competition." In Proceedings of the Second International Conference on Entertainment Computing (ICEC'03), Pittsburgh, PA, 2003, 1–9. Pittsburgh, PA: Carnegie Mellon University.

Waggoner, Zach. My Avatar, My Self: Identity in Video Role-Playing Games. Jefferson, NC: McFarland, 2009.

Wainwright, Loundon. "A Fantasy Fit for a President (The Hunt for Red October by Tom Clancy)." Life Magazine, April, 1985, 7.

Wall, Tyler, and Torin Monahan. "Surveillance and Violence from Afar: The Politics of Drones and Liminal Security-Scapes." Theoretical Criminology 15, no. 3 (2011): 239–254.

Walsh, Christopher, and Thomas Apperley. "Gaming Capital: Rethinking Literacy." In Changing Climates: Education for Sustainable Futures,

Proceedings of the Australian Association for Research in Education Conference, Queensland University of Technology, November 30–December 4, 2008, 1–12. http://oro.open.ac.uk/20850/2/wal08101.pdf.

"War Is Over! 106 Missions Later, Gamers Take Down Bin Laden in Final Episode of Kuma/War II" (press release). KumaGames.com, May 7, 2011. http://www.kumagames.com/osama_2011.html.

WarGames. Directed by John Badham. Beverly Hills, CA: United Artists, 1983. Film.

Weber, Samuel. Targets of Opportunity: On the Militarization of Thinking. New York: Fordham University Press, 2005.

Williams, Dmitri, Nicolas Ducheneaut, Li Xiong, Yuanyuan Zhang, Nick Yee, and Eric Nickell. "From Tree House to Barracks: The Social Life of Guilds in World of Warcraft." Games and Culture 1, no. 4 (2006): 338–361.

Williams, Raymond. Marxism and Literature. Oxford, UK: Oxford University Press, 1977.

Williams, Raymond. Television: Technology and Cultural Form. New York: Routledge, 2003.

Wilson, Tony. Understanding Media Users: From Theory to Practice. Malden, MA: Blackwell, 2009.

Wirman, Hanna. "'I Am Not a Fan, I Just Play a Lot'—If Power Gamers Aren't Fans, Who Are?" In Situated Play, Proceedings of the Digital Games Research Association, Tokyo, Japan, 2007, 377–385. http://digra.org:8080/Plone/dl/db/07311.40368.pdf.

Wolf, Mark J. P., ed. The Medium of the Video Game. Austin: University of Texas Press, 2001.

Yin, Robert K. Case Study Research: Design and Methods. Thousand Oaks, CA: Sage Publications, 2003.

Zucchino, David. "Army Stage-Managed Fall of Hussein Statue." LA Times, July 3, 2004.

http://articles.latimes.com/2004/jul/03/nation/na-statue3.

© 民主与建设出版社，2020

图书在版编目（CIP）数据

游戏战争：9·11后的军事视频游戏 /（美）马修·托马斯·佩恩著；满莉译. -- 北京：民主与建设出版社，2020.8（2021.12重印）
（娱乐时代的美军形象塑造系列译丛 / 李相影，张力主编）
书名原文：Playing War——Military Video Games after 9/11
ISBN 978-7-5139-3108-3

Ⅰ. ①游… Ⅱ. ①马… ②满… Ⅲ. ①军事游戏—电子游戏—研究 Ⅳ. ①G898.3

中国版本图书馆CIP数据核字(2020)第128733号

PLAYING WAR: MILITARY VIDEO GAMES AFTER 9/11
by
MATTHEW THOMAS PAYNE
Copyright: © 2016 NEW YORK UNIVERSITY
This edition arranged with New York University Press (NYU Press)
through Big Apple Agency, Inc., Labuan, Malaysia.
Simplified Chinese edition copyright: 2020 Ginkgo (Beijing) Book Co., Ltd.
All right reserved.
简体中文版由银杏树下（北京）图书有限责任公司出版
版权登记号：01-2020-3578

游戏战争：9·11后的军事视频游戏
YOUXI ZHANZHENG：9·11 HOU DE JUNSHI SHIPIN YOUXI

著　　者	［美］马修·托马斯·佩恩
译　　者	满　莉
选题策划	后浪出版公司
出版统筹	吴兴元
编辑统筹	郝明慧
责任编辑	王　颂
特约编辑	王　凯
封面设计	墨白空间·黄海
出版发行	民主与建设出版社有限责任公司
电　　话	(010) 59417747　59419778
社　　址	北京市海淀区西三环中路 10 号望海楼 E 座 7 层
邮　　编	100142
印　　刷	天津创先河普业印刷有限公司
版　　次	2020 年 8 月第 1 版
印　　次	2021 年 12 月第 2 次印刷
开　　本	889 毫米 × 1194 毫米　1/32
印　　张	10
字　　数	238 千字
书　　号	ISBN 978-7-5139-3108-3
定　　价	42.00 元

注：如有印、装质量问题，请与出版社联系。